西部人文资源研究丛书

人文资源法律保护论

——以西部人文资源保护为起点的研究

李东方等 著

學苑出版社

图书在版编目（CIP）数据

人文资源法律保护论：以西部人文资源保护为起点的研究／李东方等著．—北京：学苑出版社，2007.9
（西部人文资源研究丛书）
ISBN 978-7-5077-2983-2

Ⅰ．人…　Ⅱ．李…　Ⅲ．人文资源－资源保护－法律－研究－中国
Ⅳ．D922.294

中国版本图书馆 CIP 数据核字（2007）第 182478 号

出 版 人：孟　白
责任编辑：刘　丰
出版发行：学苑出版社
社　　址：北京市丰台区南方庄 2 号院 1 号楼
邮政编码：100079
网　　址：www.book001.com
电子信箱：xueyuan@public.bta.net.cn
销售电话：010-67675512、67602949、67678944
印 刷 厂：高碑店市鑫宏源印刷厂
开本尺寸：787×1092　1/16
印　　张：13.25
字　　数：270 千字
版　　次：2009 年 11 月第 1 版
印　　次：2009 年 11 月第 1 次印刷
定　　价：42.00 元

本专著由李东方先生总体设计策划、拟定大纲并最终修改定稿。本书作者均为国家重点课题《西部人文资源的保护、开发和利用》的子课题《西部人文资源保护、开发和利用的国外经验与国内对策》的成员。具体分工如下（按章节顺序排名）：

李东方（中国政法大学经济法研究所所长，教授，博士后）绪论、第一、三、四章，第二章第五节、第五章第一、三节。

刘银良（中国政法大学知识产权法研究所副教授，博士）第二章第一节。

竺　效（中国政法大学经济法研究所副教授，博士）第二章第二节。

杨素娟（中国政法大学环境法研究所副教授，博士）第二章第三节。

吴日焕（中国政法大学商法研究所副教授，博士）第二章第四节。

杨　琴（中国政法大学经济法研究所博士研究生）第五章第二节。

总　序

“西部人文资源研究丛书”，是由国家重点课题“西部人文资源的保护、开发和利用”课题组完成的。课题始于国家提出西部大开发的第二年，由费孝通先生提出，中国艺术研究院具体牵头执行。有关“人文资源”的概念，是费孝通先生在课题立项时提出来的。他指出：“人文资源是人类从最早的文明开始一点一点地积累、不断地延续和建造起来的。它是人类的历史、人类的文化、人类的艺术，是我们老祖宗留给我们的财富。人文资源虽然包括很广，但概括起来可以这么说：人类通过文化的创造，留下来的、可以供人类继续发展的文化基础，就叫人文资源。”也就是说，人文资源是人类的文化积累和文化创造，它不是今天才出现在我们的生活中，而是自古就有的。但将其作为资源来认识，却是今天才有的。资源并非完全客观的存在，当某种存在物没有同一定社会活动目标联系在一起的时候，它是远离人类活动的自在之物，并非我们所论述的资源。也就是说，如果人类一代一代流传下来的文化遗产，只是静态地存在于我们的生活中，甚至博物馆里，与我们的现实生活没有联系时，其只能称为遗产，不能称为资源，只有当它们与我们的现实生活和社会活动及社会的发展目标联系在一起后，才能被称为资源。

我们对有关西部人文资源课题研究的认识是：

一、我国西部的开发应该是一个全方位推进的系统工程，它需要来自各方面人才的共同努力和参与。但在一般人的眼里，西部开发仅仅是经济的开发，经济的增长率就是最高的追求目标，在这样的利益驱动下，人们可能会忽视生态的问题，尤其是处于隐蔽状态的文化生态问题。文化生态的失衡，不仅使文化多样性减少，文化传统消失，人文资源被破坏，还会带来民族矛盾的激化、民族宗教的纷争等严重问题，最终也会带来经济上的巨大损失。我国是一个多民族国家，其中大部分的少数民族都集中在西部的10个省、市、自治区，这里是我国文化最多样化的地区。因此，从某种意义上来说，西部大开发也可以说是西部民族地区经济社会的大开发。在这一过程中，不同民族文化的接触与碰撞在所难免，解析不同民族文化的变迁历史，寻找文化沟通、交流的有效途径，并从中找到各民族文化共同发展进步的新生之路，应是课题所要研究的重大问题之一。

二、西部地区是中国文化的重要发源地之一。远在约一百万年前，那里就活动着元谋人、蓝田人，在二十多万年前还活动过原始的大荔人，新石器时期的仰韶文化、龙山文化，也都在那里留下了人类活动的痕迹。那里还是黄帝、炎帝的故土，上古时期的中国神话，一直都与这片土地有着密切的关系。中国古代的西北地区曾是农耕文明最发达的地区之一，是中国经济繁荣的政治和文化中心，从西周到唐代，曾有十一朝皇帝在这里建都，这里也是中国最早对外开放、最早接受西来文化的地方。早在汉代，这一带就开辟了一条通往西域的丝绸之路，随后在这条路上传来了中亚、西亚乃至欧洲各国的文化，这些交流极大地影响了中国文化的发展和流变。

同时，这一地区又是我国少数民族和汉族杂居的地区。各民族世代相传，积累保存了各种文字的大量文献资料，各种民族的口传史记，各种形态的生活民俗、宗教信仰、歌舞音乐、戏曲、绘画等非物质文化遗产。这些珍贵的非物质文化遗产，对于研究人类心理、行为、语言和社会结构等诸方面的变迁过程，对于研究宗教和艺术的起源、发展和演变过程，以及各民族世代相传的原生态文化，都极有价值。

三、西部这些珍贵的物质的和非物质的文化遗产，不仅仅是一种静态的需要我们去保护的珍贵财富，同时还是中华民族未来文化发展的重要基础之一，是我们民族文化的根。在全球一体化的今天，如何确证我们中华民族自身的存在和存在的价值，是非常重要的。在外来强势文化的冲击下，如果一个民族不能在文化上自我肯定，甘愿接受外在文化的文化殖民，就必定会出现一定程度的文化焦虑和心理危机，同时导致传统文化的根基遭到动摇。中国改革开放后直到今天整个社会的道德危机，其根正源于此。也正因此，为了抵御正在形成的单边主义，各国的文化主体性正在觉醒，主张文化多样性的保护正在成为一种浪潮，不仅是来自民间，最重要的是各国政府也在积极参与。这和以往的文物保护不一样，文物保护不代表文化的完整性保护，而文化多样性的保护和非物质文化遗产的保护就是文化的完整性保护。所谓的文化不仅包括了物质的部分，还包括了一个民族集体认同的价值观、宇宙观，以及道德准则等非物质部分。在这样的时代背景下，文化遗产就不再只是放在博物馆展览的死的物，而是一种活态的、可以在此基础上发展和建构我们未来的政治、文化及经济的资源。从文化遗产到人文资源的研究，不仅包括了以上的政治问题，还包括了经济的问题和文化安全的问题。

如果说在工业文明时期，各个国家争夺的主要是自然资源的话，在下一轮的后工业文明时期，各个国家要争夺的不仅是自然资源，还将包括人文资源，今后人文资源是否丰富也将是一个国家国力是否强盛的标志。中国不仅自然资源丰富，生物基因多样，其各个不同地方的传统知识也异常的丰富。这种知识不仅包括了不同的宗教信仰、价值观、宇宙观，也包括了各种手工技艺、动植物知识、气象知识、中草药知识等，这些是构成未来生态文明社会的基础。这些知识蕴藏在各地的传统民间社会中，是农业文明遗留给我们的宝贵财富。在未来的人类社会发展中，这些人文资源都是可以重新认识的无价之宝。它们是否能完整地保存下来，并得到合理的利用和发展，是我们在课题中必须研究和必须回答的问题。

在全球一体化的今天，整个人类社会的政治结构、经济结构和文化结构都在发生巨大的变化。民族的文化传统与文化遗产，正成为一种人文资源，被用来建构和产生在全球一体化语境中的民族政治和民族文化的主体意识，同时也被活用成当地的文化和经济的新的建构方式，不仅重新模塑了当地文化，同时也成为当地新的经济增长点。因此，现在在世界范围内，许多民族文化以及各种民间文化呈一种复兴状态，而这种复兴，就是传统文化的复活，但这种复活并不是在实用层面上，而是在精神层面的。它是作为一种昔日的精神家园给予人们的寄托，让人们在这里看到自己的过去，或领略到不同地域的人文风光，甚至成为一种可以欣赏的活的艺术。这就是费孝通先生所讲的"一件文物或一种制度的功能可以变化，从满足这种需要转去满足另一种需要"。从功能上来讲，它不再能从制度上物质上去满足现代生活的需要，但它却能从另一个层面，即人们的心理需求和审美需求去满足人们的需要，这就是文化产业和旅游业能得到发展的根基，也是许多地方文化得以复兴的经济基础。在这样的背景下，传统人类学家所认为的，传统与变迁是对立的、习俗与理性也是对立的观念发生了转变。正如人类学家萨林斯所认为的，"晚期资本主义"最令人惊叹之处就是，"传统"文化并非必然与资本主义不相容。许多地方正在出现本土化的现代性。但是这种本土化的现代性，如何实现与如何实践，都需要我们去探索和思考。

针对这些内容，课题的研究分为两个部分：第一个部分是对西北地区人文资源的全面梳理，从而我们大概知道在中国的西北地区有哪些重要的人文资源，其大概的分布及现存状况。这就是费孝通先生说的摸清家底，其既是一种文化的研究记录方式，也是一种文化的保存方式。为此我们建立了"西北人文资源环境基础数据库"。第二个部分是对西部不同文化类型区域进行实地考察。人文资源这个词在我们的理论文章里是抽象的，概念化的，但当我们将其放在一个具体的生活情境中，同时了解到具体承载着这些文化的群体时，我们会发现，我们的研究顿时会具体起来，我们会遇到许多在抽象的理论中未曾提出和未曾认识到的问题。因此，我们在做面的梳理的同时，还做了系列的个案研究工作，企图用解剖麻雀的方法，来找到我们所需要研究的问题所在。当笔者带着问题去请教费孝通先生时，他指出："解剖麻雀，以小见大，这是人类学里面常用的方法，但要注意，一只麻雀是不能代表所有麻雀的，要多解剖几个，而且要用它们来相互比较。只要我们能科学地解剖这些麻雀，并摆正点与面的位置，恰当处理两者的关系，那么在一定的程度上，点上的调查也能反映全局的基本面貌。这么多年的学术研究，我总结出来的经验就是：只有理论联系实际才能出真知，只有到实地中去调查研究，才能懂得什么是中国的特点，什么是中国文化的内在本质。你们的研究要摆脱在概念中兜圈子、从书本到书本的模式，要走出书斋，在实际考察中认识西部、了解西部。"他还说："围绕着西部的文化变迁和人文资源的保护、开发和利用这个主题，来提出问题，然后通过考察来认识问题和回答问题，这种做法是可行的。这种从实践中得来的认识往往比从书本上得来的认识具体得多、充实得多。因为它不是从概念中推论出来的，更不是凭主观中臆想出来的，所以只要能自觉地、不留情面地把考察中一切不符合实际的成分筛选掉，它就会成为西部文化变迁的历史轨迹的真实记录，即使过了几十年甚至几百年，当人们来翻看它时，仍然具有价值。”

费孝通先生给我们课题的研究指明了方向，也就是说，我们的课题组成员虽然来自不同的人文学科领域，却能对一个共同的地域文化，从不同角度提出自己的看法，也就是我们不仅有一个共同的研究目标，还有一个共同的研究方法，那就是到实地去，到田野中去，观察最鲜活的社会事实，捕捉最新的文化重构方式，感受最新的时代发展脉搏。

通过7年多的研究，课题完成了73篇考察报告，并按内容编辑成5本考察集（《关中民间器具与农民生活》、《西部人文资源考察实录》、《西北少数民族仪式考察——傩舞·仪式·萨满·崇拜·变迁》、《陇戛寨人的生活变迁——梭戛生态博物馆研究》、《蒙古族村落仪式表演："呼图克沁"》），完成了4本考察笔记（《西行风土记——陕西民间艺术田野笔记》、《梭戛日记——一个女人类学家在苗寨的考察》、《陕西药王崇祀风俗考察记》、《西南山地文化考察记》），3本论著（《人文资源法律保护论——以西部人文资源保护为起点的研究》、《西部人文资源论坛文集》、总报告书（《从遗产到资源——西部人文资源研究报告》），共12本书，400余万字。

7年多来，课题组成员在西部的追踪考察，使我们亲身参与并感受到了西部民间文化的剧烈变化过程，这种变化过程不再是传统意义上缓慢的文化变迁，而是文化在各种内在与外在力量及权利交锋中的重组或重构，在这一过程中，西部的传统文化成为各种力量和权力都在反复利用和开发的资源。在开发和利用的过程中，其"资源"意义远远大于或超越其"遗产"意义。因此，从"遗产"到"资源"，不是一种理论研究，而是一种社会实践，是一种正在进行着的、我们还没有来得及深入研究、还不能很清楚地辨别其利弊的社会实践。

课题立项不久，我国非物质文化遗产保护工程就开始启动并迅速展开。与联合国教科文组织世界物质文化遗产与非物质文化遗产保护同步的我国非物质文化遗产保护工程，对我们的课题无疑是重大的促进。因此，我们也希望我们的研究成果能汇入这一保护工程，为学术界提供一个可以继续讨论的话语空间，促使这一研究的进一步深入。我们知道，西部人文资源这样一个课题的研究内容是很广的，以我们这么短的时间及人力、物力想完全做好是很困难的。但笔者认为，只要我们努力，每个人都尽一点自己的微薄之力，哪怕是为后来的研究者提出一些思路、提供一些研究的线索也是值得的。

另外，课题结束了，我们课题的学术总指导费孝通先生却离开了我们，我们谨以我们勤奋的工作来纪念费先生，来继承他未竟的事业。

方李莉

2008年夏

目　录

绪 论

所谓人文资源，“是人类通过文化的创造，留下来的、可以供人类继续发展的文化基础”。[1] 也就是说，人文资源是人类的文化积累和文化创造，其自古以来一直存续在我们的生活当中。随着时代的发展和认识的变迁，人类的文化积累和文化创造在今天日益凸现它的资源价值。因此，我们开始用一种资源的眼光，从一种将过去、现在和将来连接起来的角度去看待人类的文化积淀。也正是在这样的认识之下，人类的文化积淀开始从一种较为纯粹的客观存在逐渐转变为与人类的社会活动和目标日益发生紧密联系的资源，人类的文明积累也从而获得了更为丰富的价值和含义。不过，需要说明的是，“人文资源”目前并不是一个世界通行的概念，对其的精确诠释尚待时日。综观世界上各个国家的相关概念，除了较为普遍的“文化遗产”之外，还有许多国家和地区另辟蹊径，采用了具有本土特色的“文化财”、“文化资产”等概念。不仅如此，传统的“文化遗产”这个概念中也衍生出“无形文化遗产”、“民族民间传统文化”以及“非物质文化遗产”等概念。[2]

我国地域辽阔，又是多民族的国家，我国人民凭借其聪慧和勤劳，积累了大量丰富的人文资源，并且这些人文资源还在进一步发展当中。其中，人文资源最为丰富和多样化的典型是我国的西部地区。我国大部分的少数民族都集中在西部的10个省、直辖市和自治区，因此，我国的西部地区呈现出非常明显的文化多样性特征。然而，由于人们日益注重人文资源的“资源性”，并且尤其偏重“资源价值”中的经济价值，使得西部的人文资源保护问题日益成为一个异常严峻和棘手的问题，这也是本著以西部人文资源保护为研究起点的根本原因。不仅仅是西部呈现出这样的破坏人文资源的问题，在我国的其他人文资源的聚集区，也同样存在这样的人文资源保护危机。因此，对西部人文资源保护的研究具有普遍意义。

事实上，人文资源的保护问题不但对于我国而言呈现严峻态势，对于世界上的各个国家而言，其早已被作为一个严肃的课题在进行研究和制定对策。随着时代的发展，人的精神需求和物质需求在不停地增长，而人文资源在满足人的精神需求这方面处于至关重要的地位，因此各个国家都非常重视人文资源的保护，在众多的保护手段中，通过立法来保护人文资源是大多数国家的首选。原因在于，法律保护相比其他方式的保护而言，其更加具有稳定性、可预期性，并且其能够起到最大范围的公示和明示要求的作用。除此之外，由于法律的相对稳定性，通过法律反复作用于人的行为，能够促进人的自觉保护意识的提高，从而有利于人文资源保护秩序的良性循环的形成。

本著作为国家重点课题“西部人文资源的保护、开发和利用”（文化部资助）的成果之一，所考察和研究的对象正是人文资源法律保护方面的国外经验和国内对策。研究的缘起在于我国与在人文资源法律保护方面取得典型成果的主要国家相比，在利用法律手段去充分保护濒临严重破坏的人文资源方面显得尤其薄弱。我国目前正处于整个社会的转型时期，人们急功近利的逐利心态和在价值取向上难以避免的迷茫使得人们缺乏保护人文资源的自觉意识和主动性，不仅如此，人们往往受到短浅利益追求动机的支配，对已经脆弱不堪的人文资源进行无序的开发和经营。并且我们发现，越是人文资源集中和丰富的地方，由于人文资源的开发价值日益凸现和被人们所认识，人们就越容易出现透支人文资源的经营和开发行为，我国的西部地区就是这样的一种典型。经济效益的诱惑很难让人们顾全大局和保持理性，更何况对于我国的西部地区而言，人们在经济条件上的相对落后和生存环境的艰辛更容易使得人们热衷于经济利益的追求，因此西部的人文资源遭到过度和不当的开发已经成为一个较为普遍的现象。尽管我国已经开展了一些“运动式”和“工程式”的保护，但是，由于这些保护方式终究受到时间和阶段的限制，因此很难起到长远的效果。

正是由于我国的人文资源保护正在承受着严重的破坏并日益出现消亡的态势，而短期的保护手段又无法为人文资源的保护提供长期的力量，因此，利用法律规则来保护人文资源变得日益紧迫。在本书中，关于人文资源法律保护的国际和国外经验方面，我们主要考察了联合国教科文组织、欧美国家、日本以及韩国的相关立法，然后对我国的立法状况进行了梳理，其中包括我国现行立法和台湾地区保护人文资源的立法状况。经过国外经验和国内立法现状的对比，我们能够非常直观地发现我国目前在人文资源法律保护方面取得的既有成果和存在的显著不足，而这正是我们研究完善人文资源法律保护对策的基础。

在对国际公约和国外立法状况的考察中，我们分别总结了主要国家和地区在人文资源法律保护方面的宝贵经验。联合国教科文组织（UNESCO）是在联合国系统内主管非物质文化遗产保护的主要机构，近年来其在鼓励和协助成员国保护人文资源方面做出了许多努力，许多具有代表性的公约性文件也由此产生。其中，最为显著的是由联合国教科文组织主持签署和管理的《非物质文化遗产保护公约》，这是联合国在保护人文资源方面的最具分量的国际法律文件。该部分依据公约，重点评述了 UNESCO 当今保护非物质文化遗产的制度，主要包括相关的客体、主体和保护措施等基本方面，并在小结部分对非物质文化遗产目前所面临的显著问题展开了思考，如维护非物质文化遗产应当是一场运动还是一种生活方式？“原生态”的保护方式是否可行以及在当今的时代背景下怎样理解“原生态”的保护？我们特别强调，无论是人文资源中的物质文化遗产保护还是非物质文化遗产的保护，都是人类社会的一个长期使命，必要的制度支持和国际社会持久、广泛的合作不可或缺。联合国教科文组织的相关文件为我们展示了人文资源法律保护的最新原则和理念，也从侧面反映了利用制度来保护人文资源的必要性和可行性。这对于人文资源保护制度甚为缺失，尤其是非物质文化遗产立法保护基本处于空白的我国，无疑有着提纲挈领的框架层面上的借鉴作用。

接下来我们关注的是欧美国家的人文资源法律保护状况。尽管欧美地区不同的国家由于历史发展和社会环境的差别使得其在人文资源法律保护方面呈现出必然的差异，但是我们在考察了欧美主要国家人文资源保护立法的基础上，仍然总结出它们所具有的共同特征。其中，尽量保持文化遗产的原始状态和完整性是我们强调的一个重点。相对而言，欧美国家的经济发展水平在国际上处于领先地位，其城市变迁的速度和进程是相当迅速的。也正是由于这个原因，欧美国家特别强调在城镇规划和开发的过程中，应当尤其注意文化遗产的原生性和完整性的保护，并通过法律规则的方式将这种理念和原则加以明确。另外，欧美国家和地区的人文资源保护立法还具有注重细节性具体措施的特征，比如文化遗产的保存手段、相关联的税收制度以及人文资源的多层次保护模式等等。明确的理念加上相关保护措施的详细，使得欧美国家人文资源的保护具有相当的可操作性。

就单个国家而言，日本是世界上走在人文资源法律保护前沿的国家。日本的人文资源保护制度之所以相当具有研究和借鉴价值，是因为日本在保护人文资源时，比较有效地兼顾和实现了人文资源中"人文价值"和"资源价值"的统合。这样的结果不仅尊重了历史，还有效地延续了人文资源的现实生命力。日本通过不断完善立法，探索和开拓各种文化活动，在继承和保护传统文化的同时，也发展和创造了新时代的本国文化。日本在人文资源法律保护方面的代表性成果是《文化财保护法》，其将所有类型的人文资源或者说"文化财"作为一个整体写入法律，并以法律的形式加以固定，这样的立法路径和技术所反映出来的整体性保护理念在世界上是非常领先的。这部法律不仅有利于日本加强对人文资源的保护，而且在国际上都具有更新人们的观念以及影响别国的制度改革的强大作用。在观念的改革上，日本通过"无形文化财"概念的提出，革新了人们对于人文资源传统意义上的有形性和静止性特征的认识。在对人文资源进行动态、系统和综合的认识基础之上，日本对人文资源或者说是文化财的保护真正开始了整体性保护的时代，并且，这种整体性的保护思想不仅影响了日本的人文资源保护，对世界上的其他国家，也产生了巨大的影响力。

除了关注人文资源本身的系统性外，日本最为显著和宝贵的经验在于建立了活用人文资源的制度以及关注"人"对于保护人文资源的作用。可以说，日本是亚洲国家中对人文资源的时代特征认识和把握得最深刻的国家，同时也是勇于实践和探索的国家。"文化财"这个概念的提出本身就表明了日本国家对待人文资源的总体态度，即人文资源对于现今社会是有重大财富价值的，其并不是静态的和凝固的文化遗产，而是可以被灵活利用，来为现代提供巨大的物质财富和精神财富。在这种理念的指导下，日本对人文资源的"活用"制度成为日本人文资源法律保护制度的核心之一。活用与保护之间是辩证的关系，活用人文资源的根本目的是为了维持人文资源在现代社会中的生命力，从而实现保护人文资源的目的。在日本的实践中，其提出将人文资源进行活用，让其成为重振地方文化和地方经济的一种资源。这样做的目的在于将文化传统活态地保留在社区中，从而恢复日本传统文化的活力，并在此基础上推进传统文化和现代生活的融合。这样"活用"的结果使得文化遗产真正地转化成了文化资源，从而赋予了人文资源旺盛的生命力和持久传承的动力。 在活用的过程中，日本的人文资源法律保护制度体现了对"人"的高度关注。因而我们较为详细地分析了日本文化财保护制度中的人文思想和人本关怀。不难发现，尊重人文资源创造者和持有者的权利，激发和推动国民积极参与人文资源的创新和保护，是保证人文资源保护法律制度能够有效实施的重要基础。可以说，除了完整性保护原则和充分利用原则外，贯穿日本文化财保护法的全民保护原则是日本人文资源法律保护制度的又一精髓。日本不仅在保护理念和原则方面在世界上具有领先性，其法律规则也同时关注了具体的人文资源保护措施。在考察日本的部分，我们关注了中央政府与地方公共团体的分级和共同管理的制度、指定加登录的双轨制保护制度、文化财的调查和记录制度、对文化财保护技术的保护制度、鼓励展览的充分利用制度以及文化财保护的税收优惠等援助制度。这一系列具体措施和制度是日本人文资源保护理念和原则的具体化，它们切实增强了人文资源法律保护的可行性。

韩国对于人文资源的法律保护与日本的制度非常类似，原因在于其在人文资源的保护方面大胆地实行“拿来主义”。由于其文化背景比较接近日本，加上历史的原因，韩国的人文资源法律保护制度一直受到日本相关制度的深刻影响，甚至出现不加变通地进行直接移植的情况。韩国不仅在概念体系上接受了日本的分类方式，在保护理念、原则以及具体措施方面也对日本的相关制度予以大量的吸收。当然，韩国的文化财保护法出台后，随着韩国社会经济的发展和变迁，韩国不断地对其文化财保护法进行修改，在修改过程中，不仅注意到博采众长，也日益加强人文资源法律保护制度的本土化和可实施性程度，从而发展出了一整套具有韩国特色的人文资源法律保护制度。通过考察我们发现，与日本相类似，关注人文资源保护的完整性、系统性和综合性以及关注“人”在保护人文资源方面的作用，是韩国人文资源法律保护制度最具借鉴价值的特征。

就我国台湾地区而言，其人文资源保护性立法较为领先。人文资源在台湾地区被称为“文化资产”。台湾地区的《文化资产保存法》于 1982 年颁布，到 2005 年修订为止，共经历了 5 次增订及修改，无论是分类体系，还是保护的理念，在这数次修改中都发生了较为明显的变化，并一次次地被赋予时代的气息和特征。修订后的《文化资产保存法》不仅更加顾及文化资产的全面性保护，在概念和分类上更加讲求准确性，而且在立法技术上也一次次显得更加成熟。我们在本著中对其《文化资产保存法》的立法宗旨、主管机关及职责、文化资产的确认制度、管理维护制度、奖罚制度以及特殊性的保护措施一一作了分析。通过对台湾人文资源法律保护制度变迁的考察，我们认为在人文资源的保护过程中，法律保护尤其应当关注本土与外界、政府与民众以及保护与开发这三对关系的处理。

相形之下，我国人文资源保护的立法现状显得十分不足，而人文资源却又恰恰处于破坏最为严重的境遇之中。以我国西部地区为例，由于西部大开发的背景，不同民族之间在文化方面产生着激烈的碰撞，文化的多样性受到前所未有的被削弱的威胁，人文资源的保护和文化多样性的维护对于我国西部地区而言显得刻不容缓。如何明示保护人文资源的价值，如何确认人文资源保护的范围，以及如何确认相关主体在人文资源保护过程中的权利、义务与责任，成为亟待解决的问题。本书通过对我国目前立法现状的考察，发现我国既有的立法尚没有对前述问题做出一一的回答，并且实践中已经出现了由于立法的不到位而引发纠纷的案例。我们的研究显示，在保护人文资源的过程中，国家的声音强于民间的声音，精英的需求强于民间普通民众的需求，对官方“权力”的重视强于对民间“权利”的重视，民间保护主体的身份没有得到明示和确认，保护力量也没有得到充分的重视和扶持，而未能充分利用民间力量以及未能建立官民沟通配合的机制，恰恰是我国目前人文资源保护措施上的硬伤。这些问题都亟待通过我国人文资源法律保护制度的完善予以解决。

本著意图通过人文资源法律保护的国外经验和国内现状的对比，为我国正在进行的人文资源保护性立法作出一点对策方面的微薄贡献。在考察欧美国家、亚洲国家以及国际组织对人文资源或者说文化遗产的立法保护状况后，我们发现它们大致都具有这样几个特征：

第一，在总体的观念性认识方面，各个国家以及地区对于人文资源的价值与意义的认识不断处于变化当中。从横向上来看，这与一个国家的具体国情有着最为紧密的联系。以美国为例，其重视文化遗产非常重要的一个目的是为了形成爱国主义的认同，期望以短暂的历史和纪念物来团结人民。这种认识表现在文化遗产的保护上，主要在于展示本地文化的骄傲，而并没有较多地考虑经济开发的问题。从纵向上来看，对文化遗产的认识又是时代发展的产物，时代的变化会引起观念的变化。以日本为例，其文化政策就经历了“文化的时代”、“地方的时代”以及“国际化的时代”这样三种口号。这种口号反映了文化遗产保护理念和目的上的变化。从各国对文化遗产保护的立法来看，文化遗产的保护目的逐渐从狭隘的本土主义向弘扬多元文化发展，这应当是一种国际化的文化遗产保护精神。

第二，在保护客体方面，各国的立法呈现扩大的趋势，这代表了对文化遗产不同层次的文化价值的认可。不仅在保护范围上逐步扩大，而且各国都更加注重整体性的保护，以保证文化遗产的真实性，这也是文化遗产保护的一个重要原则。

第三，在主体制度方面，我们发现，很多国家的文化遗产保护强调多方主体的参与。以文化遗产保护比较具有系统性和代表性的日本为例，除了强调政府在文化遗产保护方面不可替代的作用和职责外，还特别强调参与主体的多元性以促进全体国民对文化遗产的热爱，从而有利于积极维护文化遗产。日本尤其重视地方公共团体的保护作用，以及其对于政府保护行为的辅助意义。

第四，在保护措施方面，很多国家建立了比较完整的传承人及其权利义务制度、教育制度、财政制度以及奖罚制度。尽管在具体的立法技术及制度上有所差别，但是体现了促进文化的传承和发展的思想，值得借鉴。

在国外经验互相影响从而导致很多立法理念与技术相互借鉴的同时，我们也发现一个国家文化遗产保护往往深受其固有理念的束缚，很难在短时间内发生较强烈的变化。以我国的台湾地区为例，其虽然于 2005 年新修订了《文化资产保存法》，但是我们发现其仍然没有对文化遗产的“资产性”或者说是“资源性”加以足够的重视，其对于文化资产的经营的相关问题并没有予以较详细的规定。这与日本文化遗产强调的“活用”的思想相比，是一个比较明显的区别。文化遗产对于民族认同的形成与维护、民族自尊心的培养价值已是不言而喻，但是其资源价值仍处于相当激烈的争议当中。我们认为，文化遗产的价值是多重的，人们对其价值实现的渴望离不开一个国家的具体情况。对于经济发达的美国而言，其文化遗产的保护也许更多是展示本地文化的骄傲，但是对于我国尤其是对于储藏了丰富文化遗产的西部而言，文化遗产保护的目的之一还包括发掘文化遗产的经济性意义。其实，文化遗产的经济性意义早在 1964 年就被《威尼斯宪章》认可，只是，出于文化遗产的特殊意义，对于文化遗产的经济性价值的发掘，需要在开发目的、经济利益取得的过程以及利益分配等方面进行相当的规范。

我国的人文资源法律保护状况最明显的特征是地方立法所呈现的“各自为政”局

面。在文化遗产的保护方面，除了文物保护之外，主要是地方性立法。而这种“割据式”的立法必然容易造成人文资源保护上的冲突，从而不利于人文资源的保护。我国目前的人文资源保护规则所呈现出的特征主要有：

第一，对文化遗产的价值与意义的认识没有较为统一的认识，因此文化遗产保护的理念呈现多元和杂乱的局面。地方性的文化遗产保护立法中的立法目的与宗旨往往根据实际需要来进行规定，对于西部地区而言，文化遗产的经济性得到非常重要的强调。但是，正是在政府对这种经济意义非常重视而又没有对开发行为进行足够规范的前提下，地方对于文化遗产的过度开发以及不当开发已经成为文化遗产保护的困难。

第二，在对文化遗产的分类上，我们没有一个较为统一和科学的分类。从而不利于文化遗产的整体性和系统性保护。

第三，在文化遗产的保护主体制度方面，我们过分强调政府的力量和作用，对其他主体尤其是当地民众的参与没有充分的重视。这容易导致政府意志的局限性对文化遗产保护形成阻碍。

第四，就传承、教育以及财政等保护措施而言，各地保护水平不一。从总体上看，传承人的权利和义务并没有得到充分的明确，宣传教育也未落到实处，财政的支持难以真正得到保证。

毫无疑问，这些问题的解决都需要通过法律规则的完善来实现。在各国以及国际组织日益重视文化遗产保护的背景下，我国虽然也积极地重视立法以加强对人文资源的法律保护，但是迄今为止我国并没有较为系统的保护人文资源的相关立法。以我们所考察的典型国家为镜，我们发现，不管人文资源或者说文化遗产被怎样分类，其根本的保护理念以及保护方式在本质上仍具有趋同性。明显的是，采用系统化的立法体系有利于彰显人文资源保护所具有的根本价值、理念以及原则，这样的彰显更加有利于强化人们的保护意识。同时，很多主要的措施适合于绝大多数人文资源的保护，从而可以节约立法资源。从这个意义上讲，无论我国是否直接选择系统性和整合性的方式将所有的人文资源视为一个整体纳入一部法典，还是采取迂回和过渡性的方式先分后合，我们认为，人文资源保护的综合性和整体性立法不仅必要，而且其可行性也已经被世界上的典型国家和地区所证明。

本著期望通过对人文资源法律保护的中外比较研究来有针对性地揭示出我国人文资源法律保护制度所亟须关注和完善的地方。从宏观上讲，人文资源的法律保护制度分为客体制度和主体制度两大部分。客体制度所要解决的是所要保护的对象，其中包括对保护对象的确认、保护方式的确定以及相关的配套制度；而主体制度所关注的是哪些主体是保护人文资源的主体，这些主体应当分别被赋予什么样的权利和义务以及被课以何种责任，等等。我们发现，与别的国家和地区相比，我国的人文资源法律保护制度在主体制度上尚未采用宽容的标准，尚不具有宽广的视野，并且在概念和分类方面的立法技术显得尤其不够成熟；而在主体制度方面，我国更是深受传统观念和思维定式的影响，对保护主体的多层次性认识不足，对主体的权利关注不够，在义务的明确方面也非常缺失。我们认为，我国的人文资源法律保护制度应当彰显促进文化多元与交流的原则以及关注多方保护力量的原则。主体制度、客体制度、权利与义务的协调以及保护救济制度等均是立法所应当关注的重点。然而，需要说明的是，在我们看来，我国人文资源法律保护的水平之所以在世界上比较起来相对滞后，立法技术的成熟程度只是一个次要的原因，并且这应当是一个比较容易克服的原因，根本的原因在于我国在观念认识方面的滞后性。因为理念方面的认识水平客观上受到经济发展水平、社会环境等具体因素的制约，即使借鉴典型国家的先进立法经验，观念的进步、保护意识的提高以及自觉性的增强必将仍然是一个相对缓慢的过程。

通过前述的理论铺垫，本著在学术上首先提出在我国应当制定保护人文资源的基本法，即人文资源保护法（其法律形式可称为《中华人民共和国人文资源保护法》），并就这一基本法的核心问题进行了深入的探讨：在对待人文资源本身方面，立法需要采纳一种宽容的纳入标准，并顾及整体性保护和综合性的保护；在对待保护主体方面，立法需要显示这样一种姿态，即应当充分尊重人文资源传承者和持有者的权利，培养他们的主体意识和保护的自觉性。唯有如此，公权力保护与民间保护力量之间才有可能形成良性互动与互补，全社会共同保护人文资源的热情才能得到保证，我国人文资源的有效保护和传承才能有望实现。

第一章　人文资源法律保护的基本理论问题

第一节　人文资源法律保护的理论基础

一、从“文化遗产”到“人文资源”措辞转换的意义

我们认为研究人文资源的法律保护，首先应当从解析人文资源的概念入手。按照费孝通先生的观点，所谓人文资源就是人工的制品，包括人类活动所产生的物质产品和精神产品，它和自然资源一样，只是自然资源是天然的，而人文资源却是人工制造的，是人类从最早的文明开始一点一点地积累、不断地延续和建造起来的。它是人类的历史、人类的文化、人类的艺术，是老祖宗留给我们的财富。[3] 人文资源所包括的范围虽然很广，但概括而言，它是指人类通过文化的创造而留下来的、可以供人类继续发展的文化基础。

文化遗产之所以被当做人文资源来看待是人的认识扩展和深化的结果。文化遗产长期以来一直是在文化固有的原本意义上而言的，文化遗产是民众创造的结果，文化遗产是传统人文精神的载体。但是，随着社会的变迁，人们发掘了其资源的价值。当文化遗产作为资源在被利用时，作为市场经济表征的市场规则起到了潜规则的作用，随即有了“文化产品”和“文化产业”。作为传统人文精神载体的文化遗产同市场的结合让人们产生了许多困惑。

文化遗产在资源的意义上被使用，传递了这样几个信息：第一，我们对文化遗产价值的认识，已经超越了传统意义的认识，并且在进一步挖掘其作为资源的价值，因此，我们称其为“人文资源”；第二，这种资源的开发和利用创造出来的“非物质产品”代表着“作为意识形态的文化”和“产业”的结合，是对市场经济时代的回应；第三，“人文资源”的开发和利用，是为了人更好地改造外界和自身，前者是后者的基础，后者是根本目的所在。

对“文化遗产”到“人文资源”这种措辞转换的解读指引着法律规则的确立。对“人文资源”一词的肯定也就意味着对文化遗产的“人文价值和资源价值”这样的双重价值的肯认。

二、文化遗产的双重价值

文化“从广义来说，指人类社会实践过程所创造的物质财富和精神财富的总和。从狭义来说，指社会的意识形态，以及与之相适应的制度和组织机构”。[4] 从这里可以看出文化的三个层面：器物、制度和观念。其中，观念文化是体现文化的典型，狭义上的文化即指观念文化。有学者这样总结：“文化，从根本上说是人类创造的精神成果的结晶。”[5]2003 年 10 月联合国教科文组织第 32 届大会所通过的《保护非物质文化遗产国际公约》，将“非物质文化遗产”定义为，被各群体、团体、有时为个人视为其文化遗产的各种实践、表演、表现形式、知识和技能及其有关的工具、实物、工艺品和文化场所。其包括以下方面：口头传说和表述，包括作为非物质文化遗产媒介的语言；表演艺术；社会风俗、礼仪、节庆；有关自然界和宇宙的知识和实践；传统的手工艺技能等。从上述非物质文化的内涵和外延中可以看出，非物质文化都有一定的外化表现形式，而且相当一部分非物质文化遗产有物质载体。所以，应当说，物质文化和非物质文化在对人的精神的反映上具有同质性。

因此，人们按照自己的目的和价值取向去生产产品、发明技术、创造物质和精神成果，从而把人的精神贯注其中，把人的关于真、善、美的理解，把人的价值观和理想倾注其中，将人的生存状态体现出来。创造这些成果的同时，人们不断地改造着主观世界，让自己向理想中的“人”进化。但是，人类改造自然界同人类改造自身并非完全同步，科学的进步和人文的退化在现代社会的鲜明对照就是证明。因此，现代人寻找“失落的人文精神”的渴望日益强烈。可是，正当人们把这种“寻根”渴望寄托于作为“传统人文精神载体”的“文化遗产”时，“文化遗产”所具有的资源价值在市场经济的作用下，却使人们总是难以找回那失落的人文精神。

如前文所述，人类通过文化的创造，留下来的、可以供人类继续发展的文化基础，就叫人文资源。这里的“继续发展”，我们将其理解为“自我价值的发挥得到更宽阔的拓展”和“发展新的人文精神”。[6] 前者是增强人类改造外界的力量，后者是指人类改造自我的发展。人文资源的利用，一方面有助于经济的发展，从而增强人的外在力量；另一方面将引进现代化的竞争规则，这种规则使得西部人民的价值观和自我理想被重塑，个体的价值和地位将被得到重新审视，平等的观念将深入人心。这意味着现代化的人文精神将在我国西部日益确立。

“人文资源”其实也就是“文化资源”，原本作为精神目的和结果的文化获得了工具的意义。相比自然资源和文化资源，我们赞同如下观点，“在这个人文化了的世界里，人们每天要面对的，要较量的不再是自然，而是文化。以往人们是通过自然来创造文化，而现在的人们则是通过‘文化’来‘重构文化’。……在人们通过‘文化’来‘重构文化’的今天，人们发现我们面对的不仅仅有自然资源，还有以前人们不太注意到的人文资源。也就是说，以往的资本经济，所要开发和利用的对象主要是自然资源，而当今的知识经济所要开发和利用的资源，很大的一部分将要包括人文资源。这不仅仅是源于人类文化上的需要，也同样是源于人类生活上的需要，以及市场经济上的需要”。“人们将会越来越注重非物质产品的生产，也就是所谓文化产品、信息产品的生产，以往作为意识形态而存在的文化如今也成了一门产业。在未来的社会发展中，文化产业和高新技术产业一样，将成为社会发展中的重要支柱产业之一。于是，作为文化产业所要开发和利用的对象——人文资源的重要性也就越来越凸现出来了”。[7]

我们认为，文化产业化是人文资源开发和利用的一个表现。这种产业化在市场经济的条件下，是受市场规则支配的，文化产品的运作明显是一种市场化的运作模式。“精神的问题”指的是人们以已有的“文化遗产”为基础，在现实条件下对人文精神进行创新。在这个意义上，“文化遗产”对于人文精神的重构和再生产有着资源的意义。有学者对文化遗产的重构现象做了这样的描述：“旅游业对西部地区的介入，一方面给当地带来了许多新的经济的增长点，同时也给当地的自然环境和人文资源带来了不少的破坏，而且还迅速地重组了当地的文化传统，而新的文化也在这重组中得以再建。”[8]

很多文化遗产在特定环境下的精神内容已经被更新，从而只剩下一些外化的形式。比如在仪式的过程中，表演性多于神圣性，形式的讲究强于情感的流露。尤其是当商业性的因素结合进来以后，文化遗产原有的精神内涵已经不再具有作为人生活方式的价值观的含义。只是，尚需进一步论证的是，我国西部现代文化空间的形成，是否在取代原生态文化的同时真正确立了现代文化，是否重塑了新的人文精神并为人们所内化。但无论这种“现代化”进行得如何，这种文化商品化的现象尤其为寻求人文精神传统的人所担忧。文化进入市场，带来的结果是，市场规则将成为人文资源开发和利用的潜规则。市场的运作有自己独立的规律，其利益追求并非与现代人文精神的建立这个根本的目标完全一致。文化承担的最终功能是为一个民族供给共同的人文精神，从而形成民族认同感，而市场规则所追求的个体价值和个体利益容易阻碍这种共同精神的形成。经过现代化洗礼的人们产生“寻根”的渴求即是许多人在走向富裕的同时却并没有在精神上得到共同人文精神的慰藉。也就是说，物质的现代化并非总与精神的进步而相同步。

三、“文化遗产”双重价值之间的平衡应由法律规制

“文化遗产”的“人文价值”和“资源价值”是有密切联系的。对“人文资源”的解读，应当是以人文为基础，以资源为重心。如果没有人文价值，则“文化遗产”不能获得资源的价值。但是，人文发展的规律和资源利用的规律有着很大的差别。在这两种不同的规律的支配下，两种价值的彰显并非同步。这种不同步导致人们在人文资源双重价值之间的困惑。其中，“非物质文化遗产”作为人文资源最敏感、最特殊的部分，典型且集中地体现着“文化遗产”作为“人文资源”时其人文价值与资源价值所带给人们的困惑。

（一）非物质文化遗产的特征——“活态性”和“民间性”

我国《国家级非物质文化遗产代表作申报评定暂行办法》中规定：非物质文化遗产指各族人民世代相承的、与群众生活密切相关的各种传统文化表现形式（如民俗活动、表演艺术、传统知识和技能，以及与之相关的器具、实物、手工制品等）和文化空间。非物质文化遗产的范围包括：口头传说，包括作为文化载体的语言；传统表演艺术；民

俗活动、礼仪、节庆；有关自然界和宇宙的民间传统知识和实践；传统手工艺技能；与上述表现形式相关的文化空间。

从非物质文化遗产的内涵和范围来看，其特征主要有两个：

（1）活态性。非物质文化遗产是有灵魂的，这个灵魂指的是创造并传承它的特定的社区的共同信仰和核心价值观。因为非物质文化是民族、社群文化，它的存在必然依靠传承主体即社会民众的参与。另外，活态性还决定了非物质文化处于不断的变化和发展当中，它们在与自然、现实、历史的互动中，不断发生变异和创新。因此，活态性是非物质文化的基本属性。

《保护非物质文化遗产国际公约》认为："各个群体和团体随着其所处环境、与自然界的相互关系和历史条件的变化不断使这种代代相传的非物质文化遗产得到创新，同时使他们自己具有一种认同感和历史感，从而促进了文化多样性和人类的创造力。"也就是说，非物质文化遗产代表了特定的社区在特定时期的共同信仰和核心价值观，但是，随着时代的变迁，人们会对它进行创新。

（2）民间性。非物质文化遗产是在民间自主形成的。民众是非物质文化的主体，也是非物质文化存在的驱动力。这说明，原生性的非物质文化遗产由一定区域的民众创造并代代传承，这些创造并传承的民众是非物质文化遗产的权利主体。

由以上特征可以看出，物质文化表现为静态，它们通常已经远离产生它的生态环境，从而很难让人们感受、解读其传递出来的文化意义，而非物质文化的载体是人具体的活动过程，具有活态性、民间性、生活性和生态性，它生存于民众的真实生活当中。在这个意义上，非物质文化遗产更易为大家所感知，从而更能唤醒民众的民族文化意识，强化民族认同感。因此，在某种程度上，相较于物质文化遗产而言，非物质文化遗产对于民族精神的传承具有更为重要的意义。

（二）非物质文化遗产蕴涵的人文价值和人文资源价值的冲突

非物质文化遗产在文化遗产中相当明显和深刻地象征着"传统人文精神"，同时，非物质文化产品正是依靠其中蕴涵的深厚的"人文精神"而获得极大的资源价值，并且越来越为市场所证明。《国务院办公厅关于加强我国非物质文化遗产保护工作的意见》中认为："非物质文化遗产既是历史发展的见证，又是珍贵的、具有重要价值的文化资源。我国各族人民在长期生产生活实践中创造的丰富多彩的非物质文化遗产，是中华民族智慧与文明的结晶，是联结民族情感的纽带和维系国家统一的基础。"可见，非物质文化遗产的资源价值已经获得了肯定。但人们担心市场经济中的商业行为对非物质文化遗产的巨大冲击，担心非物质文化遗产在市场规则支配下的开发利用，尤其容易使脆弱的非物质文化遗产加快变异和消亡。因为非物质文化遗产的无形性，相较于物质文化遗产要脆弱得多，难以保存，一经市场规则支配下的开发和利用，其中蕴涵的"传统人文精神"很容易被淡化甚至贬损。伴随现代化过程中一系列问题的产生，在人们进一步认识到"人类的品质和性格中的本能和兽性并不必然随经济、技术的发展而衰减"[9]时，人们越来越强烈地呼吁传统人文精神中真、善、美力量的价值回归，呼唤和谐社会的建设。对于我国西部的非物质文化遗产中蕴涵的人的淳朴、智慧、善良和浓厚集体主义和谐思想等传统人文精神，更加被"现代化病症"困扰的人们所追求。有学者认为，"无论是东方还是西方，人们对传统的依恋往往源于对现代化的反思"。[10]所以很多人渴望保留原生态意义上的非物质文化遗产，以留住原汁原味的传统人文精神，非物质文化遗产成为人们寻找失落的精神家园的重要依托。

随着时代的变迁，西部人民的价值观和理想已经有了全方位的变化，并且渴望进一步改变其落后的生存现状，渴望加快现代化的进程。而非物质文化遗产拥有的资源价值，为西部人民的现代化注入了动力。可是对于渴望寻求传统人文精神的人们而言，非物质文化遗产蕴涵了深厚的“人文精神传统”，其价值在人类日益产生严重异化和物化的今天，有着无比深刻的意义。据学者的考察，“我们所进行的民族民间文化遗产的保护工作，正在变成一种民间艺术形式的保护，一种民间艺术的表演”。[11] 而这种表演和艺术形式似乎并不能满足许多寻求原生态式传统人文精神的人们的需求。

由此，非物质文化遗产蕴涵的“人文价值”和“资源价值”在非物质文化遗产的保护和利用上表现的冲突让人们陷入深度的困惑之中。从规则的视角来看，保护“传统人文精神”的规则要求保护创造和传承非物质文化遗产的特定环境；而发掘其“资源价值”的规则中包含了并且主要是市场的规则，市场规则要求一个有利于商业运作的市场环境，这种市场环境并不一定与创造和传承非物质文化遗产的特定环境相一致，现实中更多的情况是不一致的。在这种情况下，代表两种价值追求的两种规则难以兼顾到非物质文化遗产蕴涵的双重价值的保护。因此，用法律规则来确认两种价值并进行平衡便成为必然。

第二节　人文资源法律保护的主旨：人文精神的维护和重构

“人文价值”和“资源价值”是我国人文资源具有的双重价值，前者慰藉着人们的心灵，后者为我国西部注入了加快现代化的力量。所以，我们认为，人文资源法律保护应当对双重价值进行肯认。但是，这种肯认应该围绕主旨来进行。我们认为，人文资源法律保护的主旨是对西部人文精神的维护和重构，进而维护西部人们的民族自尊和民族认同。

一、人文资源法律保护对传统人文精神的维护——文化贬损的防止

西部文化遗产尤其是其中的非物质文化遗产是西部传统人文精神的载体。在目前非物质文化遗产名录申报中，有学者谈道：“很多项目都涉及民间信仰以及历史评价的问题，这个问题最敏感。提到笼统的非物质文化保护，大家态度都很好，但唯独要提到那些‘我认为最好的，最能代表农业文明、最有震撼力的东西’，常常就是‘不要做了’，因为这些最能代表农业文明的文化往往被误认为是封建、迷信。”[12]

在这里，本书认为需要正确理解“传统人文精神”。人们创造文化的时候，往往是基于一定的直接目的。而随着科技的发展，该文化直接适用的环境已经不复存在了。如《川江号子》原本是纤夫们为了在拉纤时鼓劲用的，但现在已经不再在原来的意义上使

用，因为机器和马达取代了人类艰辛的劳作，产生它的环境已经改变了，而且谁也不会否认这种环境的变化是社会的进步。但是，即使科学进步了，我们也仍承认《川江号子》的精神价值。只是，其精神价值已经不是其原本能起到的“精神作用”，而是在更深刻的意义上被理解和利用。它的精神内涵在于，其反映了人在艰苦环境中的乐观、积极的精神，蕴涵了中华民族特有的精神价值、思维方式、想象力和文化意识，象征着一个民族的生命力。在我们看来，这种“中华民族特有的精神价值、思维方式、想象力和文化意识”才是我们的“传统人文精神”。这种“传统人文精神”不仅激励中华民族过去的人们，还激励着处于不同环境下的现代人们。这种精神力量的延续使得我们民族的历史得以延续，使民族的共同精神得以继续存在，从而使人们产生一种延续下来的、绵延不绝的民族认同感。

在趋利避害这一点上，人的本性是共通的。在传统落后生活和现代优裕生活之间，后者是人们所共同追求和向往的。在物质层面上，现代生活供给了人们富足的物质；在精神层面上，现代生活的进步理念进一步解放了人，有利于人的个体自我价值的实现。因此，现代生活是人们的共同选择。所以，面对“西部人民要不要现代化”的问题，答案是肯定的。西部人民的现代化不仅包括物质上的，更包括精神上的。现代精神中的自由、民主、平等等有利于人自身发展的精神是现代的“人文精神”。在我国西部人民的传统文化中，大多讲求“中庸”、“容忍”等集体主义文化；而在现代化平等、自由等提倡个体价值发挥的精神影响下，这种传统文化受到了冲击。并且，当西部文化遗产作为一种“资源”在市场环境下进行开发时，市场机制更加深刻地影响着西部人民的价值观念。现代精神本身蕴涵的深刻的价值，已经为历史所肯定。所以，西部人民接受现代先进的人文精神天经地义。并且，文化遗产在市场规则下的开发利用能够以社会生产变迁的方式让现代精神为人们所内化。在开发文化遗产的资源价值过程中，一方面有利于现代市场规则的确立，促进西部现代化；另一方面这会给西部人民带去先进的现代人文精神，促进精神的现代化。

然而，现代精神中的自由、民主、平等等人文精神也会带来诸多不良的附加产物，甚至导致人的“物化”和“异化”。这时，西部地区的“传统人文精神”往往反过来为人们所追求。因此，维护传统人文精神将具有重大的意义。而如何在利用文化资源的同时维护这种传统的人文精神，并且如何在现代人文精神建立的同时融入维系着民族认同感的传统人文精神，将是人文资源法律保护在人文精神问题上真正关注的问题。

诸如《川江号子》等这一类非物质文化遗产，虽然不再在原来的意义上发挥作用，但是，它们是中华民族战胜困难、乐观向上、生生不息的精神象征。而这种“传统人文精神”是现代也需求的。一方面，它让我们民族有一种自我认同，从而增强凝聚力；另一方面，现代化过程中的人们的许多消极心理需要这样一种精神去振奋。

我们保护人文资源的目的之一，就在于对这样一种传统人文精神的维护，否则，文化遗产不仅失去人文价值，也将最终失去资源的价值。人的发展是历史的过程，某些非物质文化遗产用今天的眼光看会有落后甚至愚昧的色彩，但我们应该在更深刻的层面上用历史的观点去看待它。这一方面是对历史的尊重，另一方面在于，保护这些曾代表民族核心价值观的文化遗产，是让民族历史得以延续的保证。“旧”是创新的基础。

文化遗产中蕴涵的“传统人文精神”对于一个民族而言，起到唤醒和强化民族意识的作用，是一个民族文化认同的标记，是民族生命存在的维系力量。尤其在全球一体化的今天，面对西方文化的全方位渗入，对非物质文化遗产的保护实际上是留住民族精神和民族意识、维护民族之根的重要途径。对于国家而言，文化彰显着共同的民族精神和文化传统，它塑造了民族国家的自尊和自信，从而成为产生民族凝聚力的根本源泉。民族国家如果失去文化灵魂，丧失文化的解释权，将会导致民族自我认同的迷失，产生民族深层的归属感的迷失。而文化遗产的保护，将是一个有效的维系民族自我认同的途径。

文化遗产维系民族认同的作用突出地反应在非物质文化遗产上。联合国《保护非物质文化遗产国际公约》中也肯定了非物质文化遗产起到的增进“民族认同感”的作用。“认同”指的是民族的自我认同。这是以文化遗产背后的人文精神为基础的。即使外在环境发生了变迁，已经为一个民族、一个特定群体所内化为根本、核心价值观的这种人文精神却仍然在指引他们的行为，并慰藉他们的心灵。由于这是一种共同的精神，所以它是民族自尊心和民族认同感的来源。民族自尊心和民族认同感的重要性和价值在现代化的今天越来越大。

所以，保护提供“民族自尊和民族认同”的人文精神不受贬损，成为人文资源法律保护的宗旨之一，也是核心宗旨。法律规则的制定应当围绕这个宗旨，当人们的利益发生冲突时，对权利义务的分配也应该以这个宗旨为准。

二、人文资源法律保护对文化遗产“资源价值”的肯认——重构人文精神

以非物质文化遗产为例，联合国《保护非物质文化遗产国际公约》中在肯定非物质文化遗产起到的增进“民族认同感”的作用的同时，还肯定了其增进“历史感”的作用。“历史感”指我们不能割断自己的历史。现实生活始终处于变迁之中，西部现代化已经成为一种趋势。在这个过程中，过去的一些价值观被放弃了，但是新的价值观却并没有真正建立。文化遗产背后的价值观曾经规范着人们的行为，慰藉着他们的心灵，并且在一定范围和程度上还在发挥着价值观的作用。可是，西部人民自身改造外界能力的增强和现代化的力量正在不断冲击着这些传统价值观。一些传统价值观在被修正的同时，由于西部培育、强化新的价值观的环境并不成熟，因此新的价值观并未真正为人们所内化，并且尚未获得普遍的认同。结果是传统的价值观和新的价值观都呈现出零碎状态。民族的自尊和自我认同原有的依托慢慢消亡，但新的依托并没有成型。

社会在变迁，人的观念在革命，人文精神的创新也是必然的。非物质文化作为蕴涵在实际生活中的“活态”文化，是人文精神创新的典型体现。联合国《保护非物质文化遗产国际公约》承认了这种创新：“各个群体和团体随着其所处环境、与自然界的相互关系和历史条件的变化不断使这种代代相传的非物质文化遗产得到创新，同时使他们自己具有一种认同感和历史感。”承认非物质文化遗产的创新，意味着承认人们在生活方式变迁中对传统人文精神的创新。实际上，无论我们承认与否，生活方式和精神价值观的改变是生活自身的逻辑。关键是，一方面，如果不知道旧，根本没有办法创新；另一方面，不建立在旧的基础上的创新会割断历史。对历史的割断是对民族认同感的割断。没有历史的民族是“失根”的民族，“失根”的民族谈何民族自尊和民族认同？如果不

知道旧，我们怎样将代表一定合理性甚至仍起着维系民族认同的“传统人文精神”融入“人文精神”的重构中去？没有“传统人文精神”的融入，“人文精神”的重构将会遭遇维系民族认同感上的失败。这样的“重构”，实质上是“破坏”，从而远远偏离了“重构”的根本目的。

文化遗产成为一种“人文资源”的意义在于，一方面它会有利于物质财富的创造，另一方面也是根本的一方面，乃是在这种物质进步的过程中，人的精神也在进步，从而发展出新的人文精神。我们认为，当群体或民族的某些核心价值观已经在某些方面适应不了社会的变迁而面临被更新的时候，最重要的就是新的核心价值观的建立，用这种新的价值观去修正传统的人文精神，从而形成新的人文精神，并且这种新的人文精神能够持续地提供“民族自尊与认同”。只有在这种意义上，西部文化遗产的“资源价值”才是我们所需要的“人文资源价值”。如果只是重视商业运作而忽视新的共同人文精神的培养，无疑是舍本逐末。

三、人文资源法律保护对文化遗产“双重价值”的肯认——协调利益分配

法律肯认文化遗产的双重价值，而这两种价值的冲突导致了人们的深度困惑。实际上，人们的困惑不在于文化遗产是否有双重价值，而是当文化遗产有双重价值但人们的需求却各异时，利益应当如何协调的问题。“人”是复杂的集合体，人的需求是各异的，所以人的需求之间是会有冲突的。需求冲突外化的结果便是矛盾的凸现。有这样一些文字，我们认为可以较直观地反映人们的需求（利益）的冲突：

“有了电视机，这些居住在深山里的人的平衡生活开始被打破了，生活在这里的许多人也许连西安都没有到过，但通过电视，他们却看到了整个世界。看到了繁华城市中的生活和他们所在的贫困中的乡村生活有多么大的距离。他们开始觉得自己的生活是多么的寒酸和落后，同时他们传统的价值观念开始被颠覆，以前被认为是美好的东西，现在变得一文不值。于是，以前认为‘可好看’的剪纸被迷人的明星照所取代了，以前曾把他们迷恋得要死要活的山歌——信天游，也被现代流行歌曲所代替了。他们为自己的贫穷而感到羞愧，在这羞愧中，也从此否认了自己的传统文化中的各种审美习俗，认为那是一种落后和简陋，他们要奋起追求和城里人一样的时尚，一样的漂亮。”[13]“为什么大家关心申遗，因为它能带来利益。”[14]

经历了现代化的人们反省着现代化带来的问题，人们希望通过文化遗产蕴涵的“传统人文资源”治疗“人的物化和异化”等“现代病症”；而西部人民却正积极地追求着现代化，乐于接受现代化过程给他们带来的物质财富和全新的价值观念。贫穷是人们都不愿接受的。在这些“居住在深山里的人”的物质需求和精神需求发生了变化的同时，比他们“时尚”和“漂亮”的“城里人”的需求同样发生着变化。现代化了的人们开始反省现代化带来的问题，从而开始“迷恋传统”。“文化遗产”作为资源被开发利用开始被许多呼唤“传统人文精神回归”的人们所担忧。尤其是传统人文精神的活的载体——非物质文化遗产被商业行为包装后，这种担忧更加强烈起来。“游客们……沉醉于一派古朴悠远的民俗之中，村里人盯的却是游客们的钱袋”[15]等许多不伦不类的现象让一

些人们“愁思满怀”。[16]

可见，人们在人文资源的双重价值之间徘徊。而其中，非物质文化遗产凸现出来的冲突和矛盾是最典型的。奇怪的是，拿非物质文化遗产的保护为例，保护“非物质文化遗产”的呼声尽管日益高涨，有来自学界的，也有来自政府的，而在大家“见仁见智”的时候，却缺乏民众这个本该是主力的声音。《保护非物质文化遗产国际公约》中强调：“缔约国在开展保护非物质文化遗产活动时，应努力确保创造、保养和承传这种遗产的群体、团体，有时是个人的最大限度的参与，并吸收他们积极地参与有关的管理。”遗憾的是，目前这股力量似乎处于缺位和被动状态。2005 年 7 月 5–8 日由文化部、江苏省人民政府联合举办的“中国非物质文化遗产保护 · 苏州论坛”上，学者不断批评一些地方政府保护措施的不当，反过来官员们则认为学者们的讨论太过学术化，而且“没有什么新东西”，可是，“非物质文化遗产”保护和传承的主体却始终是论坛的缺席者。[17]

人文资源价值的非唯一性决定了利益的多样性。而人们对利益的偏好和取舍是不同的，因此人们对人文资源的价值也是各取所需。对人文资源价值非唯一性的承认，其结果必然是对人们的利益进行协调。

利益协调的一个重要着眼点，是人文资源的创造者与资源的利用者之间利益的协调。当这种人文资源的提供者为公众或者群体时，利益协调的难度就凸现出来。因为这里必须解决一个权利归属的认定和权利主体缺位的问题。尤其当这种资源又是一种无形文化遗产时，相关问题会变得更加棘手。人文资源中的非物质文化遗产就集中地反映了这样一些问题。非物质文化遗产是一定群体共同创造并代代传承的，并且其往往没有具体的物质形态。此时，不可能用现有的民法中的所有权制度予以保护，也不能完全用保护文物的相关制度去保护非物质文化遗产。因此，人文资源法律保护的关键和亟待解决的问题在非物质文化遗产上得到了突出和集中的反映。

第三节　人文资源法律保护的实证分析

在这里，我们想以《乌苏里船歌》著作权纠纷案为例来对人文资源的法律保护进行实证分析。

一、案情简介——《乌苏里船歌》著作权纠纷案带来的讨论

2000 年 9 月 16 日，黑龙江省饶河县四排赫哲族乡人民政府以侵犯民间文学艺术作品著作权为由将郭颂、中央电视台、南宁市人民政府、北京北辰购物中心诉至北京市第二中级人民法院。

原告赫哲族乡政府称：《乌苏里船歌》是赫哲族人民在长期劳动和生活中逐渐产生的反映赫哲族民歌特点、精神风貌和文化特征的民歌。在庭审中，原告提供了赫哲族民歌《想情郎》作为证据，认为《乌苏里船歌》是根据该民歌的基本曲调改编而成的。而

郭颂辩称：《想情郎》是一首赫哲族民间只有四句曲调的低回哀婉的箫曲。而《乌苏里船歌》却使用了原曲调的第一句并在创作中作了很大的发展和升华，且运用西洋手法创作出了 A—B—A 三部曲式的艺术歌曲。鉴于双方分歧较大，法院委托中国音乐著作权协会进行鉴定。三位鉴定人的鉴定结论为：(1)《乌苏里船歌》的主部即中部主题曲调与《想情郎》、《狩猎的哥哥回来了》的曲调基本相同，《乌苏里船歌》的引子及尾声为创作；(2)《乌苏里船歌》是在《想情郎》、《狩猎的哥哥回来了》原主题曲调的基础上改编完成的，应属改编或编曲，而不是作曲。

基于此鉴定结论，法院判决被告郭颂及中央电视台败诉。法院的判决理由是，原告作为民族乡政府既是赫哲族部分群体的政治代表，也是赫哲族部分群体公共利益的代表。在赫哲族民间文学艺术可能受到侵害时，鉴于权利主体状态的特殊性，为维护本区域内的赫哲族公众的权益，原告可以以自己的名义提起诉讼。以《想情郎》和《狩猎的哥哥回来了》为代表，世代在赫哲族中流传的民间音乐曲调，属于赫哲族传统的一种民间文学艺术作品形式。《乌苏里船歌》作为一首脍炙人口、家喻户晓的民歌音乐作品，其主曲调是郭颂等人在赫哲族民间曲调《想情郎》的基础上进行了艺术再创作、再改编完成的作品。郭颂等人在使用音乐作品《乌苏里船歌》时，应客观地注明该歌曲曲调是源于赫哲族传统民间曲调。

这个真实的案例引起了社会的广泛讨论。有人认为，赫哲族民间曲调的创作主体带有群体性，其权利应归属于该民族或该区域的群体共同享有，《乌苏里船歌》的使用方式侵犯了赫哲族人民的共同权利。但是也有反对者认为法院的判决理由有以下几个可质疑的地方：第一，原告赫哲族乡政府是否具有原告的诉讼主体资格，是否有权以自己的名义提起对赫哲族民间音乐作品保护的诉讼。第二，鉴定主体并非法定的鉴定机构。第三，目前相关法律规定不完备，我国《著作权法》第六条虽规定“民间文学艺术作品的著作权保护办法由国务院另行规定”，但国务院尚未正式出台相应的保护办法。

这些质疑并非空穴来风。法律应该通过被法律规则予以明确的保护的具体方式、权利人的确定以及权利人行使权利的途径等来对一项权利予以保护。而现行法律、法规缺乏相关实体法律依据对民间文学艺术作品的权利人进行保护。从程序法上看，《中华人民共和国民事诉讼法》第一百零八条规定：“起诉必须符合下列条件：(一）原告是与本案有直接利害关系的公民、法人和其他组织；(二）有明确的被告；(三）有具体的诉讼请求和事实、理由。”而本案中，赫哲族乡政府并非是与本案有直接利害关系的公民、法人和其他组织。从理论上讲，赫哲族全体人民才与本案有直接利害关系，赫哲族乡政府只有获得赫哲族全体人民的授权才可能有资格代表赫哲族全体人民提起诉讼。就鉴定而言，在一审中，法院委托中国音乐著作权协会对本案所涉相关音乐作品进行了鉴定，而法律并未对音乐作品是改编还是创作这一专业问题应当如何进行鉴定的问题进行规定。因此，人们对该鉴定的公正性与合法性存在疑问。

民歌是人文资源的重要组成部分，是重要的文化遗产。该案件反映出，在我国对文化遗产也就是人文资源的保护中，法律制度尚未健全。我国已有的文化遗产保护立法远远没有解决文化遗产法律保护中许多重要的问题。这些问题是我国目前正在起草的非物质文化保护立法所面临的问题，也是整个文化遗产立法保护完善的问题。

二、《乌苏里船歌》著作权纠纷案所涉及的主要法律问题

（一）法律保护路径的选择

对于民间文学艺术作品的保护，世界上一些国家采用了著作权保护的方式。民间文学艺术作品受著作权保护的法律制度，是在20世纪60年代以后逐步形成发展起来的，其起始原因在于发展中国家为保护自己的传统民族文化，从而提出扩展著作权客体的要求。此前，在发展中国家与发达国家都可以大量无偿地使用发展中国家丰富的民间文学艺术资源。为防止篡改、歪曲、擅自使用民间艺术作品的现象发生，实现发展中国家与发达国家在著作权贸易方面的平衡，一些国家和地区先后将民间文学表现形式列为著作权客体加以保护。迄今为止，采用著作权法保护民间文学艺术作品的主要是发展中国家，如突尼斯、玻利维亚、智利、摩洛哥、阿尔及利亚等国家。鉴于民间文学艺术作品的特殊性，我国著作权法明确规定，其保护办法由国务院另行规定。但究竟如何保护，目前还没有具体的规定。

在我国，尤其是在西部，其人文资源中包含了丰富的民间文学艺术作品。它们由我国特定民族集体创作，经世代相传，不断发展而形成，是非物质文化遗产中的重要部分，进而也成为文化遗产的重要内容。一般认为，它包括语言形式（民间故事、民间诗歌等）、音乐形式（民歌、民间器乐等）、动作形式（民间舞蹈及戏剧等）以及用物质载体体现的形式（绘画、雕塑、工艺品、编织品等）。《乌苏里船歌》纠纷所涉及的属于民歌这种音乐形式。

民间文学艺术作品虽然与著作权所保护的作品有相似之处，但是它与一般作品的不同之处还是很明显的。

第一，客体范围有差异。一般作品作为版权保护客体是指文学艺术和科学领域内，具有独创性并能以某种有形形式复制的智力创造成果。版权所涉及的有形物在大多数情况下仅仅作为无形产权的载体而存在，知识产权不等于对载体的权利。而民间文学艺术的客体除了无形的智力成果之外还包括客观存在的具体之物；它既可能是一种民间文学艺术的表现形式或艺术风格，也可能是已经形成作品的民间文学艺术。因此其客体范围很广，是不固定的。

第二，客体存在的状态不同。一般作品完成后，其独创性的内容大多已固定，很难变异。但民间文学艺术作品则在人类社会发展的历史长河中，经长期的传述，不断创新和进步，因而它是变动的。而且这种创新和进步是生活逻辑所决定的。

第三，主体不同。一般作品主体较易确定，其权利归属于某一个人，而民间文学艺术作品往往为一个地区的广大群体世世代代所积累、创作，因此，这类权利主体往往是一个国家、地区的群体，是某一民族全体，不为某个个人。

第四，保护期限不同。一般作品的版权保护有一定的期限，而民间文学艺术作品则随着人们生产和生活的客观条件的变化被不断增加、添附、补充甚至修改，使得人们对它的创作不断继续。因而，对其不应该有一个所谓的“保护期限”。

所以，民间文学艺术作品具有以下几个特点：集体性、长期性、变异性、继承性。[18] 从民间文学艺术作品的集体性上看，它与一般作品的“作者”概念显著不同；从长期性上看，它极易进入公有领域；从变异性上看，其很难被固定，从而为保护带来

了困难；从继承性上看，它缺乏著作权法所保护客体之“独创性”。因为其特殊性，国际上一般将民间文学艺术作品称为“民间文学表现形式”，以区别于普通作品。在各个国家用著作权来保护民间文学艺术作品时，也往往采取扩大作品含义的做法。

多数国家的相关立法虽然是将民间文学艺术作品纳入著作权法保护，但是实际上是借用了著作权这样一个权利外壳。越往下研究，越是令人感到我们并不是希望将民间文学艺术作品归入著作权体系，而是想通过一个途径对包括民间文学艺术作品在内的文化遗产进行全面的、宽松的、自由的保护。突尼斯版权法为民间作品下的定义是：“作者为所在国国民或少数民族社团在本国境内创作的所有文学、艺术和科学作品，它们代代相传，已成为传统文化遗产的一个重要组成部分。”并且，从以上分析可以看出，民间文学艺术作品本身具有的特殊性与前文阐述的非物质文化遗产的特殊性契合，它们系非物质文化遗产的组成部分。因此，我们认为正在起草的我国《非物质文化遗产保护法》中对民间文学艺术作品进行保护将是一个比较适宜的选择。

（二）法律保护的范围

民间文学艺术作品保护所遭遇的难题，正是我国文化遗产保护所遭遇的问题。《乌苏里船歌》纠纷案涉及的权利保护问题是人文资源法律保护所要解决问题的集中反映，比如，权利的归属、权利的行使，等等。本书在前一部分阐明了西部“文化遗产”到“人文资源”的过渡的现实，并在人文资源的“人文价值”和“资源价值”关系的基础上分析了人文资源法律保护对于维护和重构人文精神的主旨。对文化贬损的防止和利益的协调均需围绕这个主旨进行。而这两个方面延伸出来的问题是：

第一，谁来判定文化是否遭到了贬损？

第二，利益的分配中谁是利益的拥有者？

第三，如果权利为“集体”所享有，那么该“集体”应该怎样行使该项权利？

本书认为，这些问题直接指向文化遗产的权利主体、权利内容和救济机制。如果不对它们进行分析，则人文资源法律保护的主旨便会落空。而这些问题，不仅体现人们对民间文学艺术保护的要求，也是正在制定的《中华人民共和国非物质文化遗产保护法》所关注的问题，从而进一步成为人文资源法律保护亟待完善的问题。

第四节　权利、义务分配以及救济机制的建立与健全

权利义务的分配实际上是对利益的分配，在法律对权利义务的分配中，法律有着自身的逻辑。这个逻辑的运行是在法律的基本理念——公平和效率的指引下展开的。这种逻辑以生活中的现实为基础，但是基丁对效率的兼顾，所以权利的分配与权利的实际归属可能会有一定的差距。

需要说明的一点是，在人文资源法律保护体系中，一些已有的法律如有关文物保护的相关规范和民法中的物权制度可以起到一定的作用。但是，对于非物质文化遗产而

言，这些已有法律的权利义务规定远远不能满足保护的需要。《乌苏里船歌》纠纷案给人们带来的疑问就是一个说明。因此，本书对完善人文资源法律保护规范的讨论，将以人文资源保护的典型问题——非物质文化遗产的法律保护为中心来展开。

一、权利主体的确定

联合国教科文组织《保护非物质文化遗产国际公约》中明确规定 ：“承认各群体，尤其是土著群体，各团体，有时是个人在非物质文化遗产的创作、保护、保养和创新方面发挥着重要的作用。”对西部人民传承文化的担忧，除了与西部地区人民的知识文化现状有关之外，最根本的是动力的缺乏。而动力的缺乏在于民众本身并没有真正享有相关的权利。西部文化尤其是非物质文化遗产为西部人民所创造，民众当然是相关权利的归属者。但是，正是由于这种权利的“集体性”，权利主体更容易处于缺位的状态。

为了解决这种“缺位”，世界上许多国家将国家或者政府作为权利主体。《乌苏里船歌》纠纷一案中，法院的判决实际上也是建立在对政府这个权利主体进行承认的基础之上的。通说认为，政府是公共利益的代表，其应当代表所辖群体行使权利。这就出现了对文化权利的“应然行使主体”和“实然行使主体”之分。

以非物质文化遗产为例，民众是它们的创造和传承者，按照集体财产的性质，所有属于这个群体的人都应当是权利的享有者和行使者。这个群体可能是国家，也可能是特定群体。但是，在现今的环境下，集体怎样来保护这样的权利？在个人主义日益膨胀的时代，这个群体怎样来行使权利？非物质文化遗产保护的主旨之一是对传统人文精神的维护，但是，在市场规则引入的今天，经济利益成为人们热衷追逐的对象时，恐怕很难有人会出于对传统人文精神维护的目的去行使权利。因此，必须建立一个权威的机构以本着对文化遗产保护的根本目的来行使相关权利。其不仅要防止群体外的人以不当的方式来侵犯权利，还要防止本群体内的民众的不当使用。这里的“不当”是以是否侵犯群体公共利益为准的。而这里的“群体公共利益”根本上是指对前文所分析的能提供民族认同感的“人文精神”的维护。无论是来自群体外还是来自群体内的“文化贬损”，都是为公共利益的维护所不能容忍的。

的确，政府对文化权利的行使是以公共利益代表的名义来进行的。但是，不能忽视的是，政府作为一种组织，有其自身的规律，从某种程度上说，也具有一定的独立利益。正是基于政府的这种非中立性，其行为要受司法的制约。虽然选定一个权威的机构来行使权利是基于效率考虑的必然选择，但是，民众是“人文精神”的创造主体，精神性的力量只有民众自身才会准确地感知。因此，没有任何一个其他的主体，包括政府，拥有去解释“文化是否遭到贬损”的权利。所以，必须考虑这样一种机制，它一方面能保证这种集体性、社团性权利得到高效率的行使，另一方面又能够保证这种“集中的行使”能处在民众的“文化解释权”的监督之下。

另外一个相关的问题是，现代社会社区的封闭性日益减弱，成员的流动性也日益加大，尤其对于非物质文化遗产这种“活文化”而言，其形式多样，而且还会演变、创新，因此，鉴别权利的归属是一个相当困难的问题。有一种意见认为，保护这种权利，有将公有化的权利纳入专有领域之嫌。1984 年文化部颁布的《图书、期刊版权保护试行条例》第十条规定 ：“民间文学艺术和其他民间传统作品的整理本，版权归整理者所有，他人仍可对同一作品进行整理并获得版权。民间文学艺术和其他民间传统作品发表时，整理者应注明主要素材提供者，并依素材提供者的贡献大小向其支付适当报酬。”也就是说，这里保护的是整理者和主要素材的提供者，而不是保护民间文学艺术作品的“著作权人”。

但是，问题在于，文化遗产是由特定群体创造、保护和传承的，如果无偿并且没有监督地让外界使用，则难以在利用者和作为提供者的公众之间进行利益平衡，这是为公平所不允许的。世界上许多国家也正是出于这种目的来进行相关的保护立法的。

国务院办公厅发布的《关于加强我国非物质文化遗产保护工作的意见》，要求建立中国非物质文化遗产代表作国家名录。据悉，对全国非物质文化遗产进行普查摸底的工作于 2005 年开始，这次普查是分地区、分类别制定普查工作方案来开展的。运用文字、录音、录像、数字化多媒体等各种方式，对遗产进行真实、系统和全面的记录，全面了解和掌握各地各民族非物质文化遗产资源的种类、数量、分布状况、生存环境、保护现状及存在的问题，摸清家底，运用现代科技手段建立档案和数据库，在普查的基础上建立“非物质文化遗产的代表作名录体系”，此体系为包括国家级名录、省市县级名录的呈宝塔形的名录体系。应当说，建立分级别的名录体系无疑会引起文化遗产间的“竞争”。但无论这种将“竞争机制”引入文化遗产保护的做法会带来什么样的效果，名录体系本身会为文化遗产的权利归属认定起到一定的依据作用。

二、权利内容的界定

权利主体确定之后，下一步是权利内容的确定。权利的内容主要分为财产性权利和精神性权利。这是以前文分析的人文资源的“双重价值”为依据的。

如前文所析，人文资源的“双重价值”包括“人文价值”和“资源价值”。人文价值主要是指精神性的权利，并集中表现为对“传统人文精神”的维护，这就要求防止对“文化的贬损”。对“文化的贬损”会破坏民族认同感，而对“文化忌讳”的冒犯则会破坏民族自尊。这都是与文化遗产的保护宗旨背道而驰的。而“资源价值”更为复杂，其既包含了物质的一面，又包含了精神的一面。前者主要表现在为创造财富目的的利用；后者则表现为利用文化遗产重构人文精神。

也就是说，作为创造文化遗产群体的民众对文化遗产的权利，有物质和精神这样两个层面。这样两个层面的权利对于民众而言有着明显的差别。文化遗产是传统人文精神的载体，而这种“人文精神”的“传统性”本身就决定了这个群体在精神方面的共同性。“民族认同感”也是由此产生的。而物质权利则有可能体现为个别性。当文化遗产作为资源使用能够带来“有形”的物质利益时，“无形”的精神极有可能被某些个体所忽略。并且，当物质权利可能体现为个别性时，个体间就会出现竞争，并且竞争可能会出现无序的状态。因此，在物质权利享有的同时，让其经由权威机构的审查并规定一定的义务是必要的。

《乌苏里船歌》一案中涉及的署名权便是精神性权利的一种。这里的“精神权利”的内容类似于著作权中的精神性权利，具有身份性。就民间艺术作品而言，主要包括发表权、署名权、修改权和保护作品完整权。这里核心是“保护作品完整权”。这也是来自防止“文化贬损”的要求。但是，需要指出的是，在以原来的形式表现时，一些文化遗产并没有充分发挥其“资源价值”。通常的情形是，当文化遗产作为资源尤其是商业资源在利用时，其多少都是经过改编的，这也是市场规则要求“文化产品”适合市场需要的结果。在《乌苏里船歌》纠纷案中，很难说赫哲族民间曲调《想情郎》等以原貌出现在市场上会带来多大的经济效益。因为其带有浓郁的民族特色，不够大众化，也许更多的可能是引起民间文学艺术家或者部族音乐学家的兴趣，而不是吸引民歌出版社或者唱片制作者。那么，这样的结果是，文化遗产的“资源价值”尤其是收益方面的价值很难在我们期望的程度上被发掘。

于是，前文所讨论的“人文价值”和“资源价值”的深度困惑再一次得到了体现。本书认为，是否需要“吸引民歌出版社或者唱片制作者”以获得物质收益需要由权利归属者来决定。因此，相关权利是否对外界进行转让以便发掘文化遗产的资源价值，应当归于作为群体的权利人的专有权范围。当然，这主要通过权威机构来代表行使。在这个行使过程中，需要考虑这种对资源价值的发掘是否冒犯了“文化忌讳”，有辱民族自尊；或者是否会造成“文化贬损”，从而破坏民族认同感的维系。也就是说，特定群体的“文化解释权”应当受到充分的尊重。这也是文化遗产包含的相关权利中精神权利得到实现的保障。

在“文化解释权”的行使中可能会遭遇到的另外一个问题，是在群体内部发生“解释权”的冲突怎么办。在社会的变迁中，不仅群体之间的变迁不同步，而且群体内部也是不同步的。在这样的情况下，谁的解释对于回答是否冒犯“文化忌讳”造成“文化贬损”等问题具有权威性？这时，权威机构的作用再一次体现出来。当然，这里的权威机构除了政府，还应该包括被政府和民众承认的民间组织。后文还将谈到这个问题。

就物质性的权利而言，应当理解为群体的民众有权利分享因文化遗产的利用而得到的物质收益。这也就是本书在前面所探讨的利益的分配问题。不能被文物法和物权法所保护的大部分文化遗产作为遗产资源在一定程度上处于公有领域，其被利用的结果是利用者极可能因为利用而为其带来成为私权保护对象的“知识产权”，包括著作权、专利权、商标权等。《乌苏里船歌》纠纷中被告对改编后形成的《乌苏里船歌》，从法律上讲是享有著作权的。但是，随着文化遗产的资源价值越来越被人们所认识，“人文资源”的意义越来越深入人心，人们整理、开发和利用的积极性越来越高。这时，人们便开始怀疑“自由使用”的合理性。平衡资源提供者和资源利用者之间的权利逐渐为大家所共识。尤其是非物质形态的文化遗产，其公开、无形的特点决定其无法被民法上的占有、所有方式来控制。因此，为保护文化遗产资源，建立特殊的保护方式是必需的。使用许可收费制度的建立是一个可以选择的途径。

我们认为，在传统和习惯范围内对物质文化遗产的利用，应该适用著作权的合理使用制度，既无须许可，也无须支付报酬。这就避免了公有权利转换成专有权利带来的不必要的麻烦。而如果是在传统和习惯范围外的利用，则首先应该得到许可，以防止“文化贬损”，即对“人文精神”的贬损。如果这种传统和习惯范围外的利用带有商业目的，则应该交纳一定比例的使用费，以平衡资源提供者和资源利用者之间的利益。这种使用费应当本着保护文化遗产的公共利益的目的而使用。

当然，对于传承人的权利应该予以合理的保护，联合国的《保护非物质文化遗产国际公约》中明确规定：“承认各群体，尤其是土著群体，各团体，有时是个人在非物质文化遗产的创作、保护、保养和创新方面发挥着重要作用，从而为丰富文化多样性和人类的创造性作出贡献。”对传承人权利的保护是对传承动力的保证。这种权利主要指的是署名权和获得报酬权。

通过以上的分析我们可以看到，文化遗产的权利内容是与其“人文价值”和“资源价值”相契合的。“人文价值”决定了精神性的权利，即人文精神的维护；“资源价值”则有着物质性和精神性两个层面，但这两者中，后者是根本，目的在于在现代化的进程中重构人文精神。这就决定物质性权利的行使应当在保证精神权利的行使下进行，物质性权利的行使应当有利于建立与传统人文精神融合的现代人文精神，从而实现人文资源法律保护的宗旨，达到保护文化遗产的根本目的。在这个前提下，鼓励对文化遗产即人文资源的开发和利用，发挥其创造物质财富和加快现代化进程的资源价值。

三、文化的解释权的主体

无论是精神性还是物质性的权利的行使，都涉及“文化解释权”，即怎样对文化的本质、目的以及其所包含的人文精神等方面进行诠释。司法是解决纠纷的最终工具。也就是说，在法律保护既承认人文资源的人文价值，又承认资源价值时，司法解决纠纷主体间的需求冲突必然要借助于对“文化”的解释。上文谈到“文化解释权”真正的解释主体是创造文化的特定群体。但这个群体往往很难对“文化”进行解释。首先是因为这个群体具有集体性，很难对“文化”有一种外化的统一解释；其次，群体内部对文化遗产的资源性利用往往出于个体的利益对文化作出不同的解释；再次，社会的变迁导致观念的变迁，但群体内部的民众的变迁并非完全同步，因此文化在多大程度上发生了变迁是很难估量和解释的。

所以，作为民众集体，很难行使这样一种名义上的“文化解释权”。可是，司法对纠纷的解决，始终离不开司法机关对“文化”的解释。但显然，由司法机关对“文化”进行解释和认定是不妥当的，很可能脱离文化的实际生存环境，脱离民间的习惯和本来面目。所以，尽管司法是解决纠纷的最终手段，但是许多因素都会影响到判决的公允。

在《乌苏里船歌》纠纷一案中，法院委托中国音乐著作权协会对本案所涉相关音乐作品进行了鉴定。但是目前法律没有对民间文学艺术作品所涉及的专业问题如何鉴定进行规定。因此，中国音乐著作权协会在本案中进行的鉴定的效力受到了质疑。

音乐著作权协会是由国家版权局和中国音乐家协会共同发起设立的著作权集体管理机构。协会实行会员制，其所有活动都要接受国家版权局的监督和指导。协会开展音乐著作权集体管理的主要内容有：进行音乐著作权人和音乐作品的登记和档案管理；收取音乐作品使用者依法交付的作品使用费，并发放使用许可证；根据作品的使用情况向音乐著作权人分配作品使用费；对侵犯音乐著作权的行为提出法律交涉；受国家版权局指定，协会还承担法定许可使用音乐作品使用费的收转工作。从目前协会的成立宗旨、管理内容及协会的职能部门的设立来看，协会仅仅是一个凭借集体管理的优势，代理著作权人对相关著作权进行保护、代为履行某些相关义务的机构。法律并没有赋予其法定的鉴定权利，更未赋予其鉴定的司法意义。

所以，司法在“文化解释权”的问题上遭遇到了难题。这个难题实际上源于司法和民间的距离。司法作为一种现代社会的纠纷解决方式取代了在习惯支配下民间权威性机构对民间纠纷的解决。对于我国一些较为封闭的地区尤其是西部地区，一方面仍保留着一定的传统习惯，且涉及其信仰和民族认同，另一方面，整个群体又处在变迁之中。群体自身尚很难对“文化”作出解释，司法更难认定。因此，我们认为，“文化解释权”的行使离不开民间组织。只有民间组织是同民间生活距离最近的。上文提到政府是民众行使文化遗产集体权利的代表，但是，政府有自身运行的逻辑，其并非能准确地对“文化”进行解释。应当说，政府在认定“文化”的内涵时，也应当求助于民间组织。这一方面节约了调研成本，另一方面有利于贴近民间，从而更佳地代表民众行使权利。

还是以非物质文化遗产为例。与物质文化遗产相比，“文化解释权”对于非物质文化遗产有着更为特殊的意义。“十里不同风，百里不同俗”，民俗的地域性与其所形成的自然环境、生产生活方式、价值观和审美观等密切相关。对文化内涵的捕捉，没有一定的调研优势是不行的。在这方面，民间文化组织大有可为。民间文化组织是指民间非营利性组织，一般包括社会团体、民办非企业单位和基金会。[19]民间文化组织既是民众社会的组成部分，又是民间文化的创造者和传承者。其具有地利人和的优势，利于调研，利于反映文化遗产内涵的现状和变迁。

因此，民间组织应该在文化的解释方面享有一定的权利。应当由法律赋予其提供一定司法资源的资格和权利。鉴定资格的赋予就是其一。尽管民间文化组织不能完全取代民众、也不可能代替政府的作用，甚至其优势的发挥还应该以政府和民众的支持、引导为前提，但是我们应当看到它的重要而不可替代的作用。所以，我们认为，在人文资源法律保护中，尤其是在我国正在起草的《中华人民共和国非物质文化保护法》中，民间组织的作用、地位应当得到承认。

四、权利的救济

在讨论了人文资源法律保护的权利归属、权利内容、利益分配和权利行使后，法律规范最终要落脚到权利的救济问题上。“无救济无权利”是一个重要的法律信条。

从《乌苏里船歌》纠纷一案中，可以看到，对文化遗产的法律保护，通常走的是民事救济途径，在程序的运用上，主要是运用民事诉讼程序的规定。但前文已经提到，政府是否具有原告主体资格而成为民事诉讼个案的当事人遭到了质疑。从民事诉讼法对原告资格的规定上看，赫哲族乡政府并非是与本案有直接利害关系的公民、法人和其他组织。本书在前文讨论了权利归属的问题，从理论上讲，赫哲族全体民众才与本案有直接利害关系，赫哲族乡政府只有获得赫哲族全体民众的授权才有可能代表赫哲族全体民众提起诉讼。因此，我国现有的权利救济程序并不能满足此等权利的救济要求。

鉴于此，我国在人文资源的法律保护上，不仅需要关注实体权利，还应当关注程序的制度供给。《乌苏里船歌》纠纷一案表明，文化遗产的保护其实涉及两种权利主体：一是作为创造和传承主体的民众；二是作为民众权利行使代表的政府以及得到政府授权或认可的民间组织。相关的保护立法应该对权利主体的救济途径予以依据上的充分保障。

我们认为，政府作为权利行使的代表，对其所行使的权利救济请求，可以通过立法对这种特殊的、拟制的权利主体的救济请求权提供依据。这是比较容易操作的。但是，对于民众的救济权的保护会比较困难。民众是“文化解释权”的当然享有者，即使出于效率的考虑让政府代表人民行使权利，也应当基于公平让民众享有监督权。即监督政府是否有效地、尽最大善意地代表民众行使了这一权利。如果政府有懈怠或者不当的行为，此时法律规范应当给予民众相应的监督权，并且基于民众的集体性，当个体代表民众集体来行使监督时，立法也应当有相应的程序提供制度供给。

这样的程序类似于法学界讨论的公益诉讼，即个体为了群体性的公共利益而提起的诉讼。对此，这里虽不展开讨论，但是我们认为，对于文化遗产尤其是难以控制的非物质文化遗产这样一个权利客体，作为权利主体的民众应当得到这样一种救济。

五、结语

从“文化遗产”到“人文资源”的转换，表明文化遗产的“人文价值”和“资源价值”均得到了承认。对文化遗产双重价值的承认引出了人们的许多矛盾和困惑，其中，非物质文化遗产最具有典型性。如何协调这样的矛盾是人文资源法律保护要解决的核心问题。从文化遗产的本质来看，人文资源法律保护的主旨在于人文精神的维护和重构 。这意味着“文化贬损”的防止、融入传统的现代人文精神的建立以及在人文资源价值发挥中的利益协调。围绕这些问题，本文以文化遗产中最具典型性和核心性的非物质文化遗产的法律保护为讨论的重心，借用《乌苏里船歌》著作权纠纷这样一个典型的案例，讨论了权利主体的确定、权利义务的分配以及相关救济机制的制度供给。本著基本的逻辑是“权利基础—权利内容—权利救济”，这是对人文资源从法律角度进行保护的特有逻辑。

本章参考文献

1. 国家重点课题《西部人文资源的保护、开发和利用》课题组资料：《西部人文通讯》，2003 年第 1 期。
2. 方李莉：《西部人文资源与西部民间文化的再生》，《开放时代》，2005 年第 5 期。
3. 方李莉：《塑造西部农民的心灵》，《文艺报 · 理论版》，2002 年 11 月 12 日。
4. 孙美堂、杜中臣：《文化即“人化”——文化概念的一种诠释及其意义》，《中国人民大学学报》，2004 年第 6 期。
5. 戴廉：《非物质文化遗产保护的困惑》，《瞭望新闻周刊》，2005 年 7 月 25 日第 30 期。
6. 张笃勤：《文化保护离不开民间组织》，《瞭望新闻周刊》，2005 年 8 月 8 日第 32 期。
7. 李述一、李小兵：《文化的冲突与抉择》，人民出版社 1987 年版。

第二章　人文资源法律保护的国际公约与外国制度

第一节　联合国教科文组织文化遗产法律保护制度

联合国教科文组织（the United Nations Educational，Scientific and Cultural Organization，UNESCO）是1945年11月16日成立的专门负责教育、科学和文化事务的联合国机构，截止到2005年10月3日已有191个缔约国。教科文组织（“UNESCO”）的目标不仅是在遭受破坏的国家建设教室或公布科学进展，而且有着更为宏伟的宗旨，即通过教育、科学、文化和传播的手段在人类思想中构筑和平。[20]

在文化领域，UNESCO的中心目标是为人类社会可持续发展保护文化多样性，重点是通过综合方式保护和维护人类文化遗产。其中，文化遗产包括有形文化遗产和非物质文化遗产等所有形式的文化遗产。UNESCO在文化领域内的活动和关注的重点也主要围绕保护文化遗产和文化多样性展开，其中包括文化遗产的认证和宣布、不同文化间的对话、文化与发展的关系、文化产业、文化与旅游等。UNESCO较早开展了对有形文化遗产（tangible cultural heritage）的保护，于1972年通过《保护世界文化和自然遗产公约》（Convention for the Protection of the World Cultural and Natural Heritage），并专门成立“世界遗产中心”（World Heritage Center），主要通过认定“世界遗产名录”等形式促进缔约国对各种文化遗产和自然遗产的保护。

从20世纪70年代开始，经缔约国提议，UNESCO就开始关注对非物质文化遗产的保护，在至今约30年间，UNESCO采取的维护非物质文化遗产措施包括：1989年发布“维护传统文化和民间文学建议”（Recommendation on the Safeguarding of Traditional Culture and Folklore，1989）；1994年推动“人类活宝系统”（Living Human Treasures System）活动；1997年通过实施“宣布人类口头和非物质文化遗产杰作项目”（Proclamation of Masterpieces of the Oral and Intangible Heritage of Humanity），从2001年至2005年共批准认证了三批共90件杰作，本项目的实施推动了非物质文化遗产公约的通过和实施；2001年通过《保护水下文化遗产公约》(Convention on the Protection of the Underwater Cultural Heritage)；实施“世界传统音乐汇编”(Collection of Traditional Music of the World) 项目；编制《世界濒临消失的语言地图》(Atlas of the World,s Languages in Danger of Disappearing)；2001 年通过《世界文化多样性宣言》(Universal Declaration on Cultural Diversity)，强调文化多样性的意义，要求缔约国制定政策保护文化多样性；2002 年通过《伊斯坦布尔宣言》，强调非物质文化遗产是全人类的共同财富，认为各国政府应采取措施保护非物质文化遗产等。

鉴于非物质文化遗产本身及其保护的特点及难点，UNESCO 直到 2003 年 10 月 17 日才通过专门的《保护非物质文化遗产公约》(Convention for the Safeguarding of the Intangible Cultural Heritage)。由于人们已认识到非物质文化遗产对于人类文化和社会发展的重要性，公约在较短时间内得到超过 30 个缔约国的批准（截止到 2006 年 6 月 20 日已有 52 个缔约国），自 2006 年 4 月 20 日起生效。我国于 2004 年 12 月 2 日递交批准书，公约也自生效日对我国产生效力。2005 年在 UNESCO 又通过《保护和促进文化表达多样性公约》(Convention on the Protection and Promotion of the Diversity of Cultural Expressions)，但该公约至今尚未生效。

在 UNESCO 通过的上述文件中，《保护世界文化和自然遗产公约》（以下简称“物质文化遗产公约”）和《保护非物质文化遗产公约》（以下简称“非物质文化遗产公约”）最为重要，它们分别规定了保护物质文化遗产和非物质文化遗产的基本制度，体现了各缔约国对于文化遗产保护的基本认识和相应制度建设的基础。本章将分别阐明这两个公约以及它们规定的文化遗产保护制度，其中尤以非物质文化遗产保护制度为重点。

一、物质文化遗产法律保护制度

虽然早在第一次世界大战之后就有人主张开展保护人类遗产的国际运动，但真正的保护尝试是在第二次世界大战之后，并且直到 20 世纪 50 年代末或 60 年代初埃及阿斯旺大坝（Aswan High Dam）建设可能淹没 Abu Simbel 神殿才真正引起国际社会的共同关注和共同努力。1965 年在美国首都华盛顿召开的一次研讨会上，人们号召成立“世界遗产基金”并呼吁国际合作以保护世界杰出的自然景观和历史遗址，保护自然国际联盟（International Union for Conservation of Nature，IUCN）也提出了相似的建议，这些提议开启了人类联合保护自然遗产和文化遗产的序幕。1972 年 11 月 16 日，物质文化遗产保护公约在 UNESCO 大会上获得通过，并于 1975 年 12 月 17 日正式生效，从此开始了保护人类文化遗产的国际协作活动。[21] 截止到 2006 年 4 月 28 日，物质文化遗产公约共有成员国 182 个，是影响非常广泛的一个公约。本公约自 1986 年 3 月 12 日对我国生效。

在前言部分，公约强调了保护文化遗产和自然遗产的紧迫性和重要性，指出人类遗产不仅受到自然腐化原因的威胁，也受到因变动的社会和经济条件而致情形恶化的更具破坏性的影响，指出人类文化遗产的破坏或消失会对全人类的遗产产生有害效果，属全人类的损失，对于其中较为重要的文化遗产来说更是如此，并且也认识到鉴于保护所要求的经济、科学和技术资源在文化遗产保护国未必具备从而可能造成国家保护的不完全，以及国际社会集体行动以保护文化遗产的重要性和必要性。在此基础上，公约详细规定了文化遗产和自然遗产保护的具体制度。

（一）文化遗产和自然遗产的概念

公约首先规定了“文化遗产”和“自然遗产”的含义。文化遗产包括文物、建筑群和遗址等，其中，文物（monuments）是指从历史、艺术或科学角度看，具有突出的普遍价值的建筑物、碑雕、碑画，具有考古意义的因素或结构、铭文、穴居以及各特征的联合体；建筑群（groups of buildings）是指从历史、艺术或科学角度看，在建筑物、匀质性（homogeneity）或在特定地形中所处位置方面具有突出的普遍价值的分立存在或连接存在的一群建筑；遗址（sites）是指从历史、美学、人种学或人类学角度看，具有突出的普遍价值的人类创作、自然与人的联合创作以及包括考古遗址的地方。自然遗产则包括三类，分别是：从美学或科学角度看，具有突出的普遍价值的由物理和生物构成或这类构成群组成的自然面貌；从科学或保育（conservation）角度看，具有突出的普遍价值的地质与自然地理构成以及被明确划定的作为濒危动物和植物栖息地的地区；从科学、保育或自然美角度看，具有突出的普遍价值的天然名胜或明确划分的自然区域。公约规定各缔约国可确立本国境内的相应文化遗产和自然遗产。[22]符合条件的文化遗产和自然遗产（以下统称“物质文化遗产”）构成本公约保护的客体。

（二）物质文化遗产法律保护的原则

公约在第二部分规定了物质文化遗产的保护原则和要点。公约首先申明，保护各国境内的物质文化遗产主要是各缔约国自己的责任，它应当尽其所能最大限度地利用本国资源以保护本国文化遗产和自然遗产的确定、保护、保育、保存、展示和传承给后代；在此过程中它也可适当利用能够获得的国际援助和国际合作，尤其是在财政、艺术、科学和技术方面。[23] 为保证采取积极有效的措施来保护、保育和展示本国的物质文化遗产，公约要求缔约国采取以下措施：(1) 通过一项综合政策，使物质文化遗产在社会生活中起到一定作用，把对文化遗产的保护纳入全面规划中；(2) 建立负责保护、保育和展示物质文化遗产的机构，配备工作人员和履行职责的方法；(3) 开展科学技术研究，制定能够消除物质文化遗产可能遇到的危险的方法；(4) 为物质文化遗产的确定、保护、保育、展示和恢复采取必要的科学、技术、管理、财政和法律措施；(5) 促进建立或发展保护、保育和展示物质文化遗产的国家或地区培训中心，并鼓励本领域的科学研究。[24]

公约还规定了保护物质文化遗产中的国际合作。公约强调，在充分尊重物质文化遗产所在国国家主权和不损及其国内法规定的财产权的前提下，缔约国承认公约规定的物质文化遗产为世界遗产的组成部分，国际社会作为一个整体因而有责任通过合作给予保护；因此，一方面，各缔约国有责任应其他缔约国的请求，在物质文化遗产的确定、保护、保育和展示方面提供帮助；另一方面，各缔约国又不得故意采取可能直接或间接损害其他缔约国的物质文化遗产的措施。通过这样的合作，就可望能够建立一个保护人类物质文化遗产的国际合作和援助系统，以支持本公约目标的实现。[25]

在以上总的保护原则的基础上，公约详细规定了各种保护措施，其中包括建立政府间委员会、实施世界遗产名录制度、设立世界遗产基金、明确国际援助的条件和安排、教育制度以及报告制度等。这些措施的结合就能够保证物质文化遗产得到较高程度的保护。以下简单介绍世界遗产委员会和世界遗产名录制度。

（三）世界遗产委员会和世界遗产名录

为促进缔约国在物质文化遗产保护领域中的合作，公约决定在 UNESCO 内成立一个专门致力于物质文化遗产保护的政府间委员会，称为“世界遗产委员会”（World Heritage Committee）。该委员会开始由 15 个缔约国组成，现在已经增为 21 个。公约还规定委员会的委员选举应保证对不同地区和不同文化保持均衡，此外还规定其他相关国际机构可以以咨询者身份（advisory capacity）出席委员会会议，还规定了成员国的任期和委员会的议事规则等。[26]

鉴于在各缔约国分布着众多物质文化遗产，为尽快妥善保护对于人类具有重要意义的文化遗产，公约特别规定了“世界遗产目录”（World Heritage List）制度。公约要求各缔约国应向世界遗产委员会递交关于本国物质文化遗产的一份清单，该清单不应是排他的，其中也应包括遗产所在地和显著性等资料；在此基础上，世界遗产委员会应讨论建立、更新和出版世界遗产名录，并至少每两年分发一次更新的名录。公约还强调，委员会把某项遗产纳入名录应征得所在国同意；当涉及主权或管辖权有争议的物质文化遗产时，列入名录的活动不得损害争端各方的权利。考虑到多种严重的特别原因都可能造成某些具有重要意义的物质文化遗产遭受改变或灭失的风险，如加速腐化、大规模公共或私人工程、城市或旅游业迅速发展、土地使用变动或所有权变更、未明原因所致之重大改变、未明原因之摒弃、武装冲突、灾害、灾变、火灾、地震、滑坡、火山爆发、水位变动、洪水和潮汐等，公约还特别规定了“处于危险的世界遗产名录”（List of World Heritage in Danger）制度，要求委员会应视需要负责制订、更新和公布这样的名录，其中也需包括必要的保存活动、需要的帮助和对成本的概算。在紧急需要的情况下，委员会也可在该名录中随时增列新的遗产并立即公布。公约还要求委员会制定入选“世界遗产名录”和“处于危险的世界遗产名录”标准，并鼓励和协调相应的研究。[27] 公约还特别强调，没有被列入两个世界遗产名录也绝对不能理解为相应的物质文化遗产不具有突出的普遍价值。[28] 这是强调名录的有限性，反对一切以世界遗产名录为判断标准。

自 1975 年公约生效至今约 30 多年间，物质文化遗产名录制度得到了逐步完善，取得了很大成就。截止到 2006 年 8 月初，被列入世界遗产名录的文化遗产和自然遗产共有 830 处，其中文化遗产为 644 处，自然遗产为 162 处，同为文化遗产和自然遗产的为 24 处。这些遗产广泛分布在 138 个国家，其中我国为 33 处，包括 2006 年刚入选的四川大熊猫栖息地和河南殷墟，数量居第二位。列入遗产名录最多的国家为意大利，共有 41 处文化遗产和自然遗产被列入名录。[29] 截止到 2006 年，被列入“处于危险的世界遗产名录”的世界文化遗产和自然遗产共有 31 处。

不可否认，在讨论入选遗产名录的过程中也已经出现一些问题和矛盾，包括发达国家和发展中国家的矛盾、不同区域和缔约国之间的协调等，也已经引起世界遗产委员会和国际社会的关注。人们希望能够通过平衡各方利益的形式消除或减缓相应的矛盾，使世界物质文化遗产保护活动能够得到可持续的发展。

无论如何，UNESCO 的文化遗产和自然遗产保护制度都算得上国际社会的一个创举，正是这样大规模的和持之以恒的国际合作，才让越来越多的人和政府认识到保存、保护和展示人类文明遗产的重要意义，从而使之逐渐融入人们的现代生活和制度中去，使文明的遗产和文化的创新能够有机结合在一起，维护着人类社会的可持续发展。从这个意义上说，UNESCO 的文化遗产和自然遗产保护制度为其后的非物质文化遗产保护制度奠定了良好的基础，积累了可资借鉴的经验和教训。本研究以下将分别介绍 UNESCO 非物质文化遗产保护制度的各个方面。

二、非物质文化遗产法律保护制度

（一）相关概念评析

作为迄今为止非物质文化遗产保护领域唯一的国际公约，《保护非物质文化遗产公约》阐述了非物质文化遗产保护的基本概念，规定了相关保护机制和制度，为世界范围内的非物质文化遗产保护和国际合作奠定了基础。本研究首先对相关概念进行介绍和评析，然后以非物质文化遗产公约为框架，对 UNESCO 的非物质文化遗产保护制度进行评述，以期对中国的非物质文化遗产保护提供有益借鉴。

"非物质文化遗产"又称为"无形文化遗产"，其英文是"intangible cultural heritage"，法文是"patrimoine culturel immaterial"，西班牙文是"patrimonio cultural inmaterial"。因此中文若译为"无形文化遗产"就与英文相近，若译为"非物质文化遗产"就与法文和西班牙文相近。UNESCO 给出的非物质文化遗产公约中文官方文本使用的概念是"非物质文化遗产"，在我国相应的概念也已改称为"非物质文化遗产"。以下分析本概念是否恰当，以及是否有更好的概念。

1."无形的"与"非物质的"哪个更合适？

在中文语境中，"无形的"和"非物质的"哪个更为合适呢？依据英文词典如《美国传统词典》的解释，"无形的"（intangible）相关含义是"无形体的"，与"incorporeal"等义，意指某些财产等是没有物理形体的，如版权、专利权和信誉等；"非物质的"（immaterial）相关含义是"没有物质形体或物质形式的"，与"形而上学的"（metaphysical）和"精神的"（spiritual）等义。虽然二者的字典解释意义非常相近，但二者之间还是有很多不同，这包括：

（1）比较而言，"物质的"或"非物质的"的概念更具哲学含义，与国内普遍流行的马克思主义哲学对世界的"物质—意识"二分法可能发生交叉性理解，可能使人误解"非物质的"就是"意识的"，从而产生歧义。但使用"无形的"概念就没有这个顾虑，产生歧义的可能性较小。

（2）在法律体系中，无形财产或无形财产权（intangible property）的概念已经使用了很长时间，在当今法律制度下具有较为清晰的边界，容易被解释、定义、描述、约束、约定和理解，较少发生歧义或误解的可能。

（3）比较而言，在哲学领域之外，很少有使用"非物质的"这种抽象概念的情形（在物理学中有"反物质"或"暗物质"的概念），把这样的概念突然引入大众话语中，难免有"舶来品"之感。据报道，在涉及"非物质文化遗产"概念的一次调查中，在作为受访者的学者和文化人中，竟然有高达 85%以上的比例对本概念表示不懂或难以理解。[30] 概念难以理解和掌握无疑会增加相关研究、教育、宣传和保护的难度，并且可能产生理解和执行中的混淆。

鉴于这些原因，我们认为，在当今法律和权利体系下，在与文化遗产相联系使用时，"无形的"概念显然优于"非物质的"概念。

应该理解，虽然"非物质文化遗产"属于 UNESCO 中文官方文本中的用语，但这并不代表这样的中文概念就是最好的或最适合的。[31] 我们提醒研究者、立法者和管理者不应迷信 UNESCO 的官方用语，而应考察什么才是最合适的用语。

2."文化遗产"的概念是否合适？

在无形遗产公约中使用的是"文化遗产"的概念（英文"cultural heritage"、法文"patrimoine culturel"、西班牙文"patrimonio cultural"）。这可理解为 UNESCO 在《保护世界文化和自然遗产公约》（即"物质文化遗产公约"）中所使用的"文化遗产"概念的延续。UNESCO 是主管文化领域的联合国机构，因此会视需要从"文化"角度来理解问题。应注意到，物质文化遗产公约涉及的文化遗产和自然遗产都属有形，如文化遗产中的文物、庙宇或石刻等，把它们视为人类"遗产"是可以的；[32] 但若依同样的逻辑，先入为主地假定由非物质文化遗产公约所规定的事物都属文化"遗产"，则似乎有牵强的感觉，对这些事物的可持续发展也未必有益。依据通常的理解，"遗产"基本是指前人遗留下来的遗物或财产，是一种静态的财产概念，而对非物质文化遗产公约所涉及的众多客体而言却并非如此。例如，公约列举的"非物质文化遗产"包括被社区（communities，公约译为"群体"）、团体和个人视为其文化遗产的表演艺术、社会风俗、关于自然界的知识和实践等，但这诸多事物能否都被视为"遗产"或者视之为"遗产"是否对它们的可持续发展有利都是有待考察的事情。例如，把至今仍生命力旺盛的中医药视为中国的"文化遗产"并列入国家"非物质文化遗产名录"，对于中医药本身是否有益？如果把中医药视为"遗产"，那么今后发展的中医药知识怎么办呢？我们认为，UNESCO 之所以选择使用"非物质文化'遗产'"的概念主要是因为要和"物质文化遗产"的概念相对应，但这样做，对于部分非物质文化遗产而言未必合适。

比较而言，我国先前立法中曾使用的"民族民间文化"概念较为抽象，定义、内容和范围等不易界定；而日本和韩国使用的"文化财产"（cultural property）概念就较为全面和具体。[33]

此外，由世界知识产权组织（WIPO）使用的传统知识和民间文学（或民间文学艺术表达）等概念也值得研究，因为在现有知识产权等法律制度框架下，传统知识和民间文学都可得到相对清晰的界定，这是为它们提供完善的法律保护的前提，而"文化遗产"的概念较为空泛，不易与现有知识产权等法律制度发生联系，这至少会在一定程度上限制现有法律制度对它们的保护。从这个角度看，也需要研究是否使用传统知识和民间文学艺术表达等概念来代替"非物质文化遗产"的概念，以最大化其法律保护。

综上，UNESCO 使用的"非物质文化遗产"概念并不是最好的概念，建议使用"无形文化财产"的概念；相应的，我国国内的法律、法规和部门规章中的相关概念也应得到统一。如果借鉴日本和韩国的做法，也可把对有形文化财产的保护和对无形文化财产的保护结合起来，统一制定我国的"文化财产保护法"。

3.“保存”、“保育”、“保护”和“维护”辨析

在非物质文化遗产保护中，涉及多个具有“保护”意义的概念，包括“保存”(preservation)、保育（conservation）和保护（protection）。其中，“保育”也经常被称为“保护”，从而可能产生一定混淆。在生物多样性保护中也遇到过同样问题，专家建议分清这几个概念，分别称之为“保存”、“保育”和“保护”等，而不宜全部称为“保护”。[34]

结合对生物学知识和法学知识的一般理解，我们认为可对这些概念做如下解释：“保存”主要指机械地或不改变原存在状态的保存，使之保持原有状态，如保存文物或物质文化遗产；“保育”主要指在保存的同时还采取积极措施促进其生存或可持续发展，如对民间史诗作品和文化多样性的保育；“保护”主要指利用法律赋予的权利或行政权力进行保护，即法律保护，例如对传统科技知识和民间文学作品的知识产权保护。[35]

在非物质文化遗产公约中又出现了其他的“保护”概念。《保护非物质文化遗产公约》(Convention for the Safeguarding of the Intangible Cultural Heritage) 题目中使用的英文单词是“safeguarding”,中文文本也译为“保护”。公约对“safeguarding”的解释为：指目标为确保非物质文化遗产生命力的措施，包括对非物质文化遗产各方面的确认、文献化、研究、保存、保护、宣传、弘扬、通过正规或非正规教育的传承、复兴。[36] 由此可见，把“safeguarding”笼统地译为“保护”并非上策，“保护”怎么能够包括“保护”呢？显然在逻辑上不能自洽。为此，我们认为把“safeguarding”译为“维护”较宜，也更符合公约本意。

我们注意到，同是保护文化遗产的公约，UNESCO 在物质文化遗产公约和非物质文化遗产公约中使用的概念却并不一样。《保护世界文化和自然遗产公约》(Convention for the Protection of the World Cultural and Natural Heritage) 中使用的概念是“protection”，而在《保护非物质文化遗产公约》(Convention for the Safeguarding of the Intangible Cultural Heritage) 中使用的概念却是“safeguarding”。其含义是有区别的：对于物质文化遗产而言仅有法律的保护就已足够，因而公约也并不需要对“保护”的概念予以定义；但对于非物质文化遗产而言，仅有法律的保护是不够的，还需配合其他很多支持措施，因此公约使用的概念是“维护”而非“保护”，并且还需对“维护”给予详细定义。[37] 如果忽略了这点区别，都称之为“保护”是不合适的，就可能掩盖了公约起草中的“微言大义”，对相应国内法律的制定和实施产生不利影响。这再一次证明 UNESCO 的中文官方文本并非总是确切的。

由此可看出，本来中文中存在很多可以使用的词汇，但翻译者却不加选择地一概称之为“保护”，这可能既有历史的成因、用词的偏好，也有不加辨析就使用某些常用词汇的习惯。虽然在中文语境中，“保护”是一个含义广泛、具有较强意义的词汇，但也并非能够涵盖所有相关的事项，因此按照具体需要选择不同词汇较为适合。这既可避免实践中的混淆和词汇使用中的叠加现象，也可在一定程度上活跃中文词汇，避免某些正常词汇如“保育”和“维护”被边缘化。

综上，我们认为，UNESCO 的非物质文化遗产公约更应被译为《维护无形文化遗产公约》。尽管如此，为使我们的讨论前后一致，尤其是与《保护非物质文化遗产公约》等国际和国内法律文件用语一致，我们仍将使用“非物质文化遗产”和“非物质文化遗产公约”等概念。但这并不代表我们完全认同这些概念。

（二）对非物质文化遗产的基本认识

1．非物质文化遗产的定义

UNESCO的非物质文化遗产公约（以下简称“公约”）第2条在定义“非物质文化遗产”时，采用了解释和列举两种互补的方式，以避免理解的歧义和可能引发的争论。这是缔约国多年磋商的结果，综合考虑了各方的观点。例如，公约规定的主体不仅涉及社区和团体，也涉及个人，就是参考和吸收了来自一些发展中国家代表的意见，因为在一些情形下随着某些传承人的去世，一种非物质文化遗产也可能面临灭绝的危险。[38]

公约把非物质文化遗产解释为：“被各社区、团体、有时为个人视为其文化遗产的各种实践、表现（representations）、表达（expressions）、知识、技能以及相关的工具、实物、工艺品和文化空间。”该定义其实是一种列举式的循环定义，把文化遗产定义为被传承主体视为文化遗产的事物，给出的实质性内容并不多，公约为此进一步解释了文化遗产的创造、传承和作用：“非物质文化遗产代际相传，为社区和团体就其对环境与自然的相互作用和历史的反应被不断创造出来，赋予他们认同和延续的感觉，并因而促进对文化多样性和人类创造力的尊重。”并且公约还对非物质文化遗产做了进一步限定：“本公约仅考虑符合现存国际人权文件，符合社区、团体和个人之间互相尊重需求，和符合可持续发展需求的非物质文化遗产。”[39]

人们可能不太重视公约在此所做的限制，但这种限制非常重要。因为在绵延的历史长河中，在世界各个民族、社区或团体所创造的非物质文化遗产中，存在很多与现代科学、技术、人道、人权等不相容的知识或实践，例如巫术和人体祭祀等，如果现代人不能对此有所鉴别和区分，反而在非物质文化遗产名义下对它们进行维护、保护和发展，显然会违背公约宗旨，甚至是开历史的倒车。我国的部分保护实践也已涉及此类问题，应对此保持警觉。因为不是任何传统的文化实践活动或知识都值得尊重、维护和保护，一定要防止反科学、不人道和违反基本人权的传统知识或实践借非物质文化遗产名义复活，否则反而会是现代人的悲哀。因此，对非物质文化遗产的保护不是绝对的，不是所有传统文化要素都能得到保护。

2．非物质文化遗产的范围

鉴于定义使用的语言的模糊性，公约进一步以列举形式阐明了非物质文化遗产的内容范围，包括：(1) 口头传说和表述，包括作为非物质文化遗产载体的语言；(2) 表演艺术；(3) 社会实践、礼仪、节庆；(4) 有关自然和宇宙的知识和实践；(5) 传统手工艺技能。[40]

这几方面是非物质文化遗产的主要内容，范围非常广泛，其中：第 (1) 项包括语言和利用语言完成的表述或表达，如神话、传说、诗歌、史诗、民间故事等，第 (2) 项包括传统民歌、音乐、戏曲、戏剧、歌舞等，[41] 以上两项基本属文学、艺术、语言表达和表演，除语言外，在现代知识产权法体系中基本属著作权法范畴；第 (4) 项包括如各种农、林、牧、渔、狩猎、航海、气象、冶金、纺织、食品制作等知识和实践，第 (5) 项包括如针织、编织、染色、刺绣、雕刻、酿造、剪纸、陶瓷等工艺品的制作等工艺技能，这两项基本属传统科技知识的范畴，在知识产权法体系中基本属专利和技术秘密的范畴；第 (3) 项包括各种节庆、仪式和风俗等，基本属社会实践、社会生活和公共活动范畴。此外还有“文化空间”即一个民族或社区实践和传承其非物质文化遗产的空间，如庙会和节日庆典等。

3．非物质文化遗产的特点

分析各种形式的非物质文化遗产，可看出非物质文化遗产具有如下特点：(1) 从一代传承至下一代；(2) 一直由传承社区和团体应他们的环境、他们与自然的关系和他们的历史而不断创造；(3) 为传承社区和团体提供认同感和延续感（a sense of identity and continuity）；(4) 促进对文化多样性和人类创造性的尊重；(5) 与国际人权文件要求相符；(6) 与社区间相互尊重的要求和可持续发展的要求相一致。[42] 这些特点中有一部分是与物质文化遗产相一致，但更多的是非物质文化遗产自己的特点。若用一句话来概括，可以认为非物质文化遗产是为传承民族或社区提供文化认同感和文化延续的载体。通过保护和维护非物质文化遗产，就能够维护多种文化并存，从而保护文化多样性。

4．非物质文化遗产的认定标准

关于非物质文化遗产或其代表作名录的认定标准，公约交由政府间委员会制定和由缔约国大会批准后执行。[43] 至今尚未见到委员会颁布相应的认定标准。尽管如此，从公约规定的非物质文化遗产特点也可基本推出认证非物质文化遗产或其代表名录的标准应包括传承性、连续创造性、能够提供文化认同感和延续感、能够促进对文化多样性的尊重、能够与国际人权文件要求相一致、能够支持传统文化的可持续发展等。[44]

为保护人类的口头和非物质文化遗产，UNESCO 从 2001 年到 2005 年共认证了三批共 90 件“人类口头和非物质文化遗产杰作”（masterpieces of the oral and intangible heritage of humanity），它们分别来自 107 个国家，其中 2001 年颁布的第一批共有 19 件（包括我国的昆曲艺术），2003 年的第二批共有 28 件（包括我国的古琴音乐艺术），2005 年的第三批共有 43 件（包括我国新疆的木卡姆说唱艺术和我国与蒙古国合作申报的蒙古长调）。这些非物质文化遗产杰作都是在世界各地较有影响的文化遗产，如我国的昆曲艺术和古琴艺术等。根据规定，公约一旦实施，UNESCO 将不再认证和宣布口头和非物质文化遗产杰作名单，以前宣布的名单纳入非物质文化遗产名录。但这也并非意味着以前认定杰作的标准会当然适用于对非物质文化遗产名录的认定。[45]

尽管如此，考察 UNESCO 在认定和选择“人类口头和非物质文化遗产杰作”时使用的标准仍是有益的。根据 UNESCO 规定的“杰作宣布规则”（Proclamation Rules），能够入选“人类口头和非物质文化遗产杰作名录”的文化遗产应至少满足如下几个标准：(1) 应是一个活生生的文化传统，即不应该是已经消失的或失去生命力的文化传统。(2) 应表现出人类的创造天赋。(3) 应能够为传承社区提供文化认同感。(4) 应处于被损害或消失的危险之中。此外，(5) 申报文件还应注明有效的维护和保护措施以及计划，因为入选杰作名录本身并不能够为非物质文化遗产本身提供任何保护。[46] 这些条件也都可用于非物质文化遗产代表名录的筛选。

根据这些标准和非物质文化遗产公约的规定，已有专家总结出能够入选“非物质文化遗产名录”的非物质文化遗产应具有如下条件：(1) 非物质文化遗产保护对象应当具有珍贵的历史、艺术、科学和文化价值；(2) 应是独特的，能够体现民族、社区文化特征；(3) 应依附于并且现在仍应存在于一个民族、社区或团体的生活中；(4) 应处于濒危状况，需要及时抢救和保护；(5) 应符合人性，能够顺应文化发展，促进民族团结和社会进步。[47]

我们认为，这些标准或条件应是能够入选非物质文化遗产名录的文化遗产所应具备的。我国《国家级非物质文化遗产代表作申报评定暂行办法》规定，我国国家级非物质文化遗产名录入选的标准是：具有独特的文化价值与民族价值、濒临灭绝和具有完整的保护规划。比较而言，虽然我国的暂行办法规定尚不完整，用语也较为抽象，但可作为过渡时期的一种执行标准，等时机成熟时再加完善。

5. 从知识产权客体的角度认识非物质文化遗产

鉴于非物质文化遗产可能会与知识产权保护发生密切联系，因此可从知识产权客体的角度分析整理非物质文化遗产的内容和范围。应该看到，以现有知识产权法体系来理解，部分非物质文化遗产可得到专利、著作权、商业秘密和某些特别权利的保护，但也应看到，并非所有非物质文化遗产都可得到知识产权的保护。

在非物质文化遗产中，如果能够满足相应的条件，民间文学作品、民间音乐、民间舞蹈、民间艺术等可得到著作权的保护；传统农业技术、畜牧技术、狩猎技术、服装或织布的制作和印染技术、食品制作及保存技术、传统医药知识和传统生态知识等可得到专利或技术秘密的保护；传统的或民间的标记、符号和名称等可得到商标或地理标志的保护。除此之外，传统的宗教信仰、仪式、习俗、风俗、礼节、节日等传统生活方式要素以及语言等，都很难被纳入知识产权法体系。[48]

虽然不能被纳入知识产权法律体系，获得独占性的产权，但语言和传统生活方式及其要素却可被作为行政保护的客体，得到特别的维护或保育。这也正是非物质文化遗产公约以及各缔约国相应的国内法的立法宗旨所在。概言之，如果能够满足相应的条件，非物质文化遗产中的一部分能够获得知识产权的保护，但无论如何，非物质文化遗产都可获得特别的维护和保护。

（三）保护非物质文化遗产的受益主体和责任主体

根据公约的阐释，缔约国都认识到保护非物质文化遗产对人类的整体利益是有益的。[49] 换句话说，人们应该理解非物质文化遗产是属于全人类的。从文化多样性角度出发就可对这些方面做出理解。如同生物多样性维系着生物界稳定、是物种进化动力一样，文化多样性也维系着人类社会的稳定，是人类文明的进步动力。自20世纪80、90年代以来，随着全球化进程的加快，人类的文化类型也呈加速消失的趋势，尤其对于处在发展中国家和最不发达国家的民族或民间文化来说更是如此。例如，作为文化载体的语言的处境就非常令人担忧：据UNESCO的“濒危语言”(endangered languages)项目统计，在全世界约6000种语言中，就有超过50%的语言面临消失的危险，平均每两星期就有一种语言消失。[50] 伴随着语言的消失，其他文化表现形式也将处于危险的边缘。这对于文化多样性的维持和保护都非常不利，也不利于人类文明的繁荣和发展。从这个角度出发，保护非物质文化遗产就是在保护人类文化和人类文明本身。

在国家、民族和社区水平上而言，保护非物质文化遗产或传统文化对于一个国家、传承民族和社区都具有重要的现实意义。一个国家或民族的文明同样也是建立在文化多样性之上，建立在文化表达的多样性和活力之上，因此，通过保护非物质文化遗产就可加强其所属国家、民族和社区的文化承载力和抵抗外来文化侵入的能力。尽管如此，但也应认识到，“民族”、“社区”或“传承人”等概念也有相对的开放性。例如一个民族可以隶属于不同的国家，一个社区可以是主流社区或者非主流社区，同一件非物质文化遗产的传承人也可以隶属于不同社区，或者也可以在不同社区间转换等。[51] 因此，就非物质文化遗产保护或维护而言，在不同的国家、民族、社区或传承人之间可有互为交叉的关系。

因此，维护或保护非物质文化遗产，若大而言之是为了全人类的文化多样性，小而言之则是为了传承民族、社区或个人及其所属国家的文化多样性、文化活力和文化繁荣。

接下来的问题就是非物质文化遗产应由谁保护或维护？根据公约规定，如下几类主体都应是维护非物质文化遗产的责任主体：(1) 缔约国大会和保护非物质文化遗产政府间委员会（Intergovernmental Committee for the Safeguarding of the Intangible Cultural Heritage）；(2) 缔约国政府；(3) 传承社区、团体或个人；(4) 非政府组织；(5) 其他国际组织。这些主体之间通过互相支持和互为补充的合作，就可望能够在保护非物质文化遗产方面有所作为。

1. 缔约国大会和政府间委员会

“缔约国大会”是公约的最高权力机构，每两年举行一次常会，也可视需要举行特别会议。[52] “保护非物质文化遗产政府间委员会”（以下简称“政府间委员会”或“委员会”）是公约的执行机构，其职能包括：(1) 促进公约目标的实现，鼓励并监督公约实施；(2) 就维护非物质文化遗产的最佳实践和措施提供指导和建议；(3) 根据公约要求筹集资金和利用保护非物质文化遗产基金；(4) 拟定公约实施的操作指南并提交缔约国大会批准；(5) 审议缔约国报告并向缔约国大会综述；(6) 根据政府间委员会自己建立的和由缔约国大会批准的客观选择标准，审议缔约国关于列入遗产名录和授予国际援助的请求。公约还规定了政府间委员会的工作方法，其中包括：应向缔约国大会负责，报告自己的所有活动和决定；以委员的三分之二多数通过为议事规则；可临时设立它认为执行任务所需的专门咨询机构；可邀请在非物质文化遗产领域有专长的公共或私有机构或个人参加会议，就具体问题向其提出咨询。[53]

作为公约的最高权力机构和执行机构，缔约国大会和政府间委员会在维护非物质文化遗产方面的核心作用是显然的，依据公约赋予的职能和相应的支持措施，它们就可在世界非物质文化遗产的保护中有所作为。公约规定，UNESCO 秘书处需协助大会和委员会的日常工作。[54]

2. 缔约国政府

在维护和保护非物质文化遗产过程中，缔约国政府扮演着重要角色。公约规定，缔约国应采取必要措施确保非物质文化遗产在其国土上得到维护，并且在相关社区、团体和非政府组织参与的情形下确认和确定其国土中的各种非物质文化遗产。[55] 政府可采取的具体保护措施包括：列举本国非物质文化遗产清单（inventories）；采取其他综合维护措施；教育、宣传和能力培养等。具体来说，缔约国政府应按本国的具体国情拟定非物质文化遗产清单并定期更新清单，以保障相关的非物质文化遗产能够得到适当保护；在缔约国政府按照政府间委员会要求的形式向政府间委员会提交报告时，应包含非物质文化遗产清单的情况。[56] 关于如何列举清单、采取何种标准、如何管理和利用清单等事宜，UNESCO 曾专门举办研讨会讨论说明此问题，并提出相关建议。[57]

为维护、发展和促进非物质文化遗产，公约要求缔约国采取的其他综合维护措施包括：(1) 制定一项目标是促进实现非物质文化遗产社会功能的总政策，并把维护非物质文化遗产纳入计划项目中；(2) 指定或建立一个或多个负责保护本国非物质文化遗产的机构；(3) 为有效维护非物质文化遗产尤其是濒危非物质文化遗产，鼓励相关的科学、技术或艺术研究和针对研究方法的研究；(4) 采取适当的法律、技术、行政和财政措施，促进建立或加强相关的培训机构，以完善非物质文化遗产的管理和传承，以在尊重获取非物质文化遗产的习惯做法的同时保证对非物质文化遗产的获取，以建立非物质文化遗产文献机构并促进对它的获取和利用。[58]

在教育、宣传和能力培养方面，公约要求缔约国政府尽力采取各种适当措施以加强如下工作：(1) 特别是通过 (i) 针对一般公众尤其是青年人的教育、宣传和信息项目；(ii) 在所涉社区和团体内的特别教育和培训项目；(iii) 为维护非物质文化遗产尤其是其管理和科研的能力建设活动；和 (iv) 其他非正式的知识传播手段等，保证非物质文化遗产在社会中得到认识、尊重和弘扬。(2) 让公众了解威胁着非物质文化遗产的危险以及依据本公约开展的维护活动。(3) 促进保护自然空间和纪念地点的教育，因为它们的存在对于非物质文化遗产的表达是必需的。[59] 缔约国政府通过这些活动，就可望在教育、宣传和能力培养方面使本国维护非物质文化遗产领域中的力量有所加强。

总之，缔约国政府在保护非物质文化遗产方面作用重大，起着枢纽作用。可以理解，国际的保护或维护活动是以缔约国政府出面承担义务和享有权利的保护；而国内的社区、团体和个人的保护活动也必须有政府的支持才能够发挥最大作用，并与其他国家的维护或保护实践互为借鉴，取长补短，收到较好效果。

3. 传承社区、团体或个人

虽然政府的角色非常重要，但传承传统文化和非物质文化遗产的社区、团体和个人的作用也同样不可忽视，因为在某种程度上来说，作为传统文化的直接传承者，这类主体在保存、保育、维护和保护非物质文化遗产的过程中可以发挥更为积极、直接和关键的作用。公约对此已作出非常明确的规定。在序言中，公约就申明："承认各社区尤其是本土社区、各团体和必要时的个人在非物质文化遗产的生产、维护、延续和再创造方面发挥着重要作用，从而帮助丰富文化多样性和人类创造性。" 并在正文中明确规定："缔约国在其维护非物质文化遗产活动的框架内，应努力确保创造、维持和传承这些遗产的社区、团体或必要时的个人最大限度的参与，并吸收他们积极参与管理。"[60]

已有专家论述规定传承社区、团体、个人参与保护和维护非物质文化遗产的重要性。原因至少有两个：其一，非物质文化遗产虽然在名义上属于全人类，但却首先属于特定的传承民族或团体，离开这些传承主体的积极参与，对非物质文化遗产的有效维护和保护是不可能的；其二，缔约国政府的角色虽然重要，但却不可能承办一切事情，因为政府的财政能力有限，也不一定真正了解要保护的非物质文化遗产，其决策和采取的措施也不能保证为最优。因此，把传承民族、社区、团体或个人规定为维护非物质文化遗产的主体就尤为必要。当然，需要解决的重要问题就是如何保证这些直接的传承社区、团体或个人能够真正地参与到保护和维护非物质文化遗产中来。[61]

我们注意到，在非物质文化遗产公约中并未使用或提及“民族”或“传承民族”的概念。我们也注意到，在 UNESCO 的《保护世界文化和自然遗产公约》中也从未使用“民族”的概念。虽然我们尚未见到有关文献明确解释为什么 UNESCO 在起草两大公约的过程中会刻意避免使用“民族”或“传承民族”等概念，但我们认为，这也许出于如下考虑：“民族”的概念太过广泛，它可以轻易地跨越一个或几个缔约国，内涵丰富且不易界定，在法律或公约的意义上难以实现；相比较而言，无论是“缔约国”还是“社区”都在法律的意义上容易得到界定和实现。但同时也应注意到，非物质文化遗产公约使用的另一个传承主体即“团体”(groups)，其概念同样有含义模糊的问题。

我们认为，在针对非物质文化遗产的保护或维护实践中，尤其是在国内立法和管理实践中，“传承民族”是一个极为有用的概念，可以方便地指代很多抽象的或具体的事物，因此在国内法中根本不用刻意避免使用“民族”或“传承民族”的概念。这点在我国《非物质文化遗产保护法》(征求意见稿）中已有反映。[62]

4．非政府组织

非政府组织（NGO）已成为现代社会政治和文化生活中的一支重要力量，在科技、经济、环保、传统知识和传统文化维护等很多方面发挥着重要作用。由于 NGO 发端于民间，能够积聚适当的民间力量，和政府有着不同但又可以互为促进和补充的视角，也能够形成互相监督的局面，因此 NGO 的角色逐渐为现代社会所认可，国际组织如 UNESCO、WIPO 等也特别重视 NGO 的作用。因此，非物质文化遗产公约也特别提及 NGO 的参与，要求政府间委员会应就非物质文化遗产保护咨询在本领域有所专长的 NGO 的意见，要求委员会就有关 NGO 资格的认证以及相应的认证标准和方式向缔约国大会提出建议，要求缔约国在确认、确定和保护其非物质文化遗产过程中保证有关 NGO 的参与。[63]

5．其他国际组织

在传统知识、民间文学、传统文化或非物质文化遗产保护领域，除 UNESCO 外，还有很多其他国际组织参与其中，尽管它们各自使用的话语可能有所差别。相关国际组织包括 WIPO、联合国规划署（UNDP)、联合国环境署（UNEP）／生物多样性公约（CBD)、世界劳工组织（ILO)、联合国粮农组织（FAO）和世界银行等，其中最重要的和与 UNESCO 关系最为密切的国际组织就是 WIPO。

早在 1982 年 UNESCO 和 WIPO 就联合发布《保护民间文学表达国内法的示范条款》(Model Provisions for National Laws on the Protection of Expressions of Folklore against Illicit Exploitation and other Prejudicial Actions)，开启尝试民间文学表达保护的先河。从 20 世纪 90 年代后期开始，WIPO 开始特别重视传统知识和民间文学表达的知识产权保护，进入 21 世纪后，WIPO 又成立了专门管理保护遗传资源、传统知识和民间文学的政府间委员会，并已召开了多次会议，探讨建立处理该问题的国际机制的可能性。UNESCO 也宣称它将在民间文学表达或非物质文化遗产的知识产权保护领域和 WIPO 进一步密切合作。[64]

为协调与其他国际组织或国际公约的关系，非物质文化遗产公约特别规定，本公约不应解释为可影响其他知识产权或生物资源保护公约或条约，不应理解为可影响缔约国在那些公约下的权利和义务。[65] 这是国际公约的一般做法，即在一个公约的签署中声明本公约不试图对现存公约产生直接影响。这里可能涉及的知识产权公约或生物资源公约至少包括《保护工业产权巴黎公约》、《保护文学艺术作品伯尔尼公约》、TRIPS 协议、《生物多样性公约》等。事实上，在为传统知识、传统文化和非物质文化遗产提供保护的过程中，在这些国际组织和国际公约之间建立互为支持和补充的合作，对于非物质文化遗产的保护和维护而言特别重要，因为不可能仅凭一个国际组织的力量就能够把所有事情处理好。

以上多种主体通过各自履行自己的职责，就可担负起维护非物质文化遗产的任务。在此过程中也可能涉及其他主体的支持和参与。总的来说，保护非物质文化遗产是全社会的一项艰巨任务，也需要全社会各方面力量的积极参与，这样才可使非物质文化遗产和传统文化得到较为完善的保存、保育、维护、保护和发展。

（四）保护非物质文化遗产的法律措施

保护非物质文化遗产的意义在于维护非物质文化遗产所代表的文明或文化。因此在理解如何保护非物质文化遗产和传统文化方面，更应多了解公约条款之后的内容。按照 UNESCO 的解释，维护非物质文化遗产的策略和目标应包括：(1) 各种活动都应以传承者的考虑、能力和需要为中心，保证传承者能够继续保持传统文化表达的活力以及传统文化对本民族的意义，从而提高公众对于维护和传承传统文化的认识和尊重；(2) 帮助传承者把传统文化表达传承给年青一代，强化年青一代的兴趣，增加他们对于各传统文化的知识；(3) 增加关于传统文化的知识，帮助传承者研究和使传承者将自己的传统文化表达文献化；(4) 加强非物质文化遗产保护和传承社区的经济和发展之间的联系，保证维护非物质文化遗产活动的可持续发展。[66]

已有学者论述，与物质文化遗产相比，非物质文化遗产具有民间性和活态性，对它们的保护对于民族精神的继承和发扬而言更具重要意义。[67] 此外，还应看到，与物质文化遗产相比，非物质文化遗产还具有无形性和需要持续传承的特点。因为无论其民间性或活态性，非物质文化遗产要得到维护的首要条件就在于它们能够在原传承民族、社区或团体得到有效传承，否则一切的保护或维护都是空话，没有任何现实意义。因为只有能够得到持续传承的非物质文化遗产才是真正的民族文化载体，不然就可能仅成为博物馆或遗产名录中的文献。从这一点来看，非物质文化遗产的有效传承就构成非物质文化遗产保护的首要条件。

这种认识为如何保护和维护非物质文化遗产提供了正确思路，即首先要保证非物质文化遗产能够得到持续传承，然后才能论及其他。UNESCO 在总结维护非物质文化遗产活动时得到如下经验：(1) 支持文化表达实践，同时避免其商业化；(2) 在各种维护活动中尽量多地有传承者参与；(3) 利用各种途径最大限度地传承传统文化表达；(4) 通过宣传、出版物、研讨会等多种方式宣扬各种传统文化表达；(5) 在记录或研究被传承者认为是秘密的或神圣的非物质文化遗产时应非常谨慎；(6) 应视需要建立清单、数据库、档案库、文献化中心；(7) 在研究和文献化方面训练个人传承者，使他们能够从事田野研究和文献化的收集与管理工作。[68] 这些方面都非常重要，都可为非物质文化遗产维护或保护提供经验借鉴。

公约针对各种主体分别规定了各种具体维护措施。

首先，公约以定义的形式规定了“维护”非物质文化遗产可采取的各种措施，其中包括确认、文献化、研究、保存、保护、促进、弘扬、通过正规和非正规教育性形式的传承、振兴。[69] 这些措施和行动对于有效维护和保护非物质文化遗产而言非常重要。其一是依据确定的标准确认和确定非物质文化遗产，使之文献化；其二是通过研究相应的知识、技能和传统，使非物质文化遗产得到良好传承；同时可通过诉诸保存、保护和保育措施，以及相应的宣传和促进行为，使非物质文化遗产得到可持续发展，从而最终达到振兴传统文化的目的。这些措施非常全面，但它们的有效实施也需要缔约国法律、政策、财政、技术、人力和文化等各方面力量的配合和支持。

然后，公约在国家和国际两个层次规定了具体维护措施。在缔约国国家层次，公约规定了遗产清单、综合保护措施和能力培养等，要求缔约国采取必要措施确保其领土上的非物质文化遗产得到保护，要求确保传承社区、团体和个人的有效参与。具体到清单的应用，要求缔约国根据自己国家的国情拟定非物质文化遗产清单、定期向政府间委员会报告并定期更新清单，并在提交给政府间委员会的报告中述及清单的情况。其他保护措施包括：建立负责机构；鼓励科学、技术、艺术和方法的研究；加强培训工作；促进非物质文化遗产社会功能的实现；把维护非物质文化遗产纳入计划项目；采取法律、技术、行政和财政措施建立或完善培训机构，通过为表演和表达提供论坛和场所的形式促进文化遗产传承；建立文献机构，完善文献提供和获取；在教育、宣传和能力培养方面，要求提供针对青年人的教育和培训项目，保证公众认识到非物质文化遗产的重要性和它们所面临的危险等。[70]

在国际层次，公约分别规定了非物质文化遗产的维护措施和国际合作。国际层次的非物质文化遗产维护措施主要是针对由政府间委员会认定的“人类非物质文化遗产代表名录”（Representative List of the Intangible Cultural Heritage of Humanity）和“急需保护的非物质文化遗产名录”（List of Intangible Cultural Heritage in Need of Urgent Safeguarding）上收录的非物质文化遗产。

公约阐明了认定和公布非物质文化遗产名录的意义，即扩大非物质文化遗产的影响，提高对其重要性的认识，鼓励尊重文化多样性的对话。为此，公约规定，在缔约国提议的基础上，政府间委员会应建立、及时更新和公布非物质文化遗产代表名录；为使名录的建立和更新具有切实标准，公约要求委员会起草并交由缔约国大会批准。[71] 本名录为常规名录，在拟定和更新常规名录之外，为防止某些急需保护的非物质文化遗产不可逆转地消失或毁灭，公约还特别规定了“急需保护的非物质文化遗产名录”。这是借鉴和吸收了物质文化遗产公约保护中的教训，例如在恐怖组织塔利班威胁炸掉阿富汗的巴比杨大佛时，UNESCO 保护物质文化遗产公约的政府间委员会就无能为力。为避免相应的问题在非物质文化遗产维护的身上重演，公约特别提及急需名录。但鉴于在公约起草和讨论过程中各国观点不一，最后并未就此达成一致观点，也未形成有效的制约手段。[72] 公约规定，为采取适当措施以维护可能处于危险境地的非物质文化遗产，委员会应建立、更新和公布应急名录，并根据缔约国请求把此类非物质文化遗产纳入应急名录；委员会也应拟定应急名录的认定标准并提交大会批准；但在极其紧急的情况下，政府间委员会可在与缔约国磋商的情形下，把一件非物质文化遗产纳入应急名录，而判断“极其紧急”的客观标准也应由委员会提交缔约国大会批准。[73]

为实现和保证对非物质文化遗产的国际保护和维护，公约规定，在缔约国提名的基础上，政府间委员会应根据由委员会制定的和由缔约国大会批准的标准，定期遴选和宣传它认为很好地反映了公约原理和目标的国家、区域和亚区域（subregional）项目、计划和活动，在此过程中，委员会应考虑发展中国家的特殊需求；如果一些缔约国在拟定非物质文化遗产名单过程中遇到困难，请求给予国际援助，委员会应接受、审查和批准此种请求；在执行计划、项目和活动时，委员会还应以自己决定的方式推广最佳实践经验。[74]

公约接下来详细规定了在保护非物质文化遗产过程中的国际合作和国际援助。公约阐明，在不违背缔约国国内法、习惯法和实践的情形下，缔约国认识到维护非物质文化遗产符合人类的整体利益，并为此需要在双边、亚区域、区域和国际水平上开展合作；公约规定国际合作包括交换信息和经验、采取共同行动、建立帮助缔约国维护非物质文化遗产机制等多个方面。[75] 与之相联系，公约规定可为以下目的实施国际援助：维护列入应急名录中的非物质文化遗产；编制非物质文化遗产清单；支持在国家、亚区域和区域水平举行的旨在维护非物质文化遗产的项目、计划和活动；委员会认为必要的其他目的。在遵守其他条款的规定或制约下，国际援助的形式可包括：研究维护非物质文化遗产的各个方面；提供专家和专业人员；培训各类所需人员；制订准则性措施或其他措施；基础设施的建立和运行；提供设备和技术诀窍；其他形式的财政和技术援助，包括在必要时提供低息贷款和捐助。[76]

公约还规定了国际援助的条件、申请和受益国的职责。规定政府间委员会应建立审议国际援助申请的程序，明确申请应包括的内容，例如应包括打算采取的措施、干预活动以及对相关费用的评估；在紧急情形下，委员会应优先审议有关国际援助申请；为作出决定，委员会如果认为有必要应进行相关研究和咨询。在申请方面，各缔约国都可为维护本国非物质文化遗产向委员会递交国际援助申请，申请也可由两个或多个国家共同提出。在公约规定之下，国际援助的提供应由受益国和委员会签署的协议所调整；作为一般规则而言，受益国在其力所能及的范围内应分担由国际援助提供的非物质文化遗产维护措施所花费的成本，并且还需向委员会报告使用国际援助的情况。[77]

鉴于各缔约国之间发展的不均衡，以及各国在维护非物质文化遗产方面的认识、经验、财力和人力资源等多种因素的差异，建立相应的国际援助和国际合作机制就成为必需。这从物质文化遗产公约以及其他相关公约的经验和教训就可看出。为进一步促进国际合作和国际援助，公约特别成立“维护非物质文化遗产基金”（Fund for the Safeguarding of the Intangible Cultural Heritage）。该基金为信托基金，资金来源包括：缔约国的纳款；UNESCO 大会的拨款；其他国家、国际组织，尤其是 UNDP 等联合国机构、公共或私有机构或个人的捐赠或遗赠；基金利息；筹集到的基金或所得；由 UNESCO 的基金管理条例授权的其他资金等。但缔约国对基金的任何捐助不得附带任何与公约目标不符的政治、经济或其他条件。委员会对基金的使用应以由缔约国大会决定的准则为基础。[78] 公约还对缔约国的纳款、自愿捐款和国际筹款活动给予规定。[79] 其中自愿捐款可在基金中占据重要地位，这在物质文化遗产保护领域已有先例。在非物质文化遗产保护领域，已有日本、韩国、挪威和意大利等国家与 UNESCO 签订协议同意为国际非物质文化遗产保护和维护自愿捐款。

公约还规定了缔约国和政府间委员会的报告制度。缔约国的报告应以政府间委员会确定的形式和周期向委员会提交，内容包括本国在执行公约方面所采取的立法、管理和其他措施；在缔约国开展的活动和提交的报告基础上，委员会应在每一届缔约国大会上向大会提交报告，该报告也应提交给 UNESCO 大会。[80]

综上，公约通过建立权力机构缔约国大会和执行机构政府间委员会，就能够在机构上保证公约的有效实施；通过建立非物质文化遗产代表名录和急需保护的非物质文化遗产名录，就可选择和实施对于传承民族、缔约国和全人类具有重要意义的非物质文化遗产的保护；通过建立维护非物质文化遗产基金，又可在财政上对非物质文化遗产保护活动给予切实支持。通过这些诸多措施，就可望在国际、区域、亚区域、国家、民族、社区、团体和个人等多个层次，在一定程度上实现对非物质文化遗产的维护和保护。

（五）非物质文化遗产法律保护中存在的问题及其完善

应该认识到，非物质文化遗产公约规定的多是行政措施，它们对于完善保护和维护非物质文化遗产虽然非常重要和必要，但仅有它们却远远不够，因为这需要其他多方面制度和措施的密切配合。这些都可体现为现有非物质文化遗产维护制度中的缺陷或问题。我们希望通过讨论这些问题为我国非物质文化遗产维护事业提供一些可参考的建议。

1. 维护非物质文化遗产不应是一场运动或潮流，它应成为一种生活方式

随着 UNESCO 对维护非物质文化遗产的推动，尤其是随着非物质文化遗产公约于 2003 年签署和于 2006 年进入实施阶段，我国已开始重视对非物质文化遗产的保护。这固然非常重要，但同时应注意，保护非物质文化遗产并进而维护传统文化不应成为一场群众运动，也不应仅作为一场文化潮流，相反它应成为我国文化建设和发展的一种模式，而对于普通公民而言这应成为一种生活方式。换言之，我国现代化建设在拥抱现代科技文化和商业文化的同时，也应尊重传统文化和为传统文化留下适当的和充足的发展空间，使仍有生命力的传统文化和传统文化遗产能够继续发扬光大，成为我国现代文化的有机组成部分。应该认识到，任何企图割裂现代文化和传统文化的做法，无论是盲目尊崇现代文化而一概排斥传统文化，还是盲目尊崇传统文化而一概排斥现代文化，在现实中都可能行不通，都需得到及时纠正。

非物质文化遗产的保护或维护会涉及多方面的因素，如果仅强调其中任何一个方面都有可能产生以偏概全的不良后果，因此，仅强调行政的保护或政府的力量是远远不够的，还需调动广大民间的力量，利用包括知识产权等在内的各种权利，此外，还需做出持久的努力，才可能在维护和发展传统文化的道路上有所成就。

与之相关的一个问题是，把非物质文化遗产完全放任自流、让它们自己在现代社会生活中优胜劣汰是否可以？从文化进化的观点来看，这种做法似乎较为可取，但同时应看到，随着全球化进程的飞速加快，现代社会的科技、信息、经济、贸易、商业、法治和文化等人类生活方面正面临着严峻的均质化（homogenizing）挑战，即世界各国的社会生活正在走向可怕的统一，这种统一当然是以占据主流的西方文化或科技商业文化为模板，而这样做的代价就是文化多样性的急剧减少，结果就是传统文化或其要素正变得越来越缺乏意义，也因而濒临消失或萎缩，这显然会影响年青一代传承传统文化的信心和兴趣，而通过一定的恶性循环，就有可能最终导致传统文化功能的侵蚀、传统文明的价值消失。

这似乎是一个两难困境：按照自然的文化进化观，人们似乎不应主动地干预文明的进程或文化的命运，但不这样做却更有可能导致文化的衰落；但另一方面，这样做同样不能保证文化的繁荣，因为一种传统文化一旦进入非物质文化遗产代表作名录，成为文献化和得到特别保护的事物，其自然生存能力和可持续发展的能力显然就有了不足。为此也曾有专家认为，一些传统文化的消亡是不可避免的，现在人们所做的对某种非物质文化遗产的保护也仅是在延迟这些传统文化的消亡，而某些传统文化是难以逃避最终的衰落和消亡命运的。

虽然我们不想预言也无法预言传统文化在今后的命运，但有一点是明确的：对传统文化或非物质文化遗产实施单一的保护策略肯定行不通。这是指，通过非物质文化遗产代表作名录的形式，把某种管理者或学者认为是重要的非物质文化遗产纳入国际级、国家级或地方级非物质文化遗产代表作名录中，然后通过调拨专项基金和指派专门人员来研究、练习、传承和发扬这种非物质文化遗产，其效果未必如意，最终未必能够使这种传统文化或非物质文化遗产进入可持续发展的轨道。因此，更为关键的是需要维护、保育和保护一种传统文化存在和发展的空间与土壤。而这样的空间和土壤的保持与培育，需要包括传承民族在内的全体公民的积极参与才可能成功。

有专家就非物质文化遗产维护总结出六个原则，分别是生命原则、创新原则、整体原则、人本原则、主体协调原则和教育原则。[81] 这些总结值得参考。无论如何，只有发动全社会的力量，能够把被研究者所称的“社会干预性传承”转变为“自然性传承”，传统文化或非物质文化遗产的传承和可持续发展才有可能实现。[82]

2.“原生态”文化环境的法律保护

在保护非物质文化遗产的讨论中，经常有人告诫不要把非物质文化遗产和它生长、生存的文化空间割裂开来，而是要进行有机的、原汁原味的“原生态”保护。这种强调是必要的，因为对非物质文化遗产孤立的保存并没有太大意义，那与把非物质文化遗产送进博物馆或档案馆没有区别。但我们在此希望强调对事情的另一方面，即所谓的原生态保护也应有清醒的认识，以免走向另一个极端。

应该认识到，所谓的原生态保护并不意味着在绝对原生态下的保护。这有几个原因：首先难以认定何为绝对的原生态，因为对非物质文化遗产或其生存环境而言，难以用“真的”或“假的”加以描述或形容，这与物质文化遗产如文物不同，文物有真有假，但一种非物质文化遗产就可有多种异文、变体或变种，难以认定何为正宗何为偏宗；其次，即使传承民族、社区、团体或传承人能够共同认定一种非物质文化遗产为正宗，以及其绝对的原生态包括何种条件，在现实的保护或维护过程中，基于经济成本等原因，也未必都能够保证实现这些条件；再次，即使能够保证某种非物质文化遗产的原生态环境的真正实现，也同样不能保证这样做是否会对维护非物质文化遗产最为有利，因为这样的模式未必是能可持续发展的；最后，这样做也可能影响到他人的合法权利，例如要求传承社区、团体或传承人必须以其传统的生活方式传承其文化而不许他们有自己的选择，显然限制了他们正当的选择权。[83]

例如，同样是保护、传承和弘扬传统文化，就有所谓的“田丰模式”和“杨丽萍模式”之分：“田丰模式”主张原汁原味，禁止对原有文化或其要素有任何改变，甚至排斥传承者看电视等，结果最后造成传统文化传习本身的生存都成为问题；而“杨丽萍模式”就能够推陈出新，把传统文化要素与现代科技及商业模式结合起来，演绎出具有创新精神的民族舞蹈《云南映象》，取得较大成功，成为融合传统和现代的成功模式。[84]

此外还有批评者认为，随着人们对非物质文化遗产保护的重视，商业因素不可避免地渗透进来，成为影响非物质文化遗产保护模式的一个因素，其中一个表现就是传承社区可能把非物质文化遗产开发成旅游项目中的内容，从而出现“傩戏天天演、走婚夜夜行”的现象；也有研究者担心传承人一旦脱离了原有生活社区，其传承的传统文化的功能就会由此折损，传统文化就会由此结束。[85] 即使是 UNESCO 也担心这会让非物质文化遗产或传统文化逐渐演变成民俗事件或商业表演的要素。

如何看待和解决这样的问题？这也许是非物质文化遗产保护的过程中最不能令人回避的矛盾之一：人们一方面希望非物质文化遗产能够得到保存、保护和可持续发展，但另一方面又不希望它有所改变；人们一方面叹息保护非物质文化遗产或传统文化缺少经费，担心非物质文化遗产保护事业难以为继，但另一方面又不赞许传承社区或传承人利用自己的文化资源进行商业活动取得合法收入，从而让传承人或其年青一代更有信心学习和传承自己的传统文化。这是否有“叶公好龙”的嫌疑？口口声声希望非物质文化遗产或传统文化能够得到可持续发展，但一旦传承人对非物质文化遗产有所发挥，没有按照人们尤其是某些研究者的预先设计行事，他们就担心这会破坏传统文化的原生态，传统文化的命运会就此终结。显然这是主观和片面的观点。有谁能够断言在北京、上海等城市舞台上表演的《云南映象》不是云南各民族的原生态舞蹈呢？难道原生态舞蹈一定要在田间地头、采茶间歇或祭祀仪式上跳才算吗？

当然，人们的担心也有一定的道理。例如太多的旅游者已成为某些世界自然或文化遗产（如莫高窟）不能承受之重的报道时有耳闻，人们也可能由此担心类似的问题会发生在非物质文化遗产上面。我们认为：过度的掠夺式的开发或利用无论是对于物质文化遗产的保护还是对于非物质文化遗产的维护都有着不良影响，但关键是如何应对或预防这种不良影响或危机，是因噎废食就此拒绝文化遗产的商业化，还是试图通过完善的管理机制使问题得到解决，答案显然应是后者。

我们认为，维护非物质文化遗产既不能割裂它们与传统文化环境的关系，但也不能尝试把它们装入“真空”或置入“温室”，那样既不可能、也会不利于非物质文化遗产的可持续发展，对传承民族、社区或传承人都没有吸引力，也不会带来长久的益处。

三、结语

我们主要依据 UNESCO 的《保护世界文化和自然遗产公约》和《非物质文化遗产保护公约》，分别探讨了 UNESCO 的物质文化遗产保护制度和非物质文化遗产保护制度，其中尤以非物质文化遗产保护为重点，分别涉及与非物质文化遗产维护相关的概念以及相关的客体、主体和保护措施等，并针对在非物质文化遗产保护中已出现的一些问题给予评论并提出建议。我们认为，无论物质文化遗产的保护还是非物质文化遗产的维护，都是人类社会的一个长期使命，都需要有合理的制度支持和国际社会持久的、广泛的合作。只有这样才可能会有文化遗产的可持续存在，并成为社会发展可依赖的人文资源。

第二节　欧美国家文化遗产法律保护制度

一、欧美国家文化遗产保护的历史沿革

（一）欧洲文化遗产法律保护的历史沿革[86]

总体而言，欧洲的文化遗产保护始于文物建筑保护。经历了战后50余年的发展，欧洲的遗产保护已由保护可供人们欣赏的艺术品发展到保护各种作为社会、文化见证的历史建筑与环境，进而延伸到保护与人们当前生活休戚相关的历史街区及整个历史城镇。由保护物质实体发展到非物质形态的城镇传统文化等更加广泛的保护领域的现象反映出人类现代文明发展的必然趋势。

欧洲现代意义上的历史建筑保护工作始于20世纪，并以1975年的“欧洲建筑文化遗产年”（European Architectural Heritage Year）运动为该项保护工作的开端。同时，这场运动也促进了《建筑遗产欧洲宪章》（European Charter or the Architectural Heritage）的出台，与此同时，“欧洲建筑遗产代表大会”提出“全面遗产保护”的概念并在其后发表了《阿姆斯特丹宣言》（Amsterdam Declaration of the Congress on the European Architectural Heritage）。目前，“全面遗产保护”的内容已成为《欧洲建筑遗产保护公约》[（Amsterdam Declaration of the Congress on the European Architectural Heritage），又称《格兰那达公约》（Granada Convention）]和《欧洲考古遗产保护公约》（1992年修订）[（European Convention on the Protection of the Archaeological Heritage），又称《马耳他公约》（Malta Convention）]的基础。这两个公约在欧洲历史文化遗产保护实践中具有重要的影响，从欧洲的众多缔约国可见一斑；[87]此外，这也说明了历史文化遗产保护在欧洲的普及程度。

《格兰那达公约》的第1条和《马耳他公约》的第1条都认为：“考虑到宽泛的文物、建筑和建筑与考古遗产地区的定义，这些文物、建筑和建筑与考古遗产地区是每个国家出于保护和保存的目的所选择的，以表示‘保护种类’的特别重要性；所采用的手段也是宽泛的。”[88]

《格兰那达公约》还将建筑遗产分为以下三个种类，并分别进行了定义，即“具有显著的历史、建筑、考古、艺术、科学、社会和技术方面意义的文物（包括建筑和结构）、建筑群和遗址”。[89]在《马耳他公约》中也明确规定考古遗产“应当包括位于地上或者水下的建筑、结构、建筑群、已发掘的遗址、可移动的物体和其他范围之内的文物”。这种遗产除了被认为是“欧洲集体记忆的资源和历史、科学研究的工具”以外，并没有其他特别的“意义”。[90]

《格兰那达公约》的各缔约方已经履行了公约规定的最基本的“对建筑遗产制定的法定措施进行保护”的义务。这些公约规定的遗产保护包括了遗产维护清单、完全保护政策的采用、在决策过程中建立各个层面的协商与合作机制（包括文化学会和公众）、

财政经济支持的规定、非营利协会和保证人的培育以及促进涉及建筑遗产保护的各行各业的培训。另外，这种保护对欧洲保护政策的合作与实践经验的交流予以了肯定。

《马耳他公约》也注意到了大都市开发工程的增多使得有必要寻找恰当的考古遗产保护方法，包括法律和财务机制。1992 年修订的《马耳他公约》各方缔约国已经承担了设计监督和保护措施的义务、促进完整保护政策和在各缔约方之间的公众意识与合作以及促进信息共享。

1997 年 10 月，在斯特拉斯堡（Strasbourg）举行了欧盟部长理事会第二次峰会，欧洲议会的各个成员国的政府首脑重申了“对欧洲文化、自然遗产保护，以及促进遗产意识的重要性”。峰会采用的“行动计划”决定有必要发起一场以“欧洲共同遗产”为主题的运动——以“已存在于政府、教育文化机构以及工业行业之间的既存的和预期的合伙关系为基础尊重文化多样性”。[91]

（二）美国文化遗产法律保护的历史沿革

美国是一个典型的移民国家，为了形成认同的爱国主义，必须用它并不悠久的历史和纪念物等来团结人民；通过保护文物遗产让一般民众认同美国的精神和生活方式。所以，美国早期的历史文化保护与爱国主义密切相关，与该项内容相关的文化资源成为最重要的保护对象，如为自由和国家独立而牺牲的英雄的史迹，独立战争、南北战争的战场，名人故居等等。

美国国内的学者认为，美国的文化遗产保护大致经历了以下几个阶段：[92]

（1）1920 年以前，主要以单体建筑的保护为主，为维护纪念性文物 (Monuments) 的历史景观，对周围建筑的高度实行严格控制；

（2）20 世纪 30 年代至 60 年代前半期，为文化资源保护的初期，30 年代，各地方政府开始制定保护相关的法律；

（3）1966 年《国家历史保存法》的制定到 80 年代前期，为历史文化遗产保护的稳定发展时期；

（4）20 世纪 80 年代后期以来，对环境问题有所放松，一些与保护有关的经济优惠政策也被取消了；

（5）20 世纪 90 年代以来，再度对文化资源保护和再利用问题引起高度重视。

在美国联邦层面所进行的文化遗产资源保护活动的主要重大事件包括：[93]

1895 年，设立纽约州自然景观、历史性场所和构建保护信托基金 (The Trustees of Scenic and Historic Places and Objects)；

1906 年，颁布《古物保护法》(The Antiquities Act)；

1916 年，成立国家公园管理局 (The National Park Service)；

1931 年，颁布《查尔斯顿老城及历史地区区划条例》(The Old and Historic Charleston district zoning ordinance)；

1935 年，颁布《历史遗迹和建筑法》(Historic Sites and Buildings Act)；

1947 年，设立历史古迹和建筑保护联邦委员会 (National Council for HSB)；

1949 年，创设历史保护国家信托基金 (National Trust-for Historic Preservation)；

1966 年，颁布《国家历史保存法》和《国家博物馆法》(The National Museum

Act)；

1970 年，颁布《国家环境政策法》(The National Environmental Policy Act) 和《环境质量改善法》(The Environmental Quality Improvement Act)；

1971 年，开展国家历史保护周活动 (National Historic Preservation Week)；

1977 年，颁布《国家邻里政策法》(The National Neighborhood Policy Act)；

1979 年，颁布《考古资源保护法》；

1980 年，国家信托基金设立“国家主要街道中心”(The National Main Street Center)，以帮助小城市保护历史性市中心区；

1981 年，国会通过《经济返还税法》(The Economic Recovery Tax Act)，该法规定个人所得税的 25% 可以用于历史建筑的维修保护。

在州层面上也有许多相关立法。[94] 根据《国家历史保存法》的规定，美国已经建立了一个“州历史保存办公室”(State Historic Preservation Office) 来执行各项联邦保护计划，比如《国家历史性场所登记表》(National Register of Historic Places) 的所列财产的提名和对寻求联邦税收优惠许可的项目的审查等。近年来，越来越多的州开始采取综合性的保护计划，包括通过立法保护、修复激励、教育和技术支持等。各州所制定的相关保护法规并没有采用统一的模式和内容。但绝大多数州采取授权地方当局发布历史建筑物的保护和保存命令的特权的方式。一个不断加强的趋势是，越来越多的州通过其他领域的相关法律来约束能够影响到历史和文化财产的政府行为，如环境保护法、[95] 考古保护法、[96] 葬礼和目的法、[97] 历史海难法 [98] 等。一些州还根据联邦《国家历史保存法》第 106 条的审查程序和联邦《运输部法》(Department of Transportation Act) 第 4 条第 (f) 款的规定制定有关法律，如明尼苏达州的《环境权法》(Minnesota Environmental Rights Act) 第 116 条第 B 款第 02 项规定，除非没有“慎重可行的替代场所”，不得毁坏历史资源；[99] 新墨西哥州《史前和历史遗址保存法》(New Mexico Prehistoric and Historic Sites Preservation Act) 第 18 条第 8 款第 1 项至第 8 项规定，州必须执行“任何可能的规划来保存和保护历史资源，以及使得损害最小化”。[100]

实践中，最有效的历史财产保护立法却通常产生在地方层面 (local level)，而不是联邦或者州层面，因为这些层面的法规更倾向于规范能够影响私有或公有文化资源的具体活动。“通过历史保存法令 (ordiance)，当地司法管辖使得原本对历史资源特性进行不可修复或毁坏的活动发生了改变。”现在，全美范围内制定了大约 2000 个地方层面的历史保存法令。[101]

(三) 南美洲有关国家文化遗产法律保护的历史沿革

巴西 1985 年的《公益民事诉讼法》(Law on Public Civil Action) [102] 是一部规定对“造成环境、消费者、货物、艺术权利、美学权利、历史游览的 (historical touristic) 权利和风景价值损害”提起公益民事诉讼的法律。该法第 5 条规定，公共部门 (Public Ministry)、政府和民事团体 (civil association) 可以就损害提起民事法律诉讼，即使其不是诉讼当事人一方，也因其作为法律的看护人，公共部门仍须以第三方的身份加入诉讼 (intervene)；如果民事团体放弃诉讼，[103] 公共部门应取而代之进行诉讼。[104]

智利1961年1月13日颁布了关于禁止出口具有考古学、人类学、古生物学意义的物品的第52号最高法令；1969年11月12日颁布了第17236号法律，该法的目的包含促进国家文化遗产的实际运用和传播；1970年1月27日颁布了第17288号关于国家纪念物的法律等。智利建立了按照历史纪念物、公共纪念物和考古纪念物分类的国家立法保护，既涵盖到了可移动的历史文化遗产，又涵盖到不可移动的历史文化遗产。[105]但碍于资料和语言的限制，无法如同对欧洲的部分国家和美国的相关制度的研究一样，进行全面地考察，只能在介绍欧洲和美国的情况时结合介绍和比较这些美洲国家的特色性保护制度。

二、欧美国家对文化遗产、文化资源等概念的使用和界定

虽然欧洲各国所使用的术语并非完全一致，但仍然存在许多类似之处。欧洲多数国家法定的措施和定义均与前述《格兰那达公约》和《马耳他公约》两个公约中的陈述类似，例如：

在捷克，1987年通过的关于国家文化遗产保护的第20号法令使用了“文化遗产”这一措词，并给出了一个比较广泛的定义。第2条规定：(1) 根据本法，捷克共和国的文化部宣布文化遗产是可移动或不可移动的实体，或满足以下条件：a. 从革命、历史、艺术、科学、技术等角度看，具有杰出价值的、能展示出人类在多领域活动中的创造力和工作的、记录人类从远古到现在的发展历史、生活方式、社会环境的文件；b. 与重要人物和历史事件有直接联系的。(2) 符合条款 (1) 的群体都是文化遗产，即使它们中的某些项目不是文化遗产。[106]例如，捷克文化部（Ministry of Culture）一般把一个项目的整体确定为文化遗产，即不仅包括它外面的城墙，也包括内在的建筑成分、它的内部以及与该项目相关的艺术性装饰。一项文化纪念物的划定还应该包括所占的土地、院子、花园、边界墙、附属建筑以及其他建筑物等，尽管其中某些部分本身并不具有文化遗产的价值。[107]可见，在捷克，文化遗产被定义为从最古老的时代到现在为止的不可移动与可移动的项目或项目群，文化遗产定义为民族文化文物。[108]

在德国，1992年图林根州的《历史遗迹保护法》(The Thüringian Law on the Protection of Historical Monuments)（TLPHM,1992）使用了“文化遗迹”的措辞。该法第2条对文化遗迹进行了界定，文化遗迹为“为了公共利益，基于历史、技术、传统或城市规划等原因与保护村落的历史文化而施以保护的物体、物体的复合体或部分物体。”[109]德国的图林根州定义“文化文物”包括实体、实体群、实体部分、地面文物、考古文物。该州的这种规定也仅仅标志了其保护水平，在实际中，保护部门只优先保护某些文物。在德国其他州也存在这样的情况。[110]

在西班牙，法律规定的“不动产”遗产包括文物、遗址、公园、考古遗址和地区、环境。法律中使用了“历史遗产”这一措辞。如，1985年的《西班牙历史遗产法》第1条第2款规定：“西班牙历史遗产由具有艺术性、历史性、人种学、古生物学、科学和技术价值的可移动财产和不可移动财产组成。西班牙历史遗产还包括历史文献、书目性遗产、考古遗址遗迹以及具有艺术、历史或人种学价值的天然遗址、园林等。”[111]相似的定义还能够在自治地区的遗产保护法案中找到。这些法案都提到了被保护文化项目在历史、建筑、考古、民俗、科学和技术等方面所具有的意义。[112]上述这些法律均采用

了“历史遗产”这一术语，而排除了其他如“文化遗产”、“艺术遗产”或者“历史艺术遗产”等相似术语。原因在于尽管其控制的遗产范围较先前的有关法律[113]广泛得多，但并未覆盖整个文化遗产领域。而事实上，还有一些其他美好的艺术形式存在于历史遗产法案保护范围之外，如音乐和文学。尽管具有上述的理由，但“历史遗产”这一术语的使用，还是被那些更喜欢使用“文化遗产”一词的人所批评。在他们看来，后者作为这方面的术语是与国际规定接轨的。这样的观点也反映在大部分已经发布的自治地区法案中，它们用“文化遗产”的概念取代了“历史遗产”的概念。[114]

在丹麦，现行的法规是 1997 年 11 月 13 日颁布的第 845 号《联合法案》(Lovbekendgorelse nr.845 af 13 November 1997)，即《列入目录的建筑物、建筑物保护和城市环境法案》(Lov om bygningsfredning og bevaring af bygninger og bymiljoer)。该法案的第 1 条声明其目的在于 :“保护在建筑、文化历史和环境等方面具有特殊价值的古老建筑物，包括那些能体现人类建设、工作等生产环境及其他能体现社会发展显著特征的建筑物。”该法第 2 条的第 2 款进一步界定了一项保护命令，可以包括“以庭院、广场、人行道、花园、公园以及其他相似形式出现的建筑物的直接环境，以及从某种程度上形成被保护建筑物的一部分”。[115]可见，丹麦采用的定义是指列入目录中的建筑物或价值性略低一级的建筑物，但与当地的规划机制或建筑价值鉴定体系 (SAVE，survey of architectural values) 相关性较大的实体。[116]考古遗产被分为古代文物、近代文物和水下文物。对古代文物的保护与《丹麦自然保护法案》(1992 年 1 月 3 日颁布的第 9 号法案）规定的对自然的保护是类似的。这部法规提供了对文物及其环境的保护。此外，该法规也提供了对具有文化与自然风貌的景观的保护。该法在附录对受保护的古代文物所涉及的范围作了说明，并把文物分为三种 :（1）容易辨认的传统古代文物，如古墓、考古巨石纪念物和废墟等。除去完全被土壤覆盖的废墟，所有的古代文物可自动获得保护，不论其是否注册过。（2）其他难以辨认的古代文物，如水坝、堤岸、圣井、桥梁和道路建筑物等。只有这些文物的所有者从环境与能源部得到承认这些文物存在的通知后，它们才得以受到保护。（3）比较新近的文物和与大众信仰、历史传统及和民俗相联系的文物。只有这些文物的所有者从环境与能源部得到承认这些文物存在的通知后，它们才得以受到保护。上述第二种与第三种文物的区别在于存在第二种中对在文物周围 100 米之内的地带的保护，这种保护是在无法根据第三种文物种类进行保护的情况下实施的。对水下文物和历史失事船只残骸的保护是根据《自然保护法》第 14 条进行的。是否对失事船只残骸进行保护主要依据它们自失事起至今的时间，然而对古代文物的保护虽然没有固定的时间限制，但是《自然保护法》第 12 条的规定可以参照适用，第 12 条规定被保护的文物应该至少在 100 年以上。当然也存在部分不足 100 年的纪念物受保护的情况。[117]

在英国，建筑遗产（列入名单中的建筑物）分为三个等级（一般而言必须在 30 年以上），而考古遗产则被定义为列入清单中的古代文物（具有考古价值的地区，现在多半已被规划体系的保护方法所代替）。[118]

在美国，“遗产资源”(Heritage Resources) 也称为“文化资源”(cultural resources)，是一个经常用来指一组范围广泛的考古遗址、历史建筑物、博物馆、历史海难和传统文化场所的通用术语。《考古资源保护法》(Archaeological Resources Protection Act) 及其配套法规所定义的“考古资源”和《国家历史保存法》(National

Historic Preservation Act）及其配套法规所定义的“历史性财产”通常属于上述分类。[119]

上述国家之间关于文化遗产／资源的术语及其界定看似存在显著差别，且好像因各国法律规定差异所致，但大多数国家借助法律通过概括性立法定义来保护最广泛意义上的“文化遗产／资源”——不可移动遗产、可移动遗产或其他已成为一种共识。

三、文化遗产法律保护的指导思想

文化遗产保护必定受一定的思想的指导，这种指导思想可称之为“保护哲学”，一般分为两大流派：一是V.L.杜克（Viollet-le-Duc）等人所提倡的修复理论（1866年），即修复一项建筑物就是使其完全复原的观点；一是儒斯肯（Ruskin，1849）等人所提倡的“保存”理论，即主张时间的痕迹应被保留下来，无论那些材料仿造得多么逼真，磨损的原始材料比现代的仿制材料重要得多，因此，应当尽力维护现状。这两种理论的区别是很明显的。目前，保存／维护理论是主流。然而，从欧洲各国的实践来看，这种区别并不十分明显。在某些情形中，这两种理论是结合起来应用的。《威尼斯宪章》[国际纪念物及景点委员会（ICOMOS），1964]在有些国家仍是很重要的文件，该宪章第9条规定，在尊重原始材料和遗产的真实性（档案记录中的）的原则下，修复过程是被允许的；并进一步规定“任何修复工作不能是主观臆测的，而应该是诚实的，具有时代的印记(contemporary stamp)”。这样就可能达成妥协：允许使用修复方法，但同时要尊重不同时期的贡献。其他文件进一步拓展了这一立场，尤其是1981年ICOMOS在澳大利亚通过的《巴拉宪章》(Burra Charter)。自从《威尼斯宪章》诞生后，保护哲学方面的争论扩展到了其他领域。尤其是1975年欧洲委员会提出的“为了对遗产进行再利用，允许适当的改变”的观念，以及脱离针对重要的个体的保护，转向以地区为基础的和综合性的保护方法的运动。而近些年，复原的观点得到越来越多的支持。[120]

就国家层面而言，对具有代表性的国家的遗产保护哲学发展的梳理，可能有助于我们理解和把握欧洲遗产保护哲学的总体发展脉络。

（一）英国文化遗产保护的指导思想[121]

视觉方法在保护区制度的形成中有明显的体现，在保护区制度中最初的重点是放在视觉的加强上的。自20世纪50年代起，这种对视觉的强调在历史地区的“公民信托社”的先锋运动中是很明显的。在相同时期，具有持久影响力的书面作品被出版，[122]它们强调了地区视觉质量的重要性。“保护古代建筑学会”所持观点与视觉保护方法并非全然一致，但是，它在实践中是一个影响力很大的机构。比如，“立面主义”（保留了历史风貌后的建筑新结构）被定义为一种保留熟悉的历史街景的方法和城市设计的正式规定部分。[123]然而，“保护古代建筑学会”使用的“立面主义”哲学被先入为主地认为是不诚实的，虽然它仍在被使用，但在官方保护指南中并未对它予以肯定。[124]

而与历史地区特别相关的“第三哲学传统”来自于都市形态学理论，例如科曾的“年轮理论”和“非均衡推进”的论点。[125][126]它是以居留地的历史发展研究为基础的一种方法。城市景观的发展是社会发展的物质表现形式，它被文化意义所感染，并成为一个地区的精神象征，因而，也称为“场所精神”（genius loci）。城市景观形式来自三个原则的部分：城镇计划、建筑形式和土地使用。城镇计划一般被认为是这些内容中最持久的，而土地使用是最短暂的。对于保护工作，对都市形态学的鉴赏意味着对历史形式和历史“纹理”进行评价。

自从1877年“保护古代建筑学会”出版了宣言以后，英国标准有争议地成为英国最主要的报告之一；近几年也看到了其他的一些出版物，例如英国遗产机构出版的《修复原则》。[127] 虽然英国保护主义者在各种各样的ICOMOS制定的国际宪章的形成中已经非常活跃，但是这些宪章究竟会在更宽泛的实践领域中产生什么样的影响还不太清楚。虽然这些宪章中包含的很多原则在最近的实践中是明显的，但其他原则可以说是缺位的。比如，ICOMOS的《华盛顿宪章》有关“历史村镇和城市地区保护”的重点在英国大部分是缺少的，而这部分是保护工作保留的重要目的。现在有一些改变的迹象。ICOMOS那些在近几年引起争议的宪章是ICOMOS的《澳大利亚巴拉宪章》“具有重要文化意义的地区的保护”（1981）（1999年修订），它是特别针对澳大利亚的范围制定的。[128] 在英国，文化遗产保护的文化意义也许需要通过人们的讨论才能决定。但专业的保护态度对于一般公众在保护工作中扮演的角色而言是十分灵活的，其范围包括从强调启发性希望到用独特规定的价值教育公众以及参与更为开放的对话的尝试。[129]

（二）西班牙文化遗产保护的指导思想[130]

《西班牙历史遗产法》的前言中写道：“根据宪法第46条的规定，每一公共部门在其职权范围内保护好西班牙文化遗产并增强这方面的保护意识是其应尽的义务，也是其义不容辞的责任。”[131]

1978年西班牙宪法第46条确认，保护和保存历史遗产的需要及其优先地位是西班牙社会和经济政策的主要成分之一。从这个角度出发，历史遗产保护已经成为法则的一种基本价值，对历史遗产的保护已经达到与所有公共机构结合的程度。

根据有效的法规的保护，上述基本规则设置了文化价值（包括历史价值和艺术价值）。相应的，这种“文化精神”渗透进1978年西班牙宪法，文化遗产被认为是一项自治的法定财产，其保护价值来源于其自身，与它的所有者是公共主体还是私人主体无关。事实上，可以说历史遗产是通过一套“它的共性来自自身性质，并成为文化价值的载体”的资产来形成的。[132] 所有的这些情况都使得历史遗产成为具有公共利益的财产，这个结果来源于附着于历史遗产上的集体权利，这也暗示了保护历史遗产完整性的法规存在的必要性，无论它的所有者是什么主体。

保护责任在宪法正文的第44条第一款提到的文化“可得权”（access right）中得到具体解释。该款规定“公共管理机构应当促进和保证‘文化可得性’成为一项公共权利”。取得的权利有两方面的内容：其一是对结果估计的能力，意味着具有教育利益的权利；其二是接近这些物品和结果的能力，意味着观看、研究和参与的权利。[133]

运行中的法律基本上都在探求最容易的历史遗产的获得方式。最后，假如越来越多的人能够享受与思考凝聚人民集体智慧的作品，那么已确立的法规才有意义。

（三）法国、德国、意大利文化遗产保护的指导思想

在法国，V.L. 杜克提倡的干涉方法——修复一项文物使其达到所谓的“理想化原始状态”——一直到1960年仍受推崇。自从《威尼斯宪章》形成后，修复的概念发生

了变化，更倾向于对整个建筑物及其真实性的保存、尊重历史的层次性。把文物与其环境联系起来，是另一个进步的、影响重大的观点。它满足了社会对复原和再利用的需要。[134]

德国关于保护哲学的争论经历了“从推崇V.L.杜克的方法到推崇即时维护”的过程。尽管有些存在争议的方法可以被接受，但是财政及哲学方面的考虑都倾向于反对完全修复观点。其他的利用形式的基础是：如果不接受这一必要的改变，[135]文物的风貌将会更差。[136]

意大利保存和修复理论的历史概况反映了早期V.L.杜克和儒斯肯这两个相反观点的争论。然而，1932年的《意大利修复宪章》——随后被《文物修复指南》进一步扩充——提倡维护的重要性，避免任何风格上的修复的讨论。并且，关于修复的《威尼斯宪章》在1972年发布，这相当于明确表示：任何涉及风格上的修复、取消时间留下的层次性的行为都是不允许的；同时，它提倡“可逆性”（reversibility）。[137][138]

现如今多数国家一般已不再追求主观臆测的、大的修复工作。争论多是：可靠的、尊重时间痕迹及遗产原始材料和方法的修复是否值得追求？保存性维修和即时性维护是否更重要？然而，对这些问题并未形成较统一的认识。对于最重要的文化遗产可能需要修复，因为此时维护缺乏持续的规律性的基础。但是，如果建筑文化遗产要保留到后世的话，经济问题和良好的管理原则可能会导致更倾向于维护和复原。而且，这更取决于支持活动的资源的可获得状况，不过，不论具体国家的经济状况如何，似乎总存在资源短缺的问题。这些可能导致了各国的文化资源保护政策更倾向于类似《格拉那达公约》和《马耳他公约》所提倡的综合性保护方法，这种方法脱离了致力于单体建筑物的保护，转向对包含了文化遗产的生存环境的保护。[139]

四、文化遗产保护的主要措施和法律制度

（一）遗产的确定制度

1．法国

在法国，遗产的确定活动被分为两种主要的类型：应用研究原则的系统性目录和有关保护、复原的研究。

（1）应用研究原则的系统性目录[140]

设立于1964年的“法国文物与艺术珍品总目录馆”（Inventaire général de monuments et des richesses artistiques de la France）是文化部下属的一个特别部门，它的主要职责是基于一套严格的方法通过建立在各个地区的分支机构执行系统化的遗产调查活动。这一调查活动主要采取对各种类型的建筑地形编制目录的方式进行，这种地形目录已经覆盖达法国领土的25%，但它需要更多基于特殊知识的主题目录来补充（如斑驳的玻璃窗、海洋和河流遗产、工业遗产、科学和教育遗产、20世纪遗产等）。

另外，关于非物质遗产，一个民俗遗产工作组正在进行一系列额外的调查，这些调查并非仅仅旨在成功地系统覆盖法国领土，它还将使得区分传统技能成为可能，并从遗产保护的角度分析社会行为模式。

（2）有关保护和复原的研究[141]

在法国，其他进行中的研究更多地以专门的保护措施的优先采用为基础，兼顾为保护程序的执行做准备和为将来的管理活动提供所需的文件。这些研究通常由下列人员负责实施：就文物保护而言，由地区历史文物保护当局的合同部门实施，这类研究与单个建筑物或同一类的建筑群有关；就整个区域（保存区和建筑、都市和景观遗产保护区）保护而言，由自由建筑师和城镇规划师等专家实施，这类研究覆盖一个都市或乡村遗址的全部历史性的和发展的各个方面，并且延伸至为当地可见的建筑物编辑一个索引。

我们必须注意到一个重要的特点，那就是在法国实施研究先于历史文物的恢复。也就是说，在对任何已分类的建筑物进行修复之前，先委任一个旨在收集将来修复过程决策所需的历史性的、技术性的和科学的信息的研究已经成为实践中的一种惯例。这些研究往往由历史文物首席建筑师所领导。

有时这类研究也被引向广泛的建筑物或修复问题的技术知识。根据具体环境，这类研究由负责向中央历史文物部门进行报告的“历史文物研究中心”□the Centre de recherche sur les monuments historiques）和“历史文物研究图书馆”（the laboratoire de rècherche sur les monuments historibues）分别来制定具体的实施措施。前者负责整理和登记建筑修饰物、设备和配件的档案信息；后者负责实施保护技术中的科学和技术研究（如石料蚀变作用的分析及其补救方法、强化凝结物的修复等）。

2．德国[142]

在《历史遗迹保护法》（1992 年）实施后，德国图林根州的遗迹就开始了重新登记。行政乡村县的遗迹名录正在起草中。法律将遗迹的记录表述为“遗迹登记”（Denkmalbuch），这一制度被称为所谓的“告知”，比如遗迹所有者仅被告知他的财产具有“遗迹性质”。由于告知初始不具有法律后果，因而当事人不享有提出要求行政审查的权利。根据为行政行为（例如，因为遗迹性质而拒绝建筑许可）而设立的程序，关于一物体是否属于文化遗迹的法院审查当然出现在行政法院的听证中。

新的遗迹开始被载入登记簿大约始自 1992 年图林根州《历史遗迹保护法》出台之时。州历史遗迹保护局为此设有一个特别的部门。根据《历史遗迹保护法》第 2 节的规定，文化遗迹认定的先决条件是“必须是基于历史、技术、传统或城市规划等原因，为了公共利益，或者为保护村落的历史文化”。

登记官员以城镇或行政区为单位进行遗迹登记。原则上对每一处遗迹都要进行审查。最初，现存的前东德的名录和地区社团或当局的建议是遗迹登记的依据。而如今由于建筑项目的减税特许（除历史性建筑物的恢复外）导致开发商和其他建筑工程经纪人纷纷请求进行遗迹认定，因此，偶尔还牵涉对财产的审核。根据通知或者外部观测，如果物体有可能成为文化遗迹，会有人对它们进行审查核实。在编入《遗迹登记簿》之前，建筑物的可认定细节将被记录在案，包括位置、街道、门牌号、准确面积和所有者。这些数据还将有一份关于财产的说明作为补充。由于所进行的研究和官员的经验的差别，这些数据的精确度将因人而异。在编入《遗迹登记簿》之前，必须通知所有人，他（她）应被告知入编（《历史遗迹保护法》第 5 条第 1 款）。《历史遗迹保护法》第 5 条第 2 款规定，入编的整体性遗迹应在州公报上公示。作为某一物体被宣布为遗迹的一项准备工作，《历史遗迹保护法》规定了“某物体临时被宣告为遗迹”名录。如果物体

（最终）没有进入《遗迹登记簿》，自此 6 个月后，进入该目录的效力将终止。

图林根地区实际上囊括了名录中载入的所有遗迹，多数是 1887 年至 1932 年间登记的。如此“古老的名录”在所有联邦州都存在。图林根州的名录包含了大量的信息，如包括文化遗迹的详细描述和精确的资源数据。但随着遗迹保存立法的增多，这类名录正渐渐步入“幕后”，原因在于这类工作需要大量的日常工作来完成，[143] 但却没有时间进行深入地研究。

20 世纪 70 年代末出现了“遗迹地形学”的概念，似乎在与“重要名录”分庭抗礼，首卷于 1981 年面世。每一卷大都根据统一联邦指南针对一个地区 [144] 进行描述。每一卷分为概述部分（描述其定居史和建筑史，也有关于该地区环境特征的描述）、地图部分（提供遗迹的描述，有些也包括面积图，视大小而定）、索引或编目部分（列明每个遗迹并附有目前和历史说明和计划）。地形学的目标是描述遗迹的相互关系和周围景观。[145]

除此之外，《德国艺术遗迹手册》（the Handbuch der Deutschen Kunstdenkmäler）（后被简称为 Dehio），对德国的许多重要的文化遗迹进行了简要描述，里面仅包含主要建筑物和艺术遗迹的特点。以图林根命名的专卷于 1998 年首次出版。在州历史遗迹保护局的协助下，1991 年建立了一个叫 MIDAS 的遗迹登记数据库，由于它缺乏灵活性，现已不再使用。

3. 英国 [146]

根据英国法律的规定，文物登录和建筑物编制目录应由中央政府负责。历史上，登录和编制目录工作曾由不同的政府部门承担，这导致了一些建筑物既被登录又被编制入目录。近几年英国政府正致力于进一步定义和协调这两个体系，并由文化传媒体育部负责对其进行鉴定。目前还没有针对二者各自目录中应包含的遗址的法定标准，但是非法定的指导已经得到开发并已出版。需说明的是针对这两种方式，任何项目都没有反对列入的权利，也没有要求赔偿的权利。

直到最近，越来越多的文物被列入目录中，但是没有按照有序的计划进行。因此，英国遗产机构认为采取一套更加系统的手段是必要的。政府正在制定《文物保护计划》（Monuments Protection Programme,MPP），并对特定种类的文物进行调查，比如煤矿工业。在英国有超过 18000 处的列入清单中的文物（覆盖了大约 30000 处考古遗址），预计到《文物保护计划》完成以后，将达到 45000–50000 项。地方政府郡县机构也保有区域性的、内容更全面的《遗址和文物记录》（Site and Monuments Records, SMRs），而且虽然非清单中的文物没有受到法律保护，但是也可以通过规划政策对它们提供保护。预计这些《遗址和文物记录》将包含超过 1000000 处考古记录。[147]

对文物和建筑的记录活动，更可以看做已经从为法定保护而进行的登录制度中分离出来。对于很多 20 世纪的主要记录机关而言，它们已经成为成立于 1908 年的“英格兰历史文物皇家委员会”的一部分，尽管“英格兰历史文物皇家委员会”（Royal Commission for the Historical Monuments of Endland, RCHME）与英国遗产机构于 1999 年合并。资源的有限性意味着只有小部分确定的遗产能被系统地记录下来。规划过程中的一些机制使得面临拆毁威胁的建筑可以被记录下来。地方计划机构也可以要求开发者在工程进行之前对建筑进行记录（特别是进行拍照摄影）。和“英格兰历史文物皇家委员会”的学术记录不同的是，英国遗产机构创制了“濒危建筑”的概念，进而开发了一项规划工具。

自 1967 年在《城市美化法》（Civic Amenities Act）中被提出以来，划定的保护区的数量已经有了稳定的上升。目前英国有将近 9000 处保护区，已经大大地超出了最初的预计。[148] 这一方面反映了作为一种政策工具保护区具有极大的灵活性，另一方面反映了历史文化价值的独特理念；因而应该受到保护的环境在过去的 30 年里已经渐渐地扩大了。所以，保护工作最初集中于对历史城镇和乡村的保护，而现在则围绕着保护区。

4．其他国家[149]

在比利时，瓦隆区的目录编制于 1998 年，并且将要开发一项新的目录，考虑到建筑景观、经济和社会史及领土的形状之间的互相作用，该目录将承认更广泛的遗产概念，其目的是把该项工作开发成决策者的管理工具，处理涉及生存环境周围的土地利用规划。并且，对建筑遗产编制目录使其成为一种重要的随机保护工具，也是形成综合性保护政策的基石。

在丹麦，形成于 1960—1980 年的目录现在正在通过“专题调查”[150] 和协助文化建筑环境的建筑价值鉴定体系下的“地形评估”进行扩充。后者的目的是促使 267 个市区都形成一种保护氛围，而其中已有大约 60 个市区完成了调查。

在爱尔兰，国家层次的对建筑物的目录编制于 1999 年有了法律依据，普查行动也始于上个十年间，并持续进行，以便于城镇和县级行政区域编制目录。在 20 世纪初新的立法机构成立后，目录中的信息可用做保护构造物的一种管理工具。此外，还有一些其他工作正在进行中，例如对考古遗产的普查并出版普查结果；编制其他目录，如城市考古发现、文物及所在的记录。

在意大利，遗产目录的编制工作已经进行了很长一段时期。记录过程考虑了遗产的现状及其相对价值。然而，政府一直缺少编制完整目录的意愿，其中也有出于财政方面的考虑。1999 年底成立的立法机构可能会协助开展这项工作。

拉脱维亚的遗产普查工作致力于复查新立法政权成立后，所有具有国家意义的文化遗产，然后再按重要性分为国家级和地方级。同时，遗产现状的评估工作也在进行，以便采取适当的行动。

马耳他的计划部门于 1992 年开始编制文物和遗址的目录，到目前为止已有 10000 项建筑和 300 个考古遗址。计划部门利用这些信息处理涉及马耳他群岛结构规划和地方发展规划的事务。

荷兰把所有 1850 年以前已存在的受保护文物进行了官方注册。又于 1985—1995 这十年间对 1850—1994 年的遗产进行了登记注册。2000 年又开始一项新的行动——记录“二战”后重建时期的项目。

西班牙历史遗产的确认工作致力于记录总注册表（用于保护）中的项目；自治地区也致力于编制自已的日录，用做管理工具。

可见，在多数欧美国家虽然目录编制并没有正式作为财产保护的基础，而是一种确定受保护项目的途径，但有时目录（或注册表）能直接用来决定受保护项目。显然，目录中的信息、新记录技术的开发将会在制定保护决策的过程中起重要作用，尤其是在开发综合性遗产保护和土地利用管理方面的工具。

另外，从地区保护角度来分析，自从《格拉那达公约》和《马耳他公约》实施以来，为了证明对涉危遗产项目编制目录并记录的必要性，国际上已经开展了进一步的工作以获得关键信息。并且，地理信息系统的开发及其他新技术方法的应用，使得记录方法得到改进。显然，他们已为很多国家所采用，尤其是那些最近重新评价遗产保护法律和政策的国家。

（二）保存与保护措施[151]

一旦某项遗产被遴选并确定为受保护客体，就意味着必须通过相应的法律来管理和控制有关主体的活动，以确保保护目标的实现。例如，对于建筑遗产而言，这需要规制一系列的人为活动，如修复、维护、利用、适应性再利用、拆除或其他行为。

一般来说，控制的主要内容是：计划的行为是否会从实质上影响该项建筑遗产的特征。从一定程度上来说，这取决于该国采取的保护哲学。正如前文所述，从总体上讲，各国一般都倾向于鼓励维护和保存性维修，而非修复。

当对历史建筑的再利用从长远来说有利于其保存时，则再利用一般是可以接受的；当为适应再利用而进行的修改没有对该项遗产或其价值造成实质性危害时，这些改变是可以接受的。在这种情况下，很难制定确定的法律规则。不过总的原则是：任何情况下都要看它的可取之处。例如，乔治亚采纳的是“适当利用”的理念。又如法国补充性清单中的项目要比已分类的文物更容易取得再利用的许可证，相似的还有英国、马耳他的“建筑物清单”中较低层次项目的情况。

这些工作一般授权给地方公共机构履行，比如西班牙的城镇委员会、意大利的地方考古学所、英国的地方规划机构。[152] 也有国家授权中央或较高级别的行政机构执行，比如在捷克、法国、拉脱维亚都是由国家部门负责。

《马耳他公约》特别强调考古遗产在原地保存的必要，通过记录的保护方法则是次优选择。考古遗址面临的新压力促使了欧洲公约的重新修订。重修后的公约提倡综合管理办法，这与《格拉那达公约》是相似的。

《马耳他公约》解决的另一个问题是：防止考古遗址中可移动项的非法运输。在那些立法仍没有完全形成、人才缺乏的国家中，这些问题尤其严重。从更宽的范围而言，第四届欧洲文化遗产部长会议曾讨论过该问题。之后，欧洲委员会开始促进国家、国家性组织及相关利益团体（执法机构、公关部门、艺术市场的代表、宗教机构等）之间的对话，以促进该问题的解决。就具体国家而言，我们作些选择性的考察：

1．法国

法国的文化遗产保存和保护措施主要有：

（1）历史文物[153]

法国关于历史文物的 1913 年立法为历史文物保护提供了两种保护程序：分类和纳入补充目录。根据法律规定，保护申请由专业人员、研究者、公共官员和选出的代表所组成的委员会来审查，又具体分为：

将建筑物纳入历史文物补充目录的决定由区长所领导的地区性委员会做出。征询所有人的意见后，区长将决定所采取的措施，但所有人的同意并非强行性条件。

一个建筑物的分类决定由文化部长所领导的国家委员会做出。当所有人已经同意那样做时，由部长决定所采取的措施；而所有人提出反对时，由法国最高行政法院决定所采取的措施。

所有保护建筑物的工作应事先获得文化部下属的相应机构的同意，这种许可应基于预备规划而做出。在绝大多数情况下，在历史文物总检查员的科学性监督下，申请由行政管理性的地区分权机构——地区文化事务委员会作审查。文化部长有权将最复杂的案件提请前述国家历史文物委员会审查并发表意见。

针对被纳入历史文物补充目录范围的建筑的工作应受建筑许可总规则的约束。针对除文物实际修复以外的被分类建筑的工作则被纳入公共安全限制的范围。除获得历史文物立法所规定的授权外，在文物内建造的新楼层或任何一种背离文物最初目的的使用变更均必须获得建筑许可。

(2) 考古[154]

根据法国 1941 年 9 月 27 日的相关法律的规定，[155]“事先未经许可，任何人不得为寻找具有史前的、历史的、考古的等价值的物品而在自己或他人的土地上进行探测和发掘”。“发掘申请应向文化事务部[156]提出。申请书应指明发掘的地点、大致范围、工作的大致期限”。应根据项目的科学价值和申请人的胜任能力对申请做出审查，“收到申请书后的两个月内，经与考古调查高级委员会协商之后，如果文化事务部长认为合适，应批准其发掘；与此同时文化事务部长应规定发掘条件；发掘人应按此条件进行发掘。”[157]

同样，1989 年 12 月 18 日的法律规定，在“为寻找文物和具有潜在史前的、历史的、艺术的或者考古的相关目的”使用金属探测仪之前应获得许可。

此外，任何考古发现必须立刻报告，无论它是遗址工作中或任何其他活动中的偶然发现，或者是当局批准的考古挖掘的结果。随后，国家的有关当局必须决定应采取何种措施，包括：剩余的现场保存、优先挖掘已遭破坏的遗址等。而且，当有益于国家当局自身为公共利益而对某一遗址实行分类许可程序，或为易于获得对考古文物适当的赔偿而采取的临时占有所必须时，国家当局有权实行依职权的挖掘。

(3) 受保护区域[158]

在历史文物周边 500 米半径范围内的，在建筑、都市和景观遗产保护区内的或者保存区内的所有可能改变受保护区域内的土地或建筑状况的工程项目应获得建筑官员签署给拥有管辖权的相关政府机关——地方建筑和遗产部（service départemental del' architecture et du patrimoine–DSAP）的“特快批准”。

当建筑项目与相关遗址和文物在一起是凭肉眼可见的，签发行政许可的当局必须遵守建筑官员对坐落在历史文物周边的工程项目所提出的意见。根据建筑、都市和景观遗产保护区的特别规范的规定，以及根据保存区相关的涵盖建筑物的外观和内部排列、装饰的“保存和加强计划”（plan de sauvegarde et de mise en valeur–PAMV）的有关规定，建筑官员的意见对该区域内的工程项目同样具有约束力。

2．德国（以图林根州为例）[159]

比较 1992 年通过的《历史遗迹保护法》与《格兰那达公约》的条款可以发现，后者提供的所有法律手段在德国图林根州都得到实施。总体上说，它适用于整个联邦德国。《历史遗迹保护法》第 7 条有关于文化遗迹保护责任的表述：所有文化遗迹的拥有者都应该采取适度的行动保护他（她）所拥有的遗迹。根据判例法，适度的行动指不会对所有者的财产造成负担。超过此标准，额外的开支必须由补贴抵消。为此目的，一些联邦州，如巴伐利亚州（Bavaria）和萨克森尼州（Saxony），设立了所谓"补偿基金"。在图林根州，遗迹所有者提出要求后，其保护行动会得到促进基金的资助。

文化遗迹的所有者必须将遗迹的损坏和缺失报知遗迹保护主管部门，已登记的可移动或不可移动的文化遗迹所有权的变更也必须报知遗迹保护主管部门。为了确保遗迹处于被保护状态，遗迹保护主管部门在通知所有者后可以实施审查和进入遗迹建筑物内部。宪法规定的公民住宅不受侵犯的权利在这里受到限制：即遗迹保护主管部门为了避免即将发生的危险，可以在违背所有者意愿的情况下进入其遗迹建筑物内。如果所有者确实没有履行他们应尽的保护义务，遗迹保护主管部门可以要求他们履行。假如遭到拒绝，遗迹保护主管部门有权实施保护行动，并由所有者承担费用，即可以要求所有者支付适当比例的费用。

（1）对文化遗迹施工的许可要求

《历史遗迹保护法》第 13 条规定，任何拆除、搬迁或转让文化遗迹的行为都必须获得许可；任何人欲对其进行重建、修缮或改造其外形的行为也必须获得许可。目前，由于在图林根州和其他联邦州登记的文化遗迹过多，使得这些条款的实施具有局限性。

现今的文化遗迹保护标准也存在一些问题。就现存结构而言，在一般情况下也不以这些标准进行衡量。但是为了避免关键危害的发生，可能需要对现存建筑物的结构进行改进（《图林根建筑法典》第 84 条第 1 款）。同样，这也适用于不能进行自我修复的部分。

《图林根建筑法典》中不包含对历史建筑物弃权方面的内容，而在前东德末期前一直实施的《建筑法典》中则存在。目前，法典中仅有一个笼统的豁免条款。《图林根建筑法典》第 68 条规定建筑物监管部门可以允许对如下条款的执行存在轻微偏离："如果这些条款是与公众利益相符的，那么要记住各项要求的目标，并考虑到邻居的利益。"

文化遗迹保护问题的解决通常采取自由决策方式。对重要保护问题的解决主要取决于保护主管部门的科技与社会实力。部门使用灵活的技术手段也很重要，但如果缺少明确的策略，这也不可能成功。

（2）遗迹的再利用

当要改变遗迹或出于保护目的而对其用途另行安排时，遗迹保护部门的行为可有较大弹性。近些年来，许多地方的遗迹，主要是其中的商业用建筑被安排了新的用途。一个例子是哥塔（Gotha），其前身是屠宰屋，现在容纳着无数的零售商。在奥登堡（Altenburg）附近的罗斯特（Rositz），以前的糖厂现在成了一家著名的玻璃生产厂。像这样的重新利用，可能对建筑进行了较大的改造。然而，正是因为最近十年的这许多变化，图林根州文化遗迹的风貌才没有更破败不堪。

3．美国

根据私人、公共部门或者地方政府在美国文化资源的保护过程中所扮演的不同角色，可以大致将文化资源保护分为地方政府主导型（Government-oriented）、私有非盈利型（Private Non-profitable）和市场盈利型（Estate Market Profitable）三类。[160]

（1）地方政府主导型保护

在美国，由地方政府具体实施文化资源保护，而不是联邦政府。发掘历史地区的动力、带动地方经济、刺激旧城房地产市场、复苏处于衰败中的历史中心的社会和经济生活，是许多地方政府努力的方向。通常由地方政府主导的文化资源保护的收效是私人和其他公共部门所不能达到的。

（2）立足社区的私有非盈利型保护

该模式的优势在于：当公共资金不足时，能够尽可能多地吸引公众及私营机构的投资，调动他们在改善居住环境方面的积极性。在许多非官方的活动中，该模式的作用将突出体现，尤其是在那些官方机构决策力影响不大的社区，如低收入社区和非白人社区。这类活动涵盖基层社区在文化资源保护及与之较密切相关的低价住房、开放空间、环境、公众健康和社区服务等各个方面。

（3）市场盈利型保护

此类型的保护作用主要体现在由私人投资的商业及公共历史建筑的适当再利用方面。一般情况下，这类位于旧城中心区的原有功能、设施已不再能被使用的产权私有的建筑物，其地标和历史价值的保护，依赖保护组织收购产权等传统方式难以奏效。而私人业主们倾向于从历史建筑的建筑风格、美学欣赏方面挖掘这些建筑的潜力，经过缜密的商业分析，进行准确的功能定位，投入资金和管理以期获得更大的经济回报的同时，能够起到保护的作用。

（三）完整性保护原则和制度 [161]

完整性保护是《格拉那达公约》和《马耳他公约》中主要的主题之一。这一概念具有重要作用，它促使文化遗产保护从单体财产保护扩展到对整个地区和环境的保护。反过来，这一概念又在可持续发展的政策背景下，得到进一步的发展。

遗产保护与管理、土地利用规划及相关问题之间具有一定的综合性。自从“可持续发展”这一术语出现后，复原、保护生存环境等议题变得越来越重要。有些国家在该领域比较先进，较好地开发了完整性保护方法，积极追求建立可持续的遗产管理办法。

在比利时，联邦的三个大区在规划体制之间存在着较强的联系（在瓦隆区，文物保护被直接融入“空间、城镇规划和遗产法规”中）。比利时虽然还没有加入《马耳他公约》，但是在布鲁塞尔首都区，对考古遗产的保护越来越多地通过地区性和合作性的发展计划实现。这些计划连同地区性的发展计划和具体土地利用规划、城镇规划条例及其他规划程序，为建筑遗产的完整性保护提供了一套完整的保护“工具”。这些具有策略性的、地区性的和专门性的政策，涵盖了保护和加强建筑遗产（包括针对具有杰出价值的单体和群体的条款）的大部分要素，并针对由于开发者对遗产不正当利用而造成损害作出相应的调整。

在捷克，完整性保护和土地利用规划已经具有较长的传统。现在，捷克国家保护机构对土地利用规划的起草和批准具有约束作用。开发政策涉及对城市保护点／区更新的项目。这些项目是与有关基金组织的政策相连的。但是开发带来的压力已经表现出需要加强相应的措施。这方面的行动包括制订规划，以确定领土内文化遗产项目的保护原则。

意大利在 20 世纪 60 年代后期和 70 年代，开始进一步考虑完整性保护体系，尤其是对历史城市圈保护区、艺术和环境价值及复原计划等的定义。后者被用于界定历史中心中的濒危区域，连接复原和修复行动与财政机制。自从规划的制定权交给地区机构后，规划的实施变得更加灵活，但是实施过程仍然拖拉而没效率。事实表明，规划实施过程遭遇了非法的、破坏性建筑行为，这说明规划的细节之处没能完全保障遗产的安全。

马耳他 1992 年的《发展规划方案》为完整性保护的政策框架提供了基础。该法不是专门针对遗产保护的，完整政策的形成有待于地方性规划的引入。同时，指南性政策文件的设计不但强调对文物、历史财产及城市中其他项目的保护，还强调对它们的复原。此外，马耳他群岛的规划方案中还强调了对清单中建筑物、城市和乡村保护区、考古遗产等的保护政策。

1999 年荷兰各部委联合出台了一项政策，目的是改进环境规划下对遗产的整体性保护。此外，针对文化历史的保护责任已在考虑中，但是新程序的实施会需要一段时间，尤其是涉及区域规划时（最多可能要 5 年的准备时间）。

英国负责环境和文化事务的几部委（在英格兰和威尔士）联合出台的一项政策进一步强调了完整性保护方法，包括对历史公园和花园及其他非法定遗址的保护。针对具有考古意义的地区（已确定的或感知到的）的开发政策机制是 1990 年制定的，早于《马耳他公约》建议的改革。此外，"针对考古学家和开发者的实践规范"影响了《欧洲良好行为规则》的制定。[162] 英国的规划政策正趋向于制定和实施可持续发展目标。

可见，前述所列举的国家已经接受了文化遗产"完整性保护"的观念。在 20 世纪末，比较明显的是，很多国家已经采用、正在采用或者正在制定完整性管理工具。例如，自从 1999 年以来，意大利和爱尔兰已经通过了新的法规，同时乔治亚正在起草一系列的法律，涵盖遗产保护和发展规划等两方面的事务。捷克、荷兰已经通过了新的政策，法国和马耳他将要发生改革，同时，拉脱维亚也已开始实施新的政策。比利时和英国的整体性方法最发达，其遗产保护是通过规划法规而不是专门的文化遗产法规联系起来的。

（四）财政税收支持制度 [163]

虽然文化遗产保护不是公共基金的主要援助目标，但是文化遗产需要资金援助又是广为人知的。在欧美，有些国家存在资金严重短缺的问题。虽然国家的财政预算不能提供补助金和其他支持，但是文化遗产却应该通过持续的活动保留到后世，因为它提供了就业、技术培训、功能效益，并且它还强化了本身和社会的价值。因此从全局来看，不仅单体财产是重要的，对遗产的整体性管理能够给社会和环境带来更大的效益。

一般而言，对于建筑遗产，主要有三种方法支持其保护活动：补助金、贷款、财政/税收优惠政策。在有些国家，可能以某种方法为主；而在另一些国家中，不同形式的支持方法可能是结合起来或独自应用的。多数情况下，财政支持是在工作方法达成共识后才给予的，如进行维护、修理还是修复（但不能是提供新功能的改进）；当然，这还取决于公众的可利用要求。援助的优先顺序由受保护遗产的价值及其所处情形决定。此外，对遗产所处情形及其占用情况的研究已被证明是决定援助方向的重要基础，例如英国的濒危建筑物（BAR）体系，又如丹麦、拉脱维亚和捷克也是以遗产情形的普查作为基础。财政援助还可能与其他活动挂钩，如城市更新项目、历史环境恢复活动。个人和慈善基金也将在资源援助方面发挥重要作用。以下以具体国家为例来说明这方面的制度。

1．欧洲各国

在比利时，主要有两种财政支持方法：资金援助和所得税优惠政策。资金援助可以提供给维护和修复工作，资金补偿率是40%–90%（只有瓦隆区可能达到95%），省和市镇[164]也可能提供总援助基金中的一部分。所得税优惠政策针对的是非商业性运营的财产的维护和修复；其他形式的财政优惠政策可能以赞助、捐献现金、捐赠给地区或基金组织的遗产等形式提供。

自从1989年的所有制改革为私人所有后，捷克政府就从公众手里接过了多数遗产的保护责任。但是研究发现，由于过去缺乏保护，建筑遗产遗留下了债务。捷克遗产援助始于1996年，主要形式是赞助基金，由众多支持性项目提供，用于乡村的和濒危遗产的修理、修复、再开发等活动。在工作方法已达成共识、并且许可的工作获得援助后，还能获得豁免8年的房地产税等一些额外援助。

在丹麦，各种方法是综合起来应用的。资金援助（资金补偿率一般是20%–50%）是主要的支持形式，低息贷款（1999年是2%）可以支持大型工作，对于清单中房屋的所有者存在专门的所得税优惠政策。基金组织也可以为大型的保护项目及再利用工作提供支持。这种方式一般是在公共资金不足时才使用的。还有其他鼓励成立城市改建基金、特殊房屋基金（在高失业期，这可以创造就业机会）的项目，这些项目是通过自治区实施的方案运行的，如通过与建筑价值鉴定体系的协作。

法国对所有分类遗产（资金补偿率一般是30%–50%）、补充性清单中的遗产（资金补偿率一般是15%–25%）提供援助，并对所有工作提供所得税优惠政策。[165]市级部门也可能对一些历史遗产提供一些援助。税收激励可能提供给那些保存区和建筑、城市和景观保护区内遗产的所有者。国家基金用于赞助那些属于OPAH项目的老房子的复原工作。法国的基金体系相当完善，赞助还可以通过“企业基金”和其他非营利性基金组织提供。

德国联邦政府对历史文物保护工作提供援助已有一段时期。其他各种激励项目也间接支持遗产保护。各州都有自己的基金提供体系。德国联邦法律规定，凡对历史性遗迹进行翻修可给予减税的优惠措施。在超过10年的时间内，对文化遗迹进行翻修和有益使用中所花的全部劳动费用能够从应税收入中被减除。

据统计，德国联邦内政部每年提供大约1400万德国马克，用于保护新州和柏林地区的“国家级的重要文化遗迹”。除了这些政府的计划之外，各种半官方的基金也对保护工作有所促进。一些根据私法成立的基金会也向个别的保护项目提供了少量的资金。

在爱尔兰，最近建立了一种新的基金赞助体系以支持受保护构造物（补助金范围是1500–10000爱尔兰镑，特殊情况下可达20000爱尔兰镑）。对少部分遗产，有税收优惠政策（目前已有270项从该项政策受益）。爱尔兰还有其他支持遗产保护的方式，如通过城市重建项目（通过税收激励）和城镇景观修复方案。

意大利的主要援助方式是对遗产保护工作实施所得税优惠政策，并且用于文化目的的财产是完全免税的。对遗产的建筑工作，则适用低间接税（VAT）（税率是10%，未减免时是20%）。政府也可能提供低息贷款。此外，一项新的法案规定允许国家彩票支持重要文物的修复工作。

荷兰有多种方法可以结合起来使用。补助金可以提供给修复工作（资金补偿率是20%–70%），并且也越来越多地提供给维护工作。援助体系取决于所有者是否可靠地交纳税收。如果他们不可靠地交纳税收，基金组织就不能从成本中扣除税收。当税收优惠政策适用时，援助基金一般是20%；当税收优惠政策不适用时，援助基金一般是50%。“民族修复基金”（私人机构）也是按这一框架运行，它可以提供低息贷款（目前是1%），它还管理分配给自治区的财政。税收优惠政策涉及所得税、公司税、财产税（也适用于乡村的地产）、转让税（针对机构而言）。此外，还可以通过用于恢复建筑环境的城市重建基金获得其他的财政来源。

西班牙规定国家行政预算的1%必须用于历史遗产的维护、保存和复原等工作。所得税减免政策适用于针对保护范围内财产的工作，以及针对明确受赠主体（如国家、宗教机构和国家基金组织）的捐助活动。其他形式的财政优惠政策涉及公司税、间接税及其他地方税收等。自治区也提供部分援助。

英国的财政支持主要是通过资金援助的形式。重要的单体遗产一般都会受到援助（建筑清单中的一级、二级项目）（资金补偿率一般是25%–40%，更高也可能批准），建筑清单中的其他项目也可能受到援助，尤其是那些面临风险或者位于保护区内的项目。近些年，英国的援助方案经历了重组，尤其是遗产彩票基金的产生，它把来自国家彩票的基金用于城镇遗产方案和其他有益事业。援助基金还可以通过遗产经济复兴方案、城市开发公司及其他用于复兴的预算项目等提供。建筑遗产基金可以为建筑保护信托公司提供低息贷款。

2．美国

在美国，文化资源保护遗产税收的支持措施主要分为三个层次。

（1）联邦修复税收抵免

《国内税收法典》（Internal Revenue Code，I.R.C.）规定的“修复税收抵免”（rehabilitation tax credit）已经成为最著名的历史遗产保护激励措施。根据建筑物的分类，这项激励措施将给予遗产所有者修复费用10%–20%的税收抵免。享受这种修复税收减免优惠应符合如下特殊条件：[166]

①建筑物必须能产生收益；

②非属业主自用住宅；

③修复费用超过建筑物调整范围或者5000美元；

④进行的修复工作符合保护的标准。

被证实的历史建筑物将获得上述20%的税收抵免，早于1936年投入使用的非证实、非住宅遗产将获得上述10%的税收抵免。[167]这项税收抵免许可程序由“国家公园服务中心”（National Park Service）负责执行。

（2）与地役权保护有关的联邦税收优惠

根据《国内税收法典》第170条的规定，历史和文化遗产所有者一旦将其保存或保护的地役权捐赠给有关机构，他们将获得慈善捐赠减税优惠。[168]因为地役权的公平的市场价值在其被捐赠前后可能存在差异，所以，一旦被捐赠的地役权的价值超过5000美元，为了获得慈善捐赠减税，纳税人必须取得可信的价值评估。[169]

(3) 州和地方的修复激励机制

为了鼓励历史遗产的维护和修复，许多州和地方当局采取了一些特殊的激励措施，典型的如“遗产税冻结”(property tax freezes) 或者修复花费的所得税抵免。

例如，佐治亚州为实质上被修复的建筑物提供 8 年的遗产税征收冻结；罗德岛 (Rhode Island) 允许历史性住宅遗产的所有者申报 10%的州所得税抵免。[170]

又如，圣安东尼奥 (San Antonio) 为实质上修复了住宅性历史建筑物的纳税人提供了 10%额度的事前的遗产税冻结；被修复的商业性历史建筑物的所有者可以享受为期 5 年的免缴城市遗产税的优惠，并在其后 5 年内继续享受额度等同于该遗产一般价值的遗产税冻结优惠。[171]

（五）制裁与强制措施

多数国家的文化遗产保护的法规都提供了制裁和强制性措施的条款。这些条款一般结合了行政措施和刑事措施。

例如，在德国图林根州和其他的联邦州一样，按照《历史遗迹保护法》通过各种手段实施保护职责：[172]

首先，在所有者一旦由于疏忽而未尽维护义务的情况下，由政府支付一定的费用，对政府实施保护义务而言具有执行的可能性。但是，政府几乎不会采用这种方式，因为采用这种方式存在着风险，使政府不得不承担所有者自己无法支付的费用。根据该法第 15 条的规定，保护机构有权要求已经被认定为是文化遗迹的建筑或者存在不合法因素的建筑按照其原先的状态进行恢复。当然，在实践中发生由于在工作中毁坏了建筑结构而对遗迹的结构做出改变的情况是几乎不可能的。

其次，为了实现保存遗迹的目的，假如有必要保护某文化遗迹或者科学地保护和评估一处地面遗迹以及使得公众有接触其的机会，那么政府对其进行征收也是可能的。在图林根州，这种责任分属不同的保护机构。

比较欧洲有关国家，普遍存在的一个问题是：制裁与强制措施无效是因为通常它们并不能被较方便地适用；罚款标准偏低（例如捷克）或者罚金标准太低起不到威慑作用（例如德国）。最近几年，意大利、爱尔兰、拉脱维亚和英国已经提高了罚款标准。针对未经许可就进行开发，或者没有执行规定的针对受保护构造物的工作等行为，爱尔兰将要实施的最高罚款标准是 1 百万爱尔兰镑。[173] 这看起来具有很高的威慑力。但是这些措施的有效性还没有真正得到验证。刑事诉讼可能导致被告“坐牢”，尽管这是最迫不得已的措施。

在智利，1970 年 1 月 27 日第 17288 号法律第 10 部分专门规定了“刑罚”。第 38 条规定：“任何人毁灭、损坏国土上的图字遗迹、残片或者存放在博物馆内的这类物品，都将按刑法典第 485 条和第 486 条的规定予以处罚，并应承担相应的民事责任。”第 39 条规定：“公务员违反本法的规定，或帮助他人违反本法的规定，将被给予行政纪律处分，还应承担相应的民事刑事责任。”第 40 条规定：“从事违反本法规定的活动的，亦将按本法的规定予以处罚。”第 41 条规定：“非故意违反本法的规定的，将被处以行为人最低工资额 1 倍至 5 倍的罚款；同时违反普通法的，按普通法的规定论处。”第 42 条规定：“举报违反本法的规定的行为的举报人，将获得罚款额 20%的奖金。”[174]

（六）教育和培训制度

提高针对职业和工艺的教育和培训得到了《格拉那达公约》和《马耳他公约》的提倡。对该项活动的支持应该是持续的，并且要作为持续的遗产保护过程的一部分。意识的提高也有助于社会增加对文化遗产保护的兴趣。公众参与有利于遗产管理过程中民主的形成，这又能促使人们形成遗产的主人翁意识。

使参与管理过程的人具备相关专业素质是至关重要的，尤其是那些建筑师、考古学家以及遗产保护事业中涉及的其他学科的专业人才。类似的，工艺技术也同样重要，尤其是建筑遗产方面。20 世纪，现代技术和新材料的开发对文化遗产的建设具有重要影响。但是，很多重要的技术已经失传了，尤其是在东中欧国家。因为在极权主义专政时期，大量的混凝土建筑使专门的行业技术失去了存在的必要。目前，欧洲所有地区都意识到应该恢复这些技术。

下面将对有关国家的文化遗产保护教育和培训制度进行简单介绍和归纳：

1. 法国

在法国有一个国家遗产学院（Ecole Nationale du Patrimoine，由文化部创建于 1990 年）。某些建筑学院提供保存方面的培训，而一个专门学院则培训高质量的、愿意在建筑和城市遗产方面工作的建筑师。此外，培训还针对交易协会的成员以及建筑交易协会和阿维农学院的工艺工人。阿维农学院建立于 1983 年，目的是提供老建筑需要的知识和技术。法国还有专门的遗产建筑协会和一个民族历史文物修复协会（建立于 1959 年）。

（1）针对保护者的教育与培训 [175]

1990 年成立的国家遗产学院是文化部下设的一个公共主体，它为遗产保护者提供职前的实践培训，保护者在大学或特殊学校接受职前的训练之前必须先通过竞争性选拔，然后才被接收。课程包括校内的活动和在政府机关、文化机构的培训。学生必须在毕业前完成到与他们所选择的专业相对应的国外遗产机构为期一个月的指定任务。该学校也为已经就职的保护和其他遗产工作者提供职业继续教育。

（2）针对建筑师的教育与培训 [176]

建筑师的职前培训由文化部下设的位于多个法国城市的 20 所学校提供，他们将获得一个政府认可的文凭——DPLG。另外两个获得授权的研究院也可以颁发这一文凭，它们是：巴黎的私立建筑专科学校和斯特拉斯堡的一所工程学院——国立艺术与工业高级学校。

在 21 世纪到来前的 10 年间，为了迎合法国的房屋市场中已有建筑的建设工作赶上新建筑的趋势，越来越多的建筑学校开始提供关于已有建筑的修复的特殊培训。

（3）针对历史公园、花园和受保护景观的景观设计师的教育与培训 [177]

旨在获得国家认可的文凭的景观设计师的职前培训由两个机构提供，它们是：农业部下设在凡尔赛（Versailles）的国立景观学校（Ecole Nationale du Paysage）和文化部下设的开设专业硕士课程的波尔多建筑学校。

保护、管理和加强历史公园和花园以及遗迹（在保存区或城市、市郊种植区内）保护工作的专业训练由凡尔赛建筑学校与国立景观学校、夏约学校和巴黎第一大学合作提供。

(4) 针对艺术品修复者的教育与培训[178]

1973年巴黎第一大学（Paris I University）开设了文化不动产保护和修复的科学与技术的硕士课程。这是大学水平的唯一的一门该类型的课程。

1978年建立的艺术品修复培训院（Institut de formation des restaurateurs d,oeuvers d,art，IFROA）提供了一门修复技术课程。自1996年起，它成为国立遗产学校的一个组成部分。艺术旅游学校（Tours School of Fine Art）提供了一门雕刻保护与修复课程，亚威农艺术学校（Avignon School of Art）提供了一门绘画保护与修复课程。

(5) 针对贸易协会成员和技术工人的教育与培训[179]

通常遗产修复专家需要通过多年的工作来从具有某一特殊技能的老从业者手中传承技能。这仍是多数企业所遵循的规矩，特别是历史文物修复行业。

进入建筑贸易或应用艺术专业遗产职业的人们通常必须通过一个职业或技术培训学院的课程或者经历学徒身份而获得职前的职业资格。一些有关建筑遗产的专业资格如历史文物石雕职业培训资格证书和补充性的古建筑结构修复资格证书。

2．英国

在英国的遗产保护方面，建筑师、调查者和规划者都需要接受一些专业层次的技术培训。近些年，大学层次的课程有了扩展；各种各样的环境建设专业机构拓展了他们在遗产保护事业方面的兴趣。建筑保护培训大会在促进培训发展方面起了积极作用，尤其是在工业层面。历史建筑保护协会（成立于1998年，其分支机构于1999年在爱尔兰设立）针对历史建筑环境保护各方面的需要，提供了更明确的技术界定。

历史上，专业水平的保护技能只为一小部分建筑师和专门从事保护工作的调查的人员所占有。然而，当保护制度变得更加广泛、并与城镇规划完整地结合在一起时，这种局面已经改变了。地方政府规划部门对专业技能基地的开发，导致了1981年“保护官员协会”的产生。这个协会现在已经得到充分发展从而形成了一个新的文化遗产中心，即1997年成立的“历史建筑保护研究所”。与原先的地方政府相比，该机构拥有众多的专业保护人员。这种专业化与地方政府技能的发展已经成为关键的重点，但是离贯穿全国的一致发展仍然相去甚远。

保护工作的增长和职业的发展潜力是与更进一步和更高等的教育发展并进的。历史上，一些设立完好的课程聚焦于对那些已经从事保护工作的人员的中期职业技能的发展；而今，它已经和一些新的大学课程和研究生课程结合起来，以便于那些对此有兴趣的学生从其专业教育以外获得保护培训和教育。

3．德国[180]

与考古学不同，大学中尚未针对历史遗迹维护和保护研究开设独立的课程。训练建筑师的不同的大学和技术学院在遗迹保存方面设有一些“课程”。在某些情况下，不同的教育机构所教授的素材存在相当的差异。一个名叫“保护理论和教学工作组”（Arbeitskreis Theorie und Lehre der Denkmalpflege）的协会在全国范围内组织了教学人员的交换。

除此之外，一些大学和技术学院还在恢复方面提供了一些讲座。州或者联邦的法律既没有关于“修复者”的指定保护的条款，也没有关于制定最起码的质量标准的指南，这一现实状况已成为教学的一个障碍。

在图林根州的魏玛巴哈奥斯大学（Bauhaus-Universit t）有个"保存讲座"。爱尔福特的技术学院有个在不同领域培训"修复者"的系。但建筑系往往没有他们自己的"保存"教授职位。在德国，除上述所提及的研究课程之外还有许多面向工匠、建筑师和保存官员开设的继续教育课程。最著名的研究机构是位于富尔达（Fulda）的"德国保护工艺中心"（Deutsches Zentrum Für Handwerk in der Denkmalpflege）。

1992年的《历史遗迹保护法》第14条第二款规定了为下列遗迹工作所需的先决条件性的资格："如果文化遗迹的特殊性、重要性或工作的复杂程度要求，仅当要求特殊经验或知识的预备性研究或工作由胜任的保存人员实施时，方得授予许可。"由于缺少标准或实施条款，这个条款的措辞导致了司法不确定性，而非一个方便的"工具"。此外，当被保存机关请求时，那些被委以上述特殊任务的特定的企业或个人有时也会给人造成"受到非法特殊待遇"的印象，这也是要求非含糊条款的另一个原因。

4. 其他国家[181]

比利时已经意识到扩展专业培训的必要性，尤其是对工艺技术的培训。国王基金会（The King Baudouin Foundation）、欧盟遗产工艺中心，以及瓦隆遗产局管理下的Paix-Dieu中心在推进教育和培训及保障质量方面发挥了积极作用。

捷克的大学教育体系（艺术史、保护技术、哲学和考古等专业）和技术院校体系都比较完善；但通识教育则不足，这被认为是薄弱之处。

在丹麦，传统的工艺技术大半是通过Raadvad中心保留下来的；在职业层次上，对建筑师的培训是在全面的建筑环境下进行的。建筑保护局往往要求具有专门技术的、有经验的修复建筑师。

爱尔兰的三所高等教育机构提供了所有考古方面的培训。但是爱尔兰缺乏针对建筑物保护工作的专门技术。1998年政府采取措施改进技术研究与开发，从而提高遗产所有者、交易者以及包括培训机构在内的同业者保护文物的实践能力。建筑行业正在考虑成立专业保护承包商机构。

在意大利，针对保护和修复的专业培训是建筑学院课程的组成部分。这里还有针对威尼斯的建筑和环境保护的、博士层次的专业课程。

拉脱维亚有很多针对文化遗产的培训机构，包括修复者协会、工艺协会、文化学会以及很多大学，但是拉脱维亚仍然缺乏遗产方面的专家。在教育层次，遗产教育主要是为了提高人们的认识。

在马耳他，对遗产保护工作的专业培训是私人机构与政府合作组织进行的。在教育层次，人们认识的提高是通过学习历史建筑实现的。

自1991年以来，西班牙各层次的教育都处于扩张状态。专业课程是针对建筑师设计的（但并不是强制的）。针对工艺技术培训还设有激励机制。劳动部和各自治区还设立了针对年青失业者的遗产技术培训课程。

五、文化遗产法律保护的主要机构及其职权、职责

关于欧美文化遗产法律保护的主要机构及其职权、职责我们主要讨论法国、德国和

智利的相关情况。

（一）法国

在法国，与历史文化遗产保护相关的官方机构主要包括：

1．根据 1977 年 12 月 28 日法令所设立的“历史文化遗产高级委员会”

该法令规定，“在建筑业联合会下设历史文化遗产高级委员会，该委员会应提请主管历史文化遗产工作的部长采取或加强保护措施，以保护具有历史、艺术或考古价值的物品，还应指出需要修复的物品，检查列表计划和登记计划”。“历史文化遗产高级委员会还应与考古调查高级委员会一道考虑具有历史、艺术和考古价值的中世纪或稍后时期的物品的发掘问题”。根据该法第 2 条的规定，该委员会下设不可移动历史文化遗产、列表或登记的建筑物的周围区域、可移动物品及不可移动建筑物上的原始附着物、装饰过的洞穴和历史组织五个部分。[182]

2．根据 1971 年 10 月 19 日法令（经 1981 年 3 月 3 日法令修订）所设立的“历史文化遗产地方委员会”

该法令第 1 条将该委员会的基本职责定为：保护属于国家、集体、公共机构和文化联合会的，具有历史、艺术、科学、技术价值的可移动物品，排除上述物品遇到的一切危险；与主管部门一道研究并提出保护上述文化遗产应采取的措施；对上述可移动物品的保护持积极态度；对根据 1913 年 12 月 31 日法第 24a 条第 3 款的规定提请其将有关物品登入补充目录的，提出自己的意见和建议；提请中央政府的地方代表修理、修复、转移、转让、变动登入补充清单的物品；办理文化事务部长和中央政府的地方代表交办的其他事宜。[183]

3．根据 1978 年 11 月 7 日法令（经 1981 年 3 月 3 日法令修订）所设立的“考古调查高级委员会”

该委员会分为“史前部分”和“历史部分”，需要研究总体情况时，应举行全会，除此之外又各部分分别开会研究各自负责的事务。该委员会在文化部长的领导下研究有关考古调查事宜并提请文化部长；采取一定的措施，协调文化部长与其领导下的直接或间接管理国家考古遗产的其他政府成员间的活动；制定国家考古研究的年度和长期计划，以及文化部长领导下的考古研究活动计划；还应对国家和地方的发掘、探测和考察计划提出直接意见和建议，有关部门还可与该委员会协商执行发掘等计划所需资金的分摊办法。该委员会对维护活动的科学性进行检查并参与利用发现的物品。如果受保护的物品设计数个地区，该委员会应提议制定考察计划。该委员会可以制订有关发掘、探测和考察计划及其实施计划。对于撤销发掘许可证以及撤销许可证后的补偿等问题，该委员会都应提出自己的看法。对于发掘期间不可移动遗产的征用的问题，该委员会也应提出自己的看法。对于已被指定为列表历史文化遗产的考古遗迹的问题，在作出最后决定前应与该委员会协商；是否将其登入补充目录应与该委员会协商。该委员会应提出自己的意见和建议。考古区域的界定问题也应与该委员会协商。[184]

另外，凡是进入文化与交流部保护范围的国家所有的历史文物由公共机构“国家历史文物和遗址基金”（Caisse nationale des monuments historiques et des sites,

NFHMS）负责管理。“国家历史文物和遗址基金”管理着大约100处文物，比如香波堡和阿兹－勒－利杜城堡（the castles of Chambord and Azay-le-Rideau）、先贤祠（the Pantheon）、Glanum古城遗迹[185]和卡纳克（Carnac）遗址。[186]如果能够给公众提供信息，该机构负有对公众开放这些文物的责任。访问者仍需支付入门费，这样做能够使得文物管理的遗政预算达到平衡，虽然这种访问并非经常发生，但所产生的收益改变了大多数文物经费短缺的状况。[187]

在法国长久以来形成的另一项传统是，除上述提供基金机制的官方主体和职业联合会外，还存在一些为支持法国建筑遗产而工作的志愿性社团。有一些志愿性社团将历史和遗产保护专家或爱好者联合起来，组织志愿性遗址修复；另一些则是文物所有者的联合。

（二）德国[188]

德国非常注重保持文化遗迹保护部门的独立性。例如在德国图林根州，遗迹保护部门的层级式管理结构和独立的专业部门共同作用，从原则上确保了决策不依赖于当局的政治。《历史遗迹保护法》第13条第3款规定，下级遗迹保护机构、县议会或县级行政区当局在听取当地遗迹保护部门，如州历史遗迹保护局或州考古遗迹保护局的意见后对许可申请进行裁定。如果保护部门之间不能达成一致意见，则下级保护部门必须要求位于魏玛的图林根州高级保护机构（Landesverwaltungsamt）进行裁决。如果在这一级仍不能达成一致意见，则必须寻求最高遗迹保护机构（Ministerium für Wissenschaft, Forschung und Kultur）的裁定。后者也是在听取当地遗迹保护主管部门的意见后进行裁定的。

这一体系从原则上确保遗迹保护部门可以施加较大的影响，并且能独立行事。现行决策程序使得与当地政治联系更密切的下级保护部门不能简单地按地方政府的利益采取措施。尽管遗迹保护法明确区分了各自的职权，偶尔可能也会发生下列情况，比如地方的遗迹监护者几年前就同意拆除爱尔福特的火车站建筑，而州历史遗迹保护局出于政治的考虑会欣然接受而不加以改变。在联邦德国的其他州也发生过类似的事情。尽管遗迹保护部门直接参与实施《历史遗迹保护法》很有意义，但由此而造成的社会影响却具有风险性。或许由于不得已的原因，按常规决策程序达成的意见可能不利于遗迹的保护，但公众则可能认为即使从遗迹保护角度看，这些意见也是正确的。

（三）智利[189]

智利1970年1月27日第17288号法律第二部分专门规定了“国家纪念物委员会”，根据第2条的规定，“国家纪念物委员会是一个专家组织，它受教育部部长的直接领导”。

根据第2条的规定，国家纪念物委员会由下列人员组成：由教育部部长担任该委员会主席；由图书馆、档案馆和博物馆联合会主任担任常务副主席；其他成员有：国家历史博物馆馆长、国家自然历史博物馆馆长、国家精美艺术博物馆馆长、国家档案馆馆长、公共工程建筑司司长、住房和城市规划部的代表一名、智利历史地理协会的代表一名、建筑师联合会代表一名、内务部代表一名（可以是高级警察）、国防部代表一名（应是武装力量的高级官员）、国防委员会的一名律师（担任国家纪念物委员会的法律顾问）、智利作家协会的代表一名、纪念物保护和修复方面的专家一名、雕塑家一名（是智利精美艺术协会和智利画家雕塑家协会的代表）、智利历史纪念日协会代表一名、智利考古协会代表一名、智利大学城市规划和建筑系建筑史研究室的成员一名。同时根据该法第2条第2款的规定，“每隔3年，智利共和国总统就应在有关部门的推荐下任命一次委员会成员，但纪念物保护专家由教育部推荐，雕塑家则从两个部门推荐的三名候选人中挑选”。

国家纪念物委员会的组织机构设置包括：专职秘书一名，负责会议记录、执行决定以及交办的其他事宜，秘书的酬金每年从教育部的预算中列支。委员会秘书享有与其他政府官员同等的法律地位。[190]总检查人一名，每年从国家纪念物委员会委员中任命，但在特殊情况下可以另行指派专门的检查人。[191]

根据该法第5条的规定，国家纪念物委员会举行的第一次评议会应有8名委员出席；第二次评议会应至少有5名委员出席。形成的决定由简单多数票赞成通过方为有效。必要时，委员会也可以向其他专家咨询。

委员会享有以下职权：(1)对被待指定为国家纪念物的地产、遗迹、建筑物或其他物品是否符合标准作出决定。如果符合标准，可以提请主管部门发布相应的最高公告。(2)编制国家纪念物和博物馆登记册。(3)制定修理、修复和保护计划和标准。在国家纪念物上做出标志。向公共工程和运输部建筑司通报有关情况，以便完成双方商定的共同任务，但这并不排除该委员会直接完成某项工作或通过其他组织完成某项工作，所需经费由专项基金、国家预算或其他渠道支付。(4)管理回收、转让、售卖给国家的或由国家占用的所有权归私人所有的纪念物。(5)对国家纪念物作进一步管理。运用行政措施加强监督和保护；没有这方面的行政措施的，提请政府制定。(6)发放许可证或授权在国家的任何地方进行历史的、考古的、古人类的、古生物的发掘，但应有智利或外国的公民和法人按有关法律规定提出申请。(7)为了实施本法，提请政府制定相关的规则。[192](8)发布或者发表有关国家纪念物的专题论文或其他作品。(9)为了传播历史、艺术、科学遗产的知识，组织展览。[193]

另外，根据该法第8条的规定，“主管部门和军警部门有义务保护好国家纪念物”。第4部分第20条规定，“市议会应负责保护位于其辖区内的公共纪念物。地方行政长官及区长应修缮或保护本省的或位于本辖区内的公共纪念物。它们的损坏或变动应上报国家纪念物委员会”。

六、欧美国家的文化遗产法律保护制度对我国的启示

我国正处于社会主义繁荣崛起的时期，经济发展是中心，如何在经济发展过程中有效地保护和保存中华民族的文化遗产资源，这不仅在国内具有重要意义，也将是我国对世界作出的重要贡献。通过上述对欧美国家文化遗产保护方面主要主题的介绍和比较分析，我们提出如下建议以供我国文化遗产保护工作借鉴：

(1)采用广义的文化遗产概念，可以包括物质和非物质文化遗产。并在立法中采用抽象概括的文化遗产、物质文化遗产、非物质文化遗产定义，结合必要的具体类型列举实例。

(2)在文化遗产的保护哲学、保护指导思想的定位方面，应不再追求主观臆测的、

大的修复，而是以保存和维护为主，但对于最重要的文化遗产可以予以适当合理、必要的修复。提倡综合性保护，在综合性保护的基础上可以进行必要的利用，但必须通过相应的评估和行政许可。

(3) 应遵循综合保护和整体保护的原则。就非物质文化的保护而言，刘魁立研究员主张：既要保护非物质文化事项本身，也要保护它的生命之源；保护非物质文化遗产的整体性原则，不仅是就空间向度而言，也表现在时间向度上；既要重视非物质文化的价值观，又不能忽视其背景和环境；在具体操作过程中要整合和协调各方面的利益诉求；处理好非物质文化遗产的创造者、拥有者和保护者之间的利害关系；尊重文化共享者的价值认同和文化认同。[194]

(4) 应把文化遗产保护的任务列入城镇开发规划中，兼顾保护与开发。树立预防性保护意识，制定明确保护措施和步骤，并建立相应的制度以确保实施得到执行；在城镇规划过程中，应尊重历史，尊重相关方面专家的意见。

(5) 在具体保护措施方面，应全面建立保护与保存目录制度、遗政税收支持制度、行政和刑事责任制度、[195] 专门性的独立的公共和私人的保护、科研机构制度、完整的文化遗产保护相关职业教育和培训制度。同时还应建立专家和公众参与的机制，宣传和鼓励公众参与文化遗产保护。

本节参考文献

论文

1. 刘魁立：《非物质文化遗产及其保护的整体性原则》，《广西师范学院学报(哲学社会科学版)》，2004 年第 4 期。
2. 费安玲：《非物质文化遗产法律保护的基本思考》，《江西社会科学》，2006 年第 5 期。
3. Br nner, Schicksal und Zukunfr des Gro inventars in der Bundersrepublik Deutschland, in M ller, Hans—Herber ed., Inventarisation in Deutschland (Reports on Conservation Research and Practice in Germany 1), Hanover, 1990.
4. Isabelle Longuet and Jean—Marie Vincent, 'France', in: Robert Pickard ed., Policy and Law in Heritage Conservation, London: Spon Press, 2001.
5. John Pendlebury, 'United Kingdom', in: Robert Pickard ed., Policy and Law in Heritage Conservation, London: Spon Press, 2001.
6. Josef Stulc, 'Czech Republic', in: Robert Pickard ed., Policy and Law in Heritage Conservation, London: Spon Press, 2001.
7. Julia H. Miller, 'Historic and Cultural Resources Protection under Historic Preservation Laws', in: Sherry Hutt, Caroline M. Blanco and Ole Varmer ed., Heritage Resources Law: Protecting the Archeological and Cultural Environment, New York: John Wiley & Sons, Inc., 1999.
8. Marina San Martin Calvo, 'Spain', in: Robert Pickard ed., Policy and Law in Heritage Conservation, London: Spon Press, 2001.
9. Morton, D., 'Conservation areas: has saturation point been rearched?', The Planner, 1991, 77(17).
10. Pendlebury, J. and Townshend, T., 'The Conservation of Historic Areas and Public Participation', Journal of Architectural Conservation, 1999, 5(2).
11. Silvia Bruggemann and Christoph Schwarzkopf, 'Germany', in: Robert Pickard ed.,

Policy and Law in Heritage Conservation, London: Spon Press, 2001.

12. Smith, D., 'The Civic Amenities Act: Conservation and Planning', Town Planning Review, 1969, 40(1).

13. Ulla Lunn and Carsten Lund, 'Denmark', in: Robert Pickard ed., Policy and Law in Heritage Conservation, London: Spon Press, 2001.

14. Vieira,Susana, "Environmental damage evaluation in Brazil", In: Bowman,Michael and Alan Boyle ed. Environmental Damage in International and Comparative law, New York: Oxford University Press Inc., 2002.

15. Wulf, W., Denkmaltopographie Bundesrepublik Deutschland, in M ller, Hans—Herbert ed., Inventarisation in Deutschland (Reports on Conservation Research and Practice in Germany 1), Hanover, 1990.

专著、编著

16. 张松：《历史城市保护学导论——文化遗产与历史环境保护的整体性方法》，上海科技出版社 2001 年版。

17. 国家文物局法制处编：《外国保护文化遗产法律文件选编》，紫禁城出版社 1995 年版。

18. Alvarez, J. L., Estudios sobre el Patrimonio Histórico Español, Vivitas, 1989.

19. Barrero Gómez, C., La Ordenación Juridica del Patrimonio Histórico, Civitas, 1990.

20. Janet Diehl and Thomas S. Barrett, The Conservation Easement Handbook, Trust for Public Land and the Land Trust Alliance, 1989.

21. Marquis—Kyle, P. and Walker, M., The Illustrated Burra Charter, Australia ICOMOS, Sydney, 1992.

22. Richards, J., Fa adism, Routledge, London, 1994.

Robert Pickard ed., Policy and Law in Heritage Conservation, London: Spon Press, 2001.

23. Whitehand, J. W. R. ed., The Urban Landscape: Historical Development and Management: Papers by M. R. G. Conzen, Academic Press, London, 1981.

第三节 日本文化财法律保护制度

厘清基本概念，是研究伊始应解决的问题。笔者认为，“文化遗产”与“文化财”是本研究的两个基本概念，因此，下面对这两个概念进行简要辨析。

首先，分析两概念的词义。根据《日本现代国语例解辞典》[196]和网络[197]辞书的解释，文化遗产是指“由前代传给现代并能够被将来继承的文化、文化财”；而文化财则指“在文化活动产生的事物、事象中，具有文化价值的东西。特指文化财保护法规定的有形文化财、无形文化财、民俗文化财、纪念物、文化景观、传统建筑物群的统称。即，随着文化活动而产生、依照《文化财保护法》被列为保护范围的物品”。同时，日本国以《文化财保护法》为核心，颁布了一系列法律法规，通过规范文化财管理和明确文化财关联人的各项权利义务，以实现“保护和促进文化财利用，提高国民文化素质，同时为世界文化的进步作出贡献”的立法目的。因此，单从词义上看，似乎文化遗产的内涵大于文化财，也就是说，在先辈传给现代人的文化遗产中，只有那些最有价值或具有特别价值的部分，才可以通过一定的法律程序被认定为“文化财”，并且根据日本法对其实施特别的保护和利用措施，并规范文化财权利人及相关义务人的行为，使文化财在继承中得以不断弘扬、光大。换句话说，“文化遗产”更注重、更强调的是现代人应维护、保存先辈所创造的流传至今的、有价值的文化，而“文化财”则是以特定“文化”为内容的法定概念，更注重、更强调的是现代人继承而来的“文化”是一种财富，应对其实行特别的保护和利用。

其次，分析两概念的法律含义。日文中的“文化财”是一个概念明确的法律术语，其着重强调的是：以6种类型的“文化”为权利客体，明确相关权利主体或关系人的权利义务；相比之下，“文化遗产”却不是日本法律中明确规定的法律术语，文化遗产着重强调的是文化具有历史传承性。当然，作为《保护世界文化和自然遗产公约》的加入国，日本使用“文化遗产”一词应与《保护世界文化和自然遗产公约》的规定相一致，因此，也可以说，日本通过加入该国际公约间接地将文化遗产概念法定化了。事实上，在日本文部省的官方网站上，也列有“文化遗产的保存”专题。[198]但是，由于《保护世界文化和自然遗产公约》将“文化遗产”列举、界定为“文物、建筑群、遗址”，[199]也就是说，“文化遗产”仅为日本文化财保护法规定的6种类型的文化财之一部分，所以，本文认为，从法律概念上看，“文化遗产”不如“文化财”的内容丰富，是包含在“文化财”之下的一个重要组成部分。

另外，1950年颁布的“文化财保护法”表明，“文化财”是日本立法最初就使用的、系统化整体化文化保护的法律词汇，而“文化遗产”则更多的是援引1972年联合国教科文组织主持下成立的《保护世界文化和自然遗产公约》(Convention Concerning the Protection of the World Cultural and Natural Heritage,the World Heritage Convention)，是伴随着该公约在日本的签署、生效而得到广泛使用的。因此，比较而言，“文化财”更能体现日本文化的本土性、本源性，是提出和使用时间都更早的一个法律词汇。目前，“文化遗产”与“文化财”两个概念还在同时使用着，他们之间不能相互吸收、混用和替代。

鉴于本文的目的是对日本文化保护的法律进行初步研究，因此，作者更倾向于援用“文化财”为基本概念，通过对日本文化财保护的法律解读来探究日本关于文化财保护的客观、真实、全面的法律信息，为我国关于文化遗产保护、开发和利用的相关法律研究提供一点可以借鉴的资料。

一、日本文化财法律保护的沿革[200]

相比较而言，日本是较早通过立法对文化财实施适当保护、鼓励灵活利用的国家之一，其立法始于19世纪的明治初年。下面以历史年代为线索、以文化财保护思想的变化为核心，概述日本文化财保护立法的发展历史。

(一)“二战”前日本文化财保护的立法概况与特点

1868年日本推行明治维新后，社会上欧化之风盛行、废佛弃释等轻视传统文化的风潮使日本传统文化面临着被破坏的危机，在这种情况下，大学（文部省的前身）接受建议，颁布了适用于美术工艺品等 31 种古器宝物保护的《古器旧物保存方》(1871 年 5 月公布)，这是日本最早的关于文化财保护的政府令。该法对文化财保护思想在日本民众中的普及，以及文化财保护法的制定具有重大影响。更重要的是，该法令颁布后，日本政府随即依法、有序、有组织地实施了全国性的宝物调查活动，调查、收集了古文物、绘画、雕刻、工艺品、书迹等 215000 件宝物，对其中的上品颁发了鉴查状并予以注册，将其基本情况以文字的形式记录下来。

1897 年，日本又制定了适用于“特别保护的建筑及国宝”的《古社寺保护法》，规定了管理责任及博物馆的展览义务、对古社寺的维修拨付保存金等法律措施。该法的实施对社寺建筑物及宝物的有效保护与利用起到了重要作用，但是，由于适用范围有限，对社寺建筑物和宝物以外的、属于国家、公共团体或个人所有的文化财应如何施行保护没有作出规范，故此，在私人收藏品出现大量失散或被破坏的情况时，无法可依。于是，1928 年 3 月 28 日日本颁布了《国宝保存法》，本法首次明确界分了特别保护建筑物与国宝，对其规定了不同的保护手段，同时，将法律的适用范围即保护对象扩大到国有、公有、私有的文化财，并规定了国宝的指定标准、申请与批准程序，规定了对价值较高的国宝保护给予必要的补助、要求进行适当的公开展示等制度。可以说，这两部法律所创设的区别保护对象实行不同的保护手段、对保护人实行保存金补助等法律措施，是日本文化保护法律制度的雏形。

此后，为防止重要美术品等文化财流向国外，又颁布了《关于保存重要美术品等的法律》(1933 年 4 月 1 日颁布)，还颁布有《史迹名胜天然纪念物保存法》(1921 年 12 月 29 日颁布)。

上述法律法令，共同构成了战前日本文化财保护的法律体系，呈现出如下特点：第一，以建筑物和具有美的、鉴赏价值的美术品等有形文化财为主要保护对象，规定的建筑物保护措施，已由单独保护发展为对建造物群的共同保护及包括土地在内的整体性保护；第二，形成了尊重文化财所有权、公开展示、特别保护补助、指定申请等现代文化财保护制度的雏形；第三，明确文化财保护的立法目的是为了国家利益，突显了其文化财保护的国家文化政策的特征。战前文化财保护法建立起了相对完备的法律制度，为战后日本文化财保护立法的进一步完善奠定了基础，对提高国民的文化财保护意识起到了积极的促进作用。

(二)“二战”后日本文化财保护的立法概况与特点

“二战”后的 1945 年到 1950 年，是日本文化财保护的低迷时期。1949 年 1 月至 1950 年 7 月，奈良法隆寺等五处国宝级的建筑物因接连遭受火灾而导致毁灭性的破坏，这一情况引起了社会的广泛关注，在朝野人士、广大国民强烈要求国家改革文化财保护制度、加强文化财保护立法的呼声中，日本政府于 1949 年 5 月开始着手制定《文化财保护法》。经过一年的努力，1950 年 5 月 30 日颁布了《文化财保护法》。

《文化财保护法》是日本关于文化财保护的基本原则与制度的立法，是对之前的《国宝保存法》、《关于保存重要美术品等的法律》、《史迹名胜天然纪念物保存法》等法律的综合。伴随着该法的施行，《国宝保存法》《史迹名胜天然纪念物保存法》被废除，两法的调整对象分别被归属于文化财保护法的重要文化财或者史迹名胜天然纪念物的不同类型，依法实施相应的法律保护措施和保护制度。另外，还原则上废除了《关于保存重要美术品等的法律》，就此中断了新的重要美术品的认定。但是，根据该法已经被认定为重要美术品的保护却没有就此终结，对这些重要美术品仍按照该法实行法律保护。

现代文化财保护的法律体系以《文化财保护法》为基础、为核心而建立，该法经过 1954 年 5 月、1968 年 6 月、1975 年 6 月、1996 年 10 月、2004 年 12 月的五次修订，更加趋于合理、完善。依据该法对文化财的保护实行“指定＋登录”的双轨道保护机制，首先，把经过文化审议会审议、文部科学大臣指定的国宝、重要文化财、史迹名胜天然纪念物等，作为国家文化财的重点保护对象，在限制对其实行现状改变、修理、出口等行为的同时，由文化厅对有形文化财采取防灾、保护维修、征购等，对无形文化财采取栽培传承者、作出记录等保护性措施；其次，针对伴随开发而渐现保护重要性的近代文化财，实行比指定制更柔和的注册制，由所有人自主保护。因此，文化财保护法为日本文化财能够区别类型妥当保护、体现特点灵活利用发挥了保驾护航的重要作用。

与战前文化财保护制度相比，现代文化财保护法具有如下特点：第一，扩大了保护对象。将戏曲、音乐、传统工艺技术和其他具有较高历史价值或艺术价值的无形文化成果作为无形文化财，将与衣食住行、传统职业信仰节庆活动等相关的风俗习惯、民俗民艺以及在这些活动中使用的衣物、器具、住所及其他物品，区分其中对理解国民生活方式演变不可或缺的部分，作为有形民俗文化财和无形民俗文化财，将与周围环境融为一体构成历史景观的传统建筑物群，以及与之相关的传统工艺技术，均列为文化财保护对象。第二，完善了保护机构。在设立和明确了国家文化财保护的专门行政管理机关及职责的同时，也明确了地方公共团体对文化财保护的责任，提高了地方实行文化财保护的积极性，改变了过去被动执法的状况。第三，将文化财保护目的由仅重国家利益，转变为提高国民的文化素质、为世界文化进步作出贡献上来。因此，本文认为，日本战前、战后文化财保护的最大区别在于对待“文化本质”的认识、对待“世界文化”的态度，战前日本所强调的“文物保护”、“国家利益”，体现的是军国主义的文化自保、侵略他国文化的思想，战后强调的“文化保护”、“国民素质”、“世界文化进步”，体现的是保护民族文化、促进文化进步的思想。

（三）现代日本文化政策的转变与文化财保护

总起来说，“二战”前日本实行的以国家文物保护为核心的文化管理政策，非但轻视国民文化，甚至可以说是限制乃至阻挠了国民自由的文化、艺术活动，而“二战”后实行的以国家对艺术、文化援助为核心的“文化行政”则改变了这一弊端，通过立法明确了国家和地方政府的文化财保护职责，促使国家和地方政府大量修建、普及文化设施，建立传统文化、艺术保护与活用的援助制度。但是，直至 1990 年创设“艺术文化振兴会”和社团法人“企业艺术文化援助协会”以前，日本文化财保护的“热情”仍然最主要地停留在国家和地方政府层面，“核心”制度仍然是从静态的、文化遗产的角度非而动态的、国民参与的角度出发，对文化财保护实行单一的官方援助。

进入 20 世纪 80 年代后半期，日本开始了国民积极、主动参与文化财保护的新时代，不断活跃起来的企业艺术文化援助活动与国家文化援助制度一起，构建了对文化财保护、促进文化艺术活动活用的官民共同援助体制，带动了日本的国民文化自觉。特别是，2002 年日本制定了“文化艺术振兴基本法”，该法标志着日本文化财保护从文化遗产保护为中心开始转向以艺术、文化振兴为核心的政策和立法的大转换。

二、日本文化财法律保护的体系

分析日本文化财保护法及相关法律法规，依据法律效力由高至低，将其法律体系解构如下：

（一）基本法

2002年制定的《文化艺术振兴基本法》是日本文化保护的根本大法、政策基本法。该法首次明确了文化政策的对象和文化的相关权利，明确规定了现代援助文化艺术的法律体系。该法规定文化振兴的理念根基是“创造文化艺术、享受文化是人们天生的权利”，为此，贯彻落实文化振兴的基本方针、实行相应的法律制度、财政援助保障措施是国家、地方政府责无旁贷的职责；同时，该法围绕如何振兴文化艺术明确规定了若干基本措施，如振兴艺术创造活动、媒体艺术、传统艺术、生活文化、国民娱乐、文化财，振兴地方文化并推进文化艺术的国际交流，培养艺术家，提供多元、便利的国民文化艺术鉴赏机会，扩建剧场、音乐厅、美术馆、博物馆、图书馆等文艺措施和地域文艺活动场所等。

日本《文化财保护法》则是一部可操作性强、适用于各类文化财权利人和义务人保护、利用、创新文化的行为规则，是综合性的、有关文化财保护与利用的基本法律制度和措施规范的法律。[201]

另外，《关于保存重要美术品等的法律》虽然伴随着《文化财保护法》的颁布原则上被废除了，也就是说不再依据该法继续认定新的重要美术品，但是，对于在该法施行（1933年）至《文化财保护法》颁布（1950年）的17年间，已经被日本政府指定为重要美术品的7983件美术工艺品和299件建筑物仍然有效。特别是，该法第1条规定“历史上及美术方面有特别重要价值的美术品（国宝除外）”非经大臣批准并经议会审议外不得出口或移往境外，是对文化财保护委员会应否行使文化财出口许可审批权的约束，至今依然沿用、有效。[202]因此，该法在日本文化财保护制度尚不健全的情况下，为遏制本国美术品流失境外、保证日后可能被指定为国宝美术工艺品等的文化财不被流散起到了积极的作用，体现了对本民族文化的重视与保护。谈到这里，我们必须提说的、不应忽视的一个问题是，该法的施行也为日本能够大量囤积在侵略战争中从被侵略国家掠夺的文化财提供了法律保证，因为该法规定从国外输入的文化财在一年之后即不得出口，从这点来看，它又是一部破坏他民族文化统一、破坏文物保护的恶法。[203]

（二）政府及职责部门的关系法令[204]

为保证《文化财保护法》的贯彻和实施，中央政府、文化财保护委员会（以下简称“文委会”）及1968年起继受文委会行使文化财管理职能的文部省，先后颁发有许多配套性的关联法令。截止到2001年8月，中央政府颁布有3个政令，分别是《规定文化财保护法施行期日令》（1950年政令第276号）、《文化财保护法施行令》（1975年政令第267号）、《文化审议会令》（2000年政令第281号）；文委会颁布有19个关系省令，如《国宝及重要文化财指定书规则》（1950年文委会规则第7号）、《关于国宝、重要文化财及重要有形民俗文化财管理的有关申报书等规则》（1951年文委会规则第1号）、

《关于国宝、重要文化财现状变更等的许可申请等规则》（1954 年文委会规则第 3 号）、《关于国宝及重要文化财修理的申报规则》（1954 年文委会规则第 4 号）、《重要有形民俗文化财指定书规则》（1956 年文委会规则第 1 号）、《重要有形民俗文化财指定书规则》（1956 年文委会规则第 1 号）等等；文部省颁布有 5 个关系省令，如《关于管理、修理国宝、重要文化财等的技术性指导的规则》（1975 年文部省令第 29 号）、《与注册有形文化财相关的注册程序及申报书等规则》（1996 年文部省令第 29 号）等。[205]

这些政令、省令，特别注重关于文化财指定、选定、注册制度的程序性规范，其法律内容不仅十分详细、具体、明确，具有很强的可操作性，而且，围绕《文化财保护法》的相关管理制度的执行为核心，明确规范和约束了文化财管理机关的法律职责，明确规范和保障了文化财所有人的权利与义务。同时，对于文化财保护不可或缺的技术性指导也制定了相关的规范。

（三）关于相关基准的告示

“指定＋注册”的双轨制，是日本文化财保护管理的基础性法律制度，而基准是实施指定＋注册制的基础性措施和基本法度，为此，指定所依据的标准、提出注册申请的认定标准、文化财持有人的认定等应予统一和法定。截止到 2001 年 8 月，文委会及文部省发布了 13 个有关基准的告示，[206] 如《国宝及重要文化财的指定基准》（1951 年文委会告示第 2 号）、《注册有形文化财的注册基准》（1996 年文部省告示第 152 号）、《重要无形文化财的指定及其保持者或保持团体的认定之基准》（1951 年文委会告示第 55 号）、《重要有形民俗文化财的指定基准》（1951 年文委会告示第 58 号）、《重要无形民俗文化财的指定基准》（1975 年文部省告示第 156 号）、《选定保存技术的选定及其保持者或保存团体的认定之基准》（1975 年文部省告示第 166 号）、《应予记录等措施保护的无形文化财的选择基准》（1954 年文委会告示第 56 号）等等。

（四）文化财保护的特别立法

针对居住在日本北海道、库页岛等地的阿伊努（族）、虾夷（族）人的独特文化财实施特别保护的立法有：《关于阿伊努文化振兴及普及、启发阿伊努传统文化知识的法》（1997 年法律第 52 号），配套的法令是《关于阿伊努文化振兴及普及、启发阿伊努传统文化知识的法的施行期日令》（1997 年政令第 218 号）、《关于阿伊努文化振兴及普及、启发阿伊努传统文化知识的法律施行规则》（1997 年总理府文部省联合令第 1 号）。

为促进美术馆向社会公开展示其馆藏美术品，颁布有《关于促进美术馆公开其美术品的法律》（1998 年法律第 99 号），与之配套的政令有《关于促进美术馆公开其美术品的法律施行规则》（1998 年文部省令第 43 号），以及《注册美术品注册基准》（1998 年文部省告示第 158 号）。

此外，日本还制定了诸如《美术刀剑类制作承认规则》（1992 年文部省令第 3 号）、《依托地方传统艺能等节庆活动开展观光及地方特色工商业的振兴法》（1992 年法律第 88 号）及 1992 年自治省、运输省、通商产业省、农林水产省、文化省联合发布的《关于与地方传统艺能活用事业相关的支持事业实施机关省令》等，以文化财保护利用为核心、以法律的横向联合为手段，实用性、可操作性都非常强的关系法令，对保证《文化财保护法》在日本的全面、高效、切实实施而奠定了基础。

三、日本文化财保护的法律原则

（一）日本文化财的法律分类

根据《文化财保护法》第 2 条规定，将文化财区分为以下六类：

（1）有形文化财：指在日本历史、艺术等方面具有较高价值（包括其本体与本体有关的部分及对其价值形成有意义的土地和其他部分）的建筑物、绘画、雕刻、工艺品、书籍、书法、文献古籍及其他有形的文化载体，也包括考古资料及有较高学术价值的历史资料。

（2）无形文化财：指在日本历史、艺术等方面具有较高价值的戏剧、音乐、工艺技术及其他无形文化载体。

（3）民俗文化财：指对于认识日本国民生活的推移和发展不可或缺的与衣食住行、传统职业信仰节庆活动等相关的风俗习惯、民俗民艺以及在这些活动中使用的衣物、器具、住所及其他物品。民俗文化财又区别为有形民俗文化财和无形民俗文化财。

（4）纪念物：指在日本历史或学术方面具有较高价值的贝冢、古坟、都城址、城址、旧宅及其他遗迹，在日本艺术、观赏方面具有较高价值的庭院、桥梁、峡谷、海滨、山岳等其他名胜景观，以及对于学术研究方面具有较高价值的动物（包括其生息地、繁殖地和迁徙地）、植物（包括自然生长地）和地质矿物（包括产生这种特殊现象的土地）。分为史迹、名胜、天然纪念物。

（5）文化景观：指对于认识日本国民生活和生产不可或缺的、基于特殊的人居生活和生产以及地方风俗而形成的人文景观地。

（6）传统的建筑物群：指具有较高价值的、与周围环境风貌共同形成历史风格的传统的建筑物群。

此外，埋藏于地下的文化财即“埋藏文化财”也是一种特定的文化财，它本是有形文化财的一个重要组成部分，但是，由于其保存方法特别，故此，《文化财保护法》设专章（第 92 条至第 108 条）对防止滥掘、科学发掘、发掘后遗址及物品的归属等作出规范。同时，“文化财保存技术”特指与文化财保存不可分割的、用传统技术或工艺所采取的保存措施，包括为文化财保护所必需的材料、修理和修复技术等，也是《文化财保护法》第 10 章（第 147 条至第 152 条）所规定的一种特定文化财。

（二）日本文化财保护与利用的法律原则

（1）区别对待、重点保护原则。因为不同文化成果具有的历史、艺术、学术价值不同，加之国家财政能力有限，故此，实行重点保护原则，即，按照文化财的价值高低对每一类文化财进行区分，通过按照国家发布的各类重要文化财指定、认定、注册基准对文化财进行指定、认定、选定，而将其区分为特别重要、重要和一般文化财三个层次，实施不同的管理规范。例如，有形文化财的三层次是，从世界文化的角度看，具有较高价值的有形文化财被指定为“国宝”；从日本文化的角度看，具有较高历史、艺术、学术等方面价值的有形文化财被指定为“重要文化财”，此外，则属于一般的“有形文化财”。有关文化财保护的分类体系，参见下表。

（2）整体、系统保护原则。我们知道，文化是人类在社会历史发展过程中所创造

日本文化财分类保护体系表

类型	特指	重要文化财		价值特别高的文化财	
		认定方式	称谓	认定方式	称谓
有形文化财	[建造物] [美术工艺品]：绘画 雕刻 书籍 书法 文献古籍 考古资料 历史资料等	指定	重要文化财	指定	国宝
		注册	注册有形文化财		
无形文化财	戏曲 音乐 工艺技术	指定	重要无形文化财		
民俗文化财	与衣食住行传统职业信仰节庆活动有关的风俗习惯民俗民艺	指定	重要无形民俗文化财		
	无形民俗文化财使用的衣服 器具 家具	指定	重要有形民俗文化财		
纪念物	[遗迹]贝冢 古坟 都城迹 城迹 旧宅等	指定	史迹	指定	特别史迹
	[名胜地]庭院 桥梁 峡谷 海滨 山岳等	指定	名胜	指定	特别名胜
	[动物 植物 地质矿物]	指定	天然纪念物	指定	特别天然纪念物
传统建筑物群	集镇 市场 农渔林场	据市町村条例决定	传统建筑物群保存地区	选定	重要传统建筑物群保存地区
文化财保护技术		选定	选定保护技术		

注：作者根据日本《文化财保护法》的相关规定制作。

的物质财富和精神财富的总和，特指文学、艺术等精神财富。[207] 因此，即使是有形文化，其文化内涵与物质载体之间也已组成为一个活的有机体，特别是无形文化、民俗文化等，与其形成的人类生活、生产活动密切联系、不可分割，因此，为了切实保护、保留、传承文化财，必须把文化看成一个系统，把与其相关的物质条件（如动物生息地、建筑物依附的周围环境等）或精神条件（如鼓励民俗文化财依托其发源地实行就地保护利用的措施等）一并列为文化财保护的对象，实行文化的整体性保护。日本《文化财保护法》对指定“传统建筑物群保存地区”、选定“文化财保存技术”进行了专章规范，就是这一思想和原则的体现。

（3）全民保护原则。现代日本所秉承和弘扬的文化、文化保护、文化财保护理念与战前有很大不同，从立法目的上看，文化财保护法极力提倡和宣扬的是文化全民甚至全球所有的思想。该法第 1 条规定，“本法以使文化财得到保护并促进其利用，提高国民的文化素质，同时为世界文化的进步作出贡献为目的”，为此，《文化财保护法》第 3 条、第 4 条要求“政府和地方公共团体要充分认识到文化财是我国历史、文化的重要组成部分，同时要认识到文化财是文化发展的基础，为了使文化财得到真正的保护，必须为切实执行本法的具体规定而付出努力”。要求“政府及地方公共团体必须尊重本法关系者的所有权及财产权”，同时，要求一般国民“必须遵守本法及政府和地方公共团体为执行本法而制定的具体政策”，要求文化财所有者和关系者“必须自觉认识到文化财是全体国民的贵重财产，为了全体国民的共同利益必须给予文化财以妥善的保护，必须尽可能地将文化财公开展示以达到其被充分利用的目的”。

（4）充分利用原则。要求文化财的所有人或保持者及文化财所有团体、保持团体必须采取妥善保护措施，并通过展示、演出等适当方式充分利用文化财。《文化财保护法》总则第 4 条第 2 款是对该利用原则的明确规定，同时，在各章中对有形文化财、民俗文化财及史迹名胜天然纪念物、传统建筑物群通过尽可能地公开展示以利用文化财作出了详细的规定。充分利用的原则彰显了日本对于文化财保护的认识和理念是科学而积极的，文化只有保持发展的、处在“动态”、“活”的状态下，其内涵才能体现出来，因此而保护文化财也才有意义。

四、日本文化财法律保护的基本制度

认真学习和解读日本文化财保护法及相关法令，可将日本文化财保护的法律制度归纳为以下七项：

（一）文化保护行政管理制度

现行日本文化财保护实行中央与地方政府两级管理制。首先，根据法律及有关法令的规定，文部省及文化厅是日本最高文化财行政管理机关，负责全国的文化财保护、管理、利用的行政管理；地方公共团体及教育委员会负责本行政辖区内的文化财保护、管理、利用等工作，是对国家文化财保护管理工作的补充和细化。同时，为有效地避免政府在文化财管理中的失误、提高文化财行政管理命令等的科学性和合理性，政府在文部省之外设立了专门的“文化财保护审议会”，[208] 都道府县也在教育委员会之外设置了文化财保护审议会和文化财保护指导委员。文化审议会是咨询机构，负责对文化财保护行政管理的重要事项进行调查审议，并对其中重要问题提供咨询和建议。根据《文化财保护法》第153条的规定，文部科学大臣在行使国宝和重要文化财的指定、指定的解除等十三项法定职责之前，应主动向文化审议会提出咨询；文化厅长官在行使发布重要文化财的管理和国宝的修理命令等十八项法定职责之前，应主动向文化审议会提出咨询。如，2002年4月为回答文部科学大臣“如何构建重视文化的社会”的咨询，文化审议会4月24日发布了题为《构建重视文化的社会——以人人享受充实的精神生活为目标的社会》的报告，从人与文化、社会与文化、经济与文化、科学与文化、全球一体化与文化五个方面阐述了文化在今后社会中的功能与作用，进而，提出以“社会全体应怎样发挥各自在文化振兴中的作用、怎样培育重视文化的社会精神、怎样援助向世界展示日本文化艺术的艺术家、促进文化遗产的保护与主动地活用、制订综合性计划将日本文化推广到世界”为主题的五方面对策。该报告的公布，吹响了日本社会贯彻和落实“文化艺术振兴基本法”的号角，为振兴文化艺术的政策方针、法律制度的实施起到了宣传作用。

（二）指定与注册并重的文化财分类分级保护制度

所谓指定制，是指由政府的文化财保护机关根据国家颁布的各类文化财指定基准，将文化财指定为不同保护等级，对被指定的重要文化财采取妥善保护、展览利用指令、限制现状变更及对保护有影响的相关行为、限制出口国外等严格的管理措施，指定重要文化财由国家出资修理和维护；所谓注册制，是指由文化财所有者或持有团体提出申报，把有一定价值的特定文化财广泛地做成目录，通过对目录的公证促进文化财保护的有关制度。注册制是以申报、指导、建议、劝告为中心的和缓的保护措施，是尊重所有者期待自发保护、补充指定制不足的制度。[209]

根据日本《文化财保护法》的相关规定，指定制适用于重要文化财和国宝、重要无形文化财、重要无形民俗文化财和重要有形民俗文化财、史迹名胜天然纪念物和特别史迹名胜天然纪念物，国家级指定权由文部科学大臣和文化厅长官分别行使（第153条），都道府县则依据地方公共团体条例在本行政辖区内将国家指定以外的重要文化财指定为地方重要文化财，实行保护与活用的措施。注册制适用于有形文化财中的建筑物，目前，注册对象主要以近代建筑为主，也包含少许近代以前的建筑物。注册建筑的所有权人根据文化财保护法和相关省令的规定，管理注册建筑并进行周期性的维修（原则上维修费由所有者或持占有权的公共管理团体负担，文化财管理部门给予适当的技术指导），当其出现管理不当、管理困难时，文化厅长官在听取地方公共团体的意见、获得所有者或占有权者的同意的基础上，可以指定适当的地方公共团体等担任保护该建筑的团体。指定管理团体应官报公布、并通知所有者、占有者及指定的地方公共团体。同时，规定了注册所有者的公开展示、注册建筑物现状变更报告与许可等规范。

（三）编制各类文化财调查与记录的文化财档案管理制度

在日本，以保护为目的，对文化财的现状进行广泛的调查登记并制成记录的管理制度适用于所有类型的文化财保护。如日本对美术工艺品分别进行特别调查、国库补助事业调查以及都道府县市镇的调查，“特别调查”由文化厅在各地方公共团体的协助下直接进行；“国库补助事业调查”由地方公共团体进行，调查登记的对象是文化厅给予指导、帮助并提供补助经费的古文书及历史资料；为编写都道府县市镇发展史而展开的调查。日本分别以寺庙、城郭、桥梁、近代民居、西洋建筑、近代日式建筑综合调查为主题，对建筑物开展调查登记。此外，针对无形文化财、民俗文化财、传统建筑物群地区、埋藏文化财、史迹名胜天然纪念物、文化财保护技术等不同类别文化财的特点，实行有效地调查登记制度，对不同调查记录的文字、图形、符号、表格、周知、报告等制定了详细规范。

（四）注重文化财整体性保护的区域指定保护制度

日本十分重视按照文化财的特点、依循其自然演变、发展规律而进行特定的、动态的、活生生的文化财保护。为此，通过指定对传统建筑物群实行区域性、整体性保护措施，将传统建筑物群与周围环境、土地等看成是一整体，进行系统的保护；又如，把阿伊努族在生活、生产中形成的风俗习惯、节庆活动等看成是一体，通过特别立法，通过振兴民族区域旅游、工商业活动等尊重和保护阿伊努族特有的民俗文化财。

（五）以保护文化财保存技术为核心的援助技术持有人制度

将文化财保护技术也列为一种特有的文化财类型进行保护，对保护技术的选定标准、选定和解除选定的程序等作出规定，对选定保护技术所使用的材料、方法、技术等实行记录、公开，尊重技术保持者的权利，对选定保护技术的保护给予人才培养、技术传授、费用补助等多元化的援助制度。该项制度也具有文化财整体性保护的属性，但是，特别将文化财保护技术经过调查记录、选定而给予特别保护，则体现了日本对文化财保护是比较注重科学合理性的。

（六）鼓励展览、演出、文化体验等多元化的充分利用制度

日本文化财保护法不但注重文化财保护的法律规范，还十分重视文化财利用的法律规范，因此，通过指定文化财的国家展览、指导建议注册文化财所有者的个人展览等，提倡在不影响保护的情况下尽可能地让国民亲近、接触被保护的文化财，进而引导国民喜欢和自觉地保护文化财，提高国民的文化素养。鼓励文化财以适当方式利用的制度，适用于所有类型的文化财。

（七）保障文化财保护各项措施能够落实的财税优惠等援助制度

日本不仅重视部门法内部之间法律法令的配套、协调，而且，还十分重视不同部门法之间的横向衔接和平衡。日本《文化财保护法》详细、明确地规定了关于文化财保护的财税优惠措施与适用对象、计算方法等，对重要级别的文化财所有和持有者给予培养、扶持、高薪保障等援助。

五、日本文化财保护法的实例

经过“二战”后文化保护理念及行政措施的革新，特别是进入20世纪90年代以来，日本更加注重关于无形文化财的保护与利用、关于便利国民欣赏利用措施的建设、

关于官民共同援助支持文化艺术活动等方面的政策引导和法律制度的实施，促使全体国民提升了文化保护意识，丰富了国家的社会精神文化生活，对文化遗产的保存、对文化艺术的发展起到了积极的促进作用。

文化保护不仅需要端正理念、提高意识，更需要国民的文化自觉与积极参与。国民对文化财的保护与利用，在日本是怎样实践的呢？下面介绍两个 20 世纪 80 年代的实例。

（一）稻桓村对"稻文化"的保护与发展[210]

稻桓村位于青森县津轻平原西北部，是一个纯粹的农村地区，约有村民 5700 人，耕地占土地面积的 75%。自古以来，这里的村民就利用岩木川来灌溉水田生产稻米，历代村民对稻作都非常执著和用心，并以居住在"稻米之村"为荣。但是，随着现代社会的发展，从近 30 年的人口统计资料看，幼童与青年人的人口逐渐减少，人口结构呈现高龄化现象。由于以农业为生的农民所得仅是日本国民平均所得的一半，所以，年青人渐渐地离乡他走。如果这种状态持续下去的话，不仅稻桓村的农业会衰退下去，甚至从绳文、弥生时代以来，以稻为核心的日本文化也将面临消灭的危机。

在日本的"稻草文化"中，稻草被视为日常的材料，广泛地用在居住空间、编织品、祭祀庙会等方面，当然也被当做燃料。然而，进入一味追求经济效益的现代，稻草仅仅被看成是麻烦的东西，大多都丢在田中或被烧掉。意识到文化危机的稻桓村村民从村内各阶层、职业中选出 120 人组成百人委员会，由百人委员会带领村民策划综合的稻桓村文化振兴计划。百人委员会提出了重新审视现有资源和资源利用的方案，要求村民变换视角，从一个新的角度来看待稻草、稻壳以及冬天的西北风与雪并善加利用，也就是说采取所谓逆向思维的方法，对未来村社发展、文化发展进行筹划。村民们意识到，有水田就一定会有稻草和稻壳，稻草和稻米是一体的，应该把稻草视为稻的本体，是稻草、稻壳等构成了稻桓村无尽的资源。趁着老一辈的人还健在，知道如何在生活中利用稻草的时候，稻桓村应抓住保存与继承日本稻草文化的最后时机。于是，在这样的理念指导下，百人委员会提出了稻作村的总体营造计划：推展资源再生型产业、重新拾起对稻草的执著。

首先，树立"稻田耕作、循环再生和有机农业"的乡土建设理念，启发村民重视村里大量的稻草、稻壳、米糠，将其作为重要资源加以高度利用，比如开发土特产品、改良土壤、提升农作物的品质等。同时，村民们认识到，农户之间及各项设施之间只有彼此联系、互动交流，才能构成真正意义上的再生型产业的整体性大循环。为此，他们创建了榻榻米制造厂、稻壳堆肥中心及银发族创作中心，所谓银发族创作中心就是使老人与小孩通过传授、学习稻草编织手艺而相互交流的场所，这样，既解决了老人的孤独问题又传承了传统文化。其次，为了提高村民的社区营造意识，推广执著于稻作的乡土建设理念，稻桓村还实施了社区识别计划，即打造自己村落的招牌，把乡土建设理念向村内、村外传播。百人委员会通过对 429 位村民的问卷调查发现，多数村民认为"稻"是稻桓村的形象，而"稻"的图形即为村落的标志图形，因此，百人委员会更加确信，村民对"稻作""稻文化"有强烈的向心力。基于此，百人委员会策定了最终的识别计划所包含的要素，并开展了各种实践应用活动，主要是，在稻桓村设立交流据点，其中既有向世人展示收藏传统的稻桓村生活道具的收藏馆、也有用住民制作的稻草裱版展示和体验当地的稻草生活的研习馆，还将建于1892年代表民间住宅的尾野古宅搬迁到稻桓村作为交流中心的场地，建立了出售稻草制作品的物产馆。因此，稻桓村展示给人间的不仅是活的文化收藏与保护，而且还是不断利用的文化财。

如今，稻桓村村民正致力于将稻桓村的乡土建设运动“由内向外”推广，他们决心将稻桓村的信息传达到全世界，以实现他们勾画的“作”（有机农业模范田，“考”（研究中心）、“集”（研讨会大厅）、“游”（户外广场稻草公园游览）、“学”（稻草文化馆）、“结”（将上述五个关键词连接起来而推展开的就是结）相结合的理想的文化生活。

（二）走出町门的三岛町[211]

三岛町是以五项运动为支柱、着力弘扬地方文化的文化创新典型。首先，他们创建了“奥会津文化中心”，目的是把三岛町打造成“文化情报综合传送基地”，向世人广泛传播各种地方文化。现在，这里不仅召开了集众多工艺品的美术展览会、传统民俗音乐会等，还积极地开展地区性的和国际性的各种文化交流与讨论会，已经把三岛町逐步建设成文化情报交流中心。其次，三岛町在继承传统中还不断地创新新文化。他们以“故乡运动、生活工艺运动、有机农业运动、保健运动和地区自豪运动”作为三岛町推进社区总体营造的五大支柱，使它们之间相连并用，积极建设町的文化设施，开展生活工艺运动，以实现居民们“传承传统文化、不断创造故乡新文化”的理想，实现居民们设立的“愿嫁三岛町”的目标。

六、日本文化财法律保护制度对我国的启示

在“经济全球化”，或者不如说是“经济西方化”、“经济美国化”的时代，没有哪一个国家的人民不被困扰，现代人在欣喜和享受着生产力发展所带来的物质文明的同时，亦身处本土文化与外来文化错综混杂、失却平衡、难以选择的内心焦虑中。通过争论与探索，坚持和维护“文化多元化”已成为一个不争的、各国一致认同的结论。

然而，现代国家如何实现经济全球化和文化多元化之间的协调呢？日本等国通过不断完善立法与探索、开拓各种文化活动，在继承和保护传统文化的同时，也发展和创新了新时代的本国文化。毫无疑问，解析和考察日本文化财保护的立法与实践，对我们反思我国文化保护利用的立法与实施具有启发作用，为我们提供了极富借鉴意义的经验。以下，概言之：

第一，在文化保护与经济发展并重的思想指导下，不断完善文化财保护立法，使日本在经济高速发展的同时，也保护和不断创新了日本文化，向世界人民推广和展示着具有浓郁的、独特风格的日本文化。或许是受日本民族深感文化起源的先天不足以及天然的忧患意识的影响，日本在注重经济发展的同时，亦十分注重文化保护。特别是战后，日本通过政策倡导和不断完善立法、加强各项法律制度的实施，逐步从单一的、有限的有形文化保护（文化的物质载体，如特定艺术器物的保护）过渡到多样化的、更有效的、更本源的无形文化保护（注重挖掘和继承无形文化的内涵），从而保护和继承了传统文化的精髓，更有利地推动了文化的传播和创新。所以，在任何社会形态下，无论经济发展水平的高或低，都必须树立尊重文化、注重文化保护的思想。因为文化的繁荣、创新与发展，并不一定是与高度经济发展成正比，文化与经济发展之间具有依存关系，

同时也具有相当的独立性。故此，是否具有完善化的文化财保护立法和执法，是衡量一个国家是否尊重和重视本土文化保护的一个标志。

第二，激发和推动国民积极参与文化创新与保护，是保证文化财保护的国家政策与立法能够得到有效实施的重要内容。“文化”内涵于人类衣食住行等物质生活中，是人类赖以生存的物质生活中的一个不可分割的组成部分，因此，没有全体国民的自觉与积极参与，缺乏“民众”这一文化的实质“主体”，文化将会变得毫无意义、毫无内容，也必将失去活力，进而就会使文化保护失却意义。日本曾经历了维护国家文化财权利独尊的时期，当时尽管有文化财保护的相关立法，可是并没有因此而带来社会的文化繁荣。相反，进入20世纪50年代以后，伴随着“民主法治”的思想与相关司法制度在日本得到真正的贯彻和落实，日本也越来越重视国民在文化财保护中的“主体”地位和力量。为鼓励国民的文化创新、持有和参与保护利用，国家制定了相应的财政、税收等优厚的法律措施，正如本文所介绍的两个文化保护与创新案例一样，在日本有很多民众积极参与保护、利用、创新文化的事例，进而，从整体上提升了国民的文化素养，加强了民族文化的保护与利用。国民对于文化财保护与利用的自觉，不仅迎来了文化的繁荣与创新，而且，也分担了国家与地方政府的文化保护重任。所以，只有激发出公众的“文化财富”意识，尊重公众的“文化主人”地位并通过立法保证“文化主人”的权利，文化保护与利用才能走出低谷、走出社会精英独尊的片面。

第三，强调以人为本、保护文化精髓，规范被列为保护对象的文化能够灵活、充分利用是日本文化财保护的基本措施。文化具有系统性、整体性，而且处于“活的”、不断发展的状态，因此，能够为现代人所利用、所体验、所回味，才是保护传统文化的一个重要目标。日本非常重视文化的利用，即使是极其稀缺和珍贵的文化财，也要依法通过国家博物馆、剧院等一切适当的、可行的方式向国民公开展示、表演等。当然，建设免费参观的国家博物馆、实行低票价的剧院管理等，必须有充分的财政、物资支持才可能实行。为此，通过立法明确中央和地方政府对于文化财保护的责任及资金分担等，对于文化保护权利人实行资金补贴、税收优惠等具体措施，就成为文化财保护法的一个重要内容。故此，文化保护不仅需要提高国家、政府、公众的文化财保护意识，而且，还需立法机关结合本国文化和法律实际，制定出人力、物力、实施机关、实行措施能够相互配合、彼此协调并具有可操作性的法律制度。以文化的保护与利用，促进和谐社会的实现，达到“民主法治、公平正义、诚信友爱、充满活力、安定有序、人与自然和谐相处的社会”理想。

本节参考文献

1. 王军：《日本的文化财保护》，文物出版社1997年版。
2. [日]青木信夫：《文化遗产的保护、继承和登录制度的导入》，张复和主编，《中国近代建筑与保护（一）》，清华大学出版社1999年版。
3. [日]中村贤二郎：《文化财保护制度概说》，行政株式会社1999年4月30日初版。
4. 日本《文化财保护法》及关联政令、省令、告示。
5. 日本文化审议会文化财分会计划调查会2001年审议报告：《文化财保存、活用的新发展》。

6. 2002年文化审议会（咨询答复）：《在社会构筑中重视文化——以人人心情舒畅地生活的社会为目标》。
7. 国际公约：《保护世界文化和自然遗产公约》。
8. 陈文标主编：《社区总体营造——社区总体营造的理念与实例》，台湾文化产业研讨会暨社区整体营造中日交流展，1995年，台湾行政院文化建设委员会策划。
9. 日本文部省网站 www.bunka.go.jp 公布的相关资料信息。
10. 徐嵩龄等主编：《文化遗产的保护与经营——中国实践与理论进展》，社会科学文献出版社 2003年版。

第四节　韩国文化遗产保护的实践与经验

一、韩国文化财保护导论

（一）文化财概念的界定

要了解韩国的文化遗产保护，首先应该搞清楚“文化财”的概念。受日本影响，韩国在文化遗产的保护方面，也广泛使用“文化财”的用语。[212] 韩国语里的“文化财”是德语的 Kulturgüter、英语的 Cultural Assets、法语的 biens culturels 的翻译语，一般是指具有保存价值的民族文化遗产。[213] 韩国学者认为，文化财作为民族单位的共同体性产物，具有体现韩民族整体性的最高的精神价值，同时，从文化上又具有人类最普遍的性质，因此是具有保存价值的全人类所共有的文化资产。[214]

由于一般意义上的文化财的概念比较抽象、宽泛，有必要通过法律的形式对文化财的概念进行界定，以便更好地保护文化遗产。但是，因各个时代对文化遗产的理解的不同以及各国立法政策的差异，作为法律概念的文化财与一般意义上的文化财概念不尽相同，甚至会存在较大的差异。在韩国，作为法律保护对象的文化财的概念规定于《文化财保护法》上。该法首先抽象地概括出文化财所共同具有的价值属性，即具有较大的历史、艺术、学术、景观价值的人为地、自然地形成的国家的、民族的、世界的遗产，然后，再根据文化财的性质将其类型化，分为有形文化财、无形文化财、纪念物、民俗资料等四种，并赋予各个类型的定义，从而具体地确定法律所保护的文化财的范围。

很显然，韩国《文化财保护法》通过概括性的、抽象性的判断基准，试图在更广的范围内把握文化财的概念。对此，也有学者主张，有必要从狭义上对《文化财保护法》设定的文化财的范围进行解释。该见解认为，鉴于外国立法例，[215] 不能视为人类文化活动之产物的自然物，即使它从形式意义上可以成为《文化财保护法》的保护对象，但从实质意义上也不能将其视为文化财；自然景观虽然可以成为文化环境权的对象，但作为文化财保护的对象是有问题的。[216] 而另有学者认为，在像韩国这样的文化财保护的后发国家，将文化财的概念界定为狭义的概念是不可取的。既然立法者的意图是将《文化财保护法》上的文化财概念理解为包含自然资源和风景名胜等自然地理条件、日常生活资料以及所有过去的文化遗产，那么应从广义上进行解释，这将有助于韩国文化财政策的建立及执行。因此，应将《文化财保护法》上的文化财概念理解为包含形成韩民族生活的国土的一切自然及人文、地理性文化财为止的概括性的概念。于是，文化财概念中包含本质上区分为自然的和人文的多种文化现象。而且，在其内容上也包含历史的和现在的，既包含高度的文化及艺术水准的，同时也包含平凡的且又日常生活性的东西。[217]

（二）文化财保护的宪法根据 ——文化国家原理

韩国宪法在前文中规定，“在文化的一切领域，使各人的机会均等，能力得到最高限度地发挥”，第 9 条又规定，“国家为传统文化的继承、发展和民族文化的畅达而努力”，此外有不少关于文化的规定。虽然韩国宪法并没有明示将文化作为国家的目的，但宪法学说一致认为，韩国宪法指向文化国家，将文化国家主义作为基本的理念。[218]关于这一点，即使宪法没有作出任何规定，因文化对国家具有的固有的功能，也应视为其已内在于宪法之中。也就是说，为了实现社会统合的国家课题，作为其前提条件，需要文化。[219]

由于文化国家是韩国宪法确定的国家的目标之一，所以国家便负有保护和培育国民的文化生活的责任和义务。于是，文化国家原理通过国家的文化课题或责任实现，与国家的文化政策产生不可分割的关系。[220]国家作为理想目标的文化国家是国民在所有的生活领域享有高品质生活及除去所有不合理因素的面向发展的社会。为此，与国家的其他课题领域相关，以更具体的文化范围的确定为基础，将文化国家理解为“以文化的自律性保障为核心，在文化领域中，尽培育健全文化之责任和义务的国家”。从这个视角上也可以将文化国家理解为“确保国民的社会性统合，提供为享有人类高品格生活的创造性、精神性基础的原理”。[221]

而对于文化财，韩国学者一般认为，它是民族睿智的集合体，是象征民族文化的传统财产，在近代国民国家的形成中，作为各国的自主性确立和团结的象征，起了重大的作用。[222]而当今的文化财更加积极地被理解为，作为具有历史性、艺术性、景观性等精神价值的民族单位的共同体性产物，体现一个民族的整体性的同时，具有人类最为普遍的性质，是能够理解人类生活的文化资产。因此，文化财的保护不仅是一个国家、一个民族的责任和义务，而且是整个人类的共同的责任和义务。[223]从这个意义上，文化财的保护是指向文化国家的韩国宪法的基本课题，构成韩国文化行政的一个内容。

作为韩国文化财的保存、管理、利用之基本法的《文化财保护法》，将国家对文化承担的责任和义务具体化，是具体实现文化国家理念的根据法律。韩国《文化保护法》第 1 条规定 ：“本法的目的是，通过保存文化财，继承民族文化，并对此加以利用，从而图谋国民的文化水准的提高，同时为人类文化的发展作出贡献。”很显然，《文化财保护法》力图通过对文化财的保护，永久保存文化财的价值，并将此与新的文化发展相联系，同时在文化国家确立中本着国际合作主义。换句话来说，《文化财保护法》通过文化财的保存和利用，图谋国民的文化水准的提高，贡献于人类文化的发展 ；确认在自然性的物质要素中添加人类的文化行为的文化财的价值的同时，将此加以宣扬、利用，从而宣示要享有高度的文化行为和面向文化国家建设。具有这种宪法理念的文化国家当然要通过对文化财的关心与供给，即国家或地方自治团体的保护、支援、造成，增进国民的教养，丰富国民的精神生活。这是在文化方面，追求为保障国民的高品质生活作出贡献的目的。于是，国家或地方自治团体有必要通过规制行政的作用，让国民享有数量上、品质上更加提高的文化，从而承担进行积极给付行政的义务。这样出现的文化行政作用具有确立该根据法体系的必要性，而这种法律体系构筑成行政法的又一个领域，即所谓的文化行政法。[224]

二、韩国文化财保护立法的沿革

（一）日本殖民统治时期的零散立法——文化财法律保护的开端

韩国对文化财保护的立法始于日本殖民统治时期。正值日本帝国主义兵吞朝鲜，以《日韩合邦》的方式开始建立起彻底的殖民统治的1910年4月，朝鲜政府以学部令的形式颁布了《乡校财产管理规程》。虽然它并非严格意义上的文化财保护法制，但其中确实将乡校财产中的文化遗产作为保护的对象。因此，部分韩国学者认为，该规程的出台标志着韩国文化遗产保护工作法制化建设的开始。[225]翌年6月，朝鲜政府又颁布了《寺刹令》，规定寺刹所藏的贵重物品及住持人选须经日本驻朝鲜的总督的同意，充满了浓厚的殖民主义色彩。但是，该令将属于寺刹的建筑物、佛像、石物、古文书、古书画等文化遗产作为保护的对象，亦属文化财保护的法律。不过，其保护的方法只是不经许可不得处分的消极的规制，离真正意义上的文化财保护法相去甚远。

韩国历史上真正意义上的文化财保护法是1916年7月从朝鲜总督府的名义颁布的《古迹及遗物保存规则》（朝鲜总督府令第52号）。该规则将与史实有关系的遗迹和历史、工艺及其他考古资料的遗物作为文化财规定下来，同时，设置了注册义务和限制公开的规定。作为附属法令，也颁布了《古迹调查委员会设置规定》（总训第29号），进行了对文化财的调查工作。该规则第一次以法令的形式对韩国领土上的古迹和遗物提出了积极的保护要求，是韩国关于文化财保护的近代立法的起点。[226]在此之前，尽管已颁布过《乡校财产管理规定》和《寺刹令》，但均以乡校财产和佛教财产的管理作为主要目的，并非为积极的立法措施。该规则一直沿用了17年，直到1933年《朝鲜宝物古迹名胜天然纪念物保存令》（朝鲜总督府制令第6号）的颁布才被废止。1933年8月以朝鲜总督府的名义颁布的《朝鲜实物古迹名胜天然纪念物保存令》是一部综合性的文化财保护法律，它综合规定了有形文化财和纪念物的文化财的范围，保护范围明显扩大，由原来的保护古迹、文物为主发展成为对文物、古迹、名胜及天然纪念物的全面保护。该保存令的出台在韩国文化遗产保护史上具有里程碑式的意义。该保存令在韩国独立后，根据《制宪宪法》第100条继续发生效力，直到1962年《文化财保护法》的颁布才废止。

这一时期，虽然出台了一些文化财保护法令，不过，都是零散的立法，但毕竟以法律形式保护文化财方面进行了尝试，尤其是《朝鲜宝物古迹名胜天然纪念物保存令》确实已达到了较高的层次。所以，我们可以认为，这一时期颁布的文化财保护法令是标志着韩国文化财法律保护的开端。这一时期文化财保护立法的另一特点是，相关立法受日本殖民主义的影响比较深，且文化财的保护范围具有局限性。这一时期，伴随立法也进行了一些相关普查，但是，这一切都是在日本殖民者的直接导演下进行的，带有强烈的殖民色彩，是直接为日本殖民主义者服务的。这一过程中，韩国的大量珍贵文物被掠夺到日本，韩国的民族文化严重受到了日本殖民主义者的蹂躏。

（二）1962年《文化财保护法》——文化财保护法制的建立

1945年8月15日日本无条件投降，韩国迎来了民族的解放。1948年2月大韩民国政府成立，并颁布了《制宪宪法》。根据《制宪宪法》第100条的规定，作为过渡期间的法令，《朝鲜宝物古迹名胜天然纪念物保存令》继续维持效力，直到1962年韩国《文化财保护法》的颁布，事实上规制关于文化财保护的一切事项。韩国政府在文教部文化局下设置文化财保存课，依照《朝鲜宝物古迹名胜天然纪念物保存令》，具体负责文化遗产的保护和管理工作。在此期间，只是制定了《旧王宫财产处分法》（1950年4月8日）和《旧皇室财产法》（1954年9月23日），规定设置旧皇室财产事务总局来对具有文化财意义的旧皇室财产和首尔的五大宫殿另行进行管理。但是，《朝鲜宝物古迹名胜天然纪念物保存令》不能适应时代发展的需要，不能满足全面保护和利用文化遗产的现实需求。暂且不论它是殖民地时代的产物，其立法本身也存在缺陷。尽管其为包容实物和名胜、纪念物的概括性的法制，但它只是以物质的或自然性的文化财的保存为主规定的，因此，不仅对精神层面的文化财的保存未设任何规定，而且对文化财的积极利用也未设任何规定。[227]而在这期间，日本于1950年制定《文化财保护法》，确立了文化财的全新概念，综合性地规范文化遗产的保护和管理工作。日本的《文化财保护法》所确立的先进的理念、原则及组织管理体系被介绍到韩国来，已开始在韩国的文化财行政中被广泛接受，直接触动韩国的文化财的立法进程。另一方面，众所周知，韩国在20世纪50年代经过几年内战和长期的政治动乱，国家的重建长期受到干扰，而进入60年代以后，随着强有力的军事政权的建立，政治趋于稳定，韩国现代化正式启动，国家进入全面的建设时期。随着大型工程的兴建，城市的改造，传统的建筑以及文化财面临遭到破坏的命运。于是，在西方世界重视文化财的影响下，韩国开始全面重视文化财的保护、管理和利用，全新的文化财的保护立法被提上了日程。而1961年7月15日颁布的《关于旧法令整理的特别措施法》规定，将过渡时期的旧法令[228]于同年12月30日之前全部整理完毕，未能整理的1962年1月20日之后视为全部废止。这种时间表直接加速了文化财立法的进程。

1961年10月2日，韩国政府将文教部的文化财保存课和旧皇室文化财事务局合并，设置文化财管理局，作为文教部的外局，统一掌管关于文化财保护的行政，迎来了韩国文化财管理行政的划时期的变化。紧接着，于1962年1月10日，制定并公布了《文化财保护法》。该法全文由7章73条和附则3条构成，主要内容如下：[229]（1）作为关于文化财的保存、管理及利用的文教部长官的咨询机关，在文教部设置文化财委员会。（2）将文化财区分为有形文化财、无形文化财、纪念物及民俗资料等四种，其中重要的经由文教部长官向文化财委员会咨询，指定为指定文化财。（3）没有指定为指定文化财的一般文化财中，有必要紧急将其认定为指定文化财，但没有经文化财委员会咨询的时间余地时，文教部长官经文化财管理局局长的申请，可以将其假指定为指定文化财。（4）对于关于指定或假指定文化财的一定的行为，须得到文教部长官的许可或向其申报。（5）文教部长官在文化财的管理和保护所需时，对其所有者及占有者或管理者，可以禁止或限制其一定的行为。（6）指定文化财的所有者或管理者按照本法的程序承担将其所有或管理的指定文化财向一般公开的义务。(7) 指定或假指定文化财的管理和保全所需费用的一部分或指定文化财的公开所需经费的一部分由国库补助。(8) 土地或其他物件的所有者、管理者或占有者发现包藏于其所有或管理的土地及其他物件的文化财时，应向文教部长官申报，同时，不论何人要发掘埋藏文化财，须经文教部长官的许可。(9) 国有的指定或假指定文化财，由文教部长官管理或负责，有特殊情况时也可以由其他国家机关管理。(10)属于国有的指定或假指定文化财不得转让或设定私权。(11) 指定或假指定文化财的管理保护和公开等工作中有特殊贡献的，由国家表彰。(12) 对于文化财的特定行为，课以刑罚或罚款。

因效率起见，韩国《文化财保护法》的制定，主要以经过 1954 年 7 月 1 日大幅度修改的 1950 年日本《文化财保护法》作为蓝本，参照韩国国内的情况而制定。所以，整个法律的概念、原则以及体系，基本上借用了日本的经验。纵观韩国的《文化财保护法》，它体现出以下的主要特征：[230] (1) 它是韩国关于文化财保护的最初的统一立法。该法制定前，在日政时期总督政治下制定的保存令继续具有效力，但在其运营上无论采取何种自主、合理的方式也是存在问题的。其间，为了处理国有财产，只制定了从财政方面出现问题的关于旧皇室财产处理的关系法。而《文化财保护法》首次以关于文化财的统一立法的形式制定。(2) 明定了文化财保护的目的。韩国《文化财保护法》在第 1 条中规定，将图谋国民的文化素质的提高，以为人类文化发展作出贡献作为目的，并提倡文化财的“保存”和“利用”，明确保护法的“保护”不仅仅是保存，而且含有积极地加以利用。(3) 设置了文化财委员会。韩国历史上，作为文化财保护的机构，曾经有过根据保存规则成立的“古迹调查委员会”和根据保存令的“保存会”以及建国后自主成立的“国宝古迹名胜天然纪念物保存会”。而于 1960 年 11 月 10 日以国务院令第 92 号公布《文化财保存委员会规程》，开创了文化财保护的崭新一章。但是，该规程立法根据不足，也使用“文化财保存”的新的用语，作为行政立法的性质存有疑问。但是，该规程明示了文化财保存委员会为文教部长官的咨询机构。这次，将该规程的内容正式引入法律，在《文化财保护法》第 3 条中明确规定，作为文教部长官的咨询机构设置文化财委员会，并在第 4 条中列举了议决事项，但该议决并非为约束文教部长官的文化财保护行政的要件。(4) 设定了指定文化财的两种分类方式。文化财的指定中，应强调历史上、艺术上、学术上或观赏上具有较大的价值，但在这种文化财中作为有形文化财，重要的作为宝物，在宝物中从人类文化的角度，其价值大且罕见的作为国宝。(5) 设置了关于埋藏文化财的规定。在制定《文化财保护法》之前，虽有民法第 254 条（埋藏物的所有权取得）和遗失物法第 13 条（埋藏物），但只是关于所有权的归属或补偿的规定，而民法第 255 条（文化财的国有）规定只是对成为学术、技术或考古的重要材料的物件的所有权归属的规定。还有，虽然保存令第 18 条规定了古坟等的发掘许可制，规制韩国解放后政治、社会的不安定中进行的埋藏文化财的发掘，制度上显然很不完备。因此，这次通过《文化财保护法》的立法大幅度完善了埋藏文化财的保护制度。(6) 设置无形文化财及民俗资料的保护的规定。《文化财保护法》第 8 条和第 10 条分别设置无形文化财和民俗文化财指定的规定，接受与有形文化财相同的管理及保护措施，将纪念物也放入保护法的对象。《文化财保护法》的制定，标志着韩国的文化财保护法制正式建立。紧接着，1963 年出台《文化财管理特别会计法》，为保存和管理文化财的机构和财政及法律制度变得完善。

（三）《文化财保护法》的完善及配套法律的制定——文化财保护法制的发展

韩国《文化财保护法》制定以后，随着韩国社会经济的发展以及受国际文化财保护立法的影响，进行了二十多次的修改，《文化财保护法》不断得到发展与完善。

韩国有学者将《文化财保护法》分为两个时期，1982 年以前为前期，1982 年以后为后期。[231] 这主要基于 1982 年进行的《文化财保护法》的全文修改。《文化财保护法》的前期，共进行七次修改。分别于 1963 年 2 月 9 日、1963 年 12 月 5 日、1963 年 12 月 16 日、1965 年 6 月 30 日进行的前四次修改，主要修改内容为旧皇室财产处分相关的事项，文化财保护管理上的规定内容并没有大的变动。而 1970 年 8 月 10 日进行的第五次修改和 1973 年 2 月 5 日进行的第六次修改则为实质性的修改。第五次修改的主要目的是更加积极地保护和培育在此之前比较疏忽对待的地方文化财和无形文化财，并有组织地保存和管理动产文化财。[232] 第五次修改的主要内容有：(1) 将文化财委员会的“表决事项”修改为“审议事项”，明确了文化财委员会作为咨询机关的功能；(2) 新设重要文化财保有人认定制度，使无形文化财也可以保存并传承；(3) 新设关于“指定文化财以外的文化财”的章，规定对指定文化财以外的文化财的保护制度，并规定指定文化财以外的有形文化财或有形的民俗资料中属于动产的文化财，即动产文化财须注册，其现状的变更也受限制；(4) 新设关于地方文化财的章，规定地方自治团体的长官可以将乡土文化保存上所需的指定为地方文化财加以保护；(5) 新设关于文化财买卖业者注册的规定。第六次修改的主要内容是将对文化财买卖业者的注册制改为许可制，对于指定文化财保护区域内的土地的征收和使用准用《土地征收法》。

《文化财保护法》的后期以 1982 年全文修改为起点。由于前六次修改后长达 10 年运营过程中发现很多不合理的内容，包括部分条文之间不能衔接，还有，进入 70 年代以后全面展开的国土开发事业，作为国家的优先政策施行的过程中也出现埋藏文化财或传统建造物的保存等文化财保护管理上的很多问题，需要对《文化财保护法》进行修改。同时，1975 年进行的日本《文化财保护法》的修改内容对韩国《文化财保护法》的运营和实务产生影响，第五共和国宪法新设的文化条款的立法宗旨对《文化财保护法》起作用，促进了韩国《文化财保护法》的大幅度修改。[233] 在这样一个背景之下，1982 年 12 月 31 日韩国《文化财保护法》进行了第七次修改。此次修改是全面的修订，涉及的内容较多，条文的顺序也全面改动。主要的修改内容有：(1) 将原先对文化财区分为“指定文化财”和“地方文化财”以及“指定文化财以外的文化财”的方法，改为“国家指定文化财”、“市、道指定文化财”以及“文化财资料”，避免了用语上的混乱，合理改善了管理体系；(2) 删除了《文化财保护法》上的文化财只限于韩国国内文化财的规定，同时，为了彻底保护天然纪念物，明文规定也可以将动物的栖息地、到来地和植物的滋生地指定为天然纪念物；(3) 设置国家有义务保护并培育重要无形文化财的规定，赋予文化公报部长官可使重要文化财的保有人进行传授教育的命令权，所需经费由国家承担，对受教育者可以支付奖学金，规定可以将特定无形文化财的保有者团体指定为保有人；(4) 明确规定韩国参加的有关文化财的国际公约成员国的文化财，应与韩国的文化财同等地受到保护，因此，根据平等互利的原则，外国的文化财也能受保护；(5) 明确规定文化财买卖业者的资格要件，改善了文化财的搬出境外制度和补偿金支付制度以及关于文化财修理业者的规定；(6) 新设可以支援、培育以文化财的普及、宣扬为目的设立的法人、团体等。紧接着，1984 年 12 月 31 日进行第八次修改，删除了关于动产文化财注册的规定。在此之后，韩国的《文化财保护法》分别于 1987 年、1988 年、1989 年、1993 年进行了第九、十、十一、十二次修改，但内容上没有大的变更，主要是与物品管理法、文化财管理特别会计法废止法律、政府组织法相关的修改。1995 年 1 月 5 日进行的第十三次修改，将发现埋藏物时的发掘费用由施工的实行者承担的规定，改为符合总统令规定的情形时由国家来承担。

进入 90 年代中期以及 21 世纪以后，随着韩国社会的民主化和地方化、国际合作的加强以及信息时代的到来，《文化财保护法》又进行了多次修改。最近的一次修改为 2005 年 3 月 31 日进行的修改，其修改内容如下：(1) 将文化财修理技术人员、技能人员的注册事务转移给市、道，向通过修理技术人员资格考试的人员交付资格证，得到资格证者欲进行文化财修理业务时，向住所地所属市、道知事注册；(2) 为了加强国家指定文化财的纪录管理，将纪录的主体由文化财厅长扩大为市长、郡守、区长及管理团体的负责人；(3) 为了激活重要无形文化财的传承及传授教育，国家或地方自治团体在预算范围内承担传授教育所需的经费，可以无偿使用以传授教育为目的设立的国家、共有财产设施；(4) 将注册文化财的注册对象从建造物（设施物）中心，扩大为非《文化财保护法》上指定文化财的所有的文化财；(5) 新设注册文化财的建废率和容积率的特例；(6) 违反发掘的许可事项或指示事项，故意或重大过失毁损发掘地，或超过发掘报告书的提出期限，提交发掘报告书时，直接参与的发掘机关及该代表人等一定期间内不得参与发掘。经过不断的修改，韩国的《文化财保护法》更加完善，在韩国的文化财保护中起着重要作用。

除了修改和完善《文化财保护法》以外，为了更全面地保护文化财，韩国还先后制定了配套法律，与《文化财保护法》共同形成文化财保护的法律体系。关于文化财保护的主要的配套法律有：《传统建造物保存法》（1984 年 12 月 31 日制定，法律第 3777 号）、《传统寺刹保存法》（1987 年 11 月 28 日制定，法律第 3974 号）、《独立纪念馆法》（1986 年 5 月 9 日制定，法律第 3820 号）、《乡校财产管理法》（1962 年 1 月 10 日制定，法律第 958 号）、《博物馆及美术振兴法》（1991 年 11 月 30 日制定，法律第 4410 号）。《传统建造物保存法》是以通过防止韩国传统建造物的灭失和毁损，维持其原形，对传统建造物进行传承和保存为目的，主要规定了传统建造物的保存对象和保护地区的指定，所有者和国家的义务事项，补助金和参观费的征收等。根据该法第 2 条第 1 项，该法所称的传统建造物是指已建造 50 年以上的民居、寺刹、乡校、书院、祠宇、亭子等建造物中具有历史意义的，但根据《文化财保护法》的规定指定的指定文化财除外。由此可见，《文化财保护法》是在作为有形文化财中建造物、史迹、集团民俗资料区域的指定对象的建造物中，以历史的、艺术的、学术的、技术的价值较高的作为其保护的对象，而《传统建造物保存法》是要指定和保护传统建造物中虽然各个价值较《文化财保护法》的文化财低，但从建筑史的角度有保护价值的建造物。还有，一旦传统建造物被指定为文化财，公法性规制得到加强，有可能导致住民的不便，所以，《传统建造物保护法》是要弱化规制，进行能够保存原形的最低限度的规制，以图谋住民的便宜，从国家层次上进行有体系的保护。因此，《文化财保护法》和《传统建造物保护法》保护的角度有差异。而且，《文化财保护法》的保护区域只限于各个文化财的原形保存，在其保护中不能解决与周边环境游离的现实，而《传统建造物保护法》上的传统建造物保存地区将保护概念扩大为“面”的层次上，是要保护传统建造物与其周边的环境形成一体的状态，是认识到“历史环境”的概念，并对其进行保护的法律，具有进步意义。[234]可以说，《传统建造物保护法》具有《文化财保护法》的补充法的性质。《传统寺刹保存法》是为了保存作为民族文化遗产具有历史意义的传统寺刹，从而对民族文化的提高作出贡献而制定的。韩国在历史上由于长期受佛教的影响，在文化财中与佛教有关的文化财所占的比重是绝对的。因此，对佛教的传统寺刹以及其财产的保护管理与文化财保护直接相关。日帝时代的《寺刹令》（1911—1962）以后，韩国施行《佛教财产管理法》（1962—1987）来规制佛教财产的管理。为此，有人认为，撇开其他宗教，专门对佛教团体施加各种限制，有违平等原则。因此，特制定《传统寺刹保存法》，一方面放宽既有的对佛教团体的规制，另一方面认定作为民族文化遗产的传统寺刹作为重要文化遗产具有继续保护价值，规定了保存和管理作为民族文化遗产的传统寺刹的内容。[235]《独立纪念馆法》是以收集和展示抵御外侵和维护民族自主和独立的韩民族的国难克服史和国家发展史方面资料，树立国民的透彻的民族精神和国家观为目的制定，《博物馆及美术馆振兴法》是为了健全地培育博物馆和美术馆，图谋文化、艺术及学问的发展和一般公众的文化教育而制定的，与上述两部法律一样，这两部法律也是文化财领域很重要的配套法律，是对独立纪念馆和博物馆的设置、运营进行规定的法律。因为文化财在利用方面，如果是动产文化财，那么大部分藏于独立纪念馆以及博物馆中保管、展示。除此之外，以传统乡校的保存和财产管理为目的而制定的《乡校财产管理法》也是文化财保护领域的重要的法律，与《文化财保护法》以及上述其他配套法律共同构成文化财保护领域的主要法律。

三、韩国文化财保护制度的主要内容

（一）文化财保护的基本原则

1．重点保护主义原则

各国的文化财保护制度因历史、政治、社会条件的不同而存在差异，大体上可以分为重点保护主义和账册主义。重点保护主义，是指为了以有限的财源和人力有效地保存文化财，将文化财中认为特别重要的加以选定作为保护对象文化财，通过指定制度或注册制度予以重点保护的制度；账册主义，是指将全部的保护对象文化财登载于账册上，其中，特以破坏、灭失等危险较大的大型文化财为中心采取强烈的保护措施的制度。目前，美国、德国、法国、意大利、日本等国家采取重点保护主义原则，而英国和北欧的一些国家则采取账册主义原则。重点保护主义的优点是不仅可以以有限的财源和人力有效地保护文化财，而且通过对保护对象文化财的持续的实态调查和关心可以采取切实的保护措施，但其缺点是选定保护对象文化财的时候因加入调查者、选定者的主观的价值观而有可能导致对重要文化财的保护被排除的现象。账册主义只限于对保护对象文化财中有可能被破坏、灭失等危险性的文化财采取保护措施，在这一点与重点保护主义有明显的不同。[236]韩国的《文化财保护法》基于重点保护主义，规定了对文化财的指定制度和注册制度，通过这种制度试图对文化财进行重点保护。很显然，韩国的文化财保护制度采取的是重点保护主义原则。

2．原形维持的原则

韩国《文化财保护法》第2条之2规定，文化财的保存、管理和利用以原形的维持为基本原则。韩国学者认为，文化财是民族睿智的集合体，是象征民族文化的公益财产，具有一旦丢失或受到破坏就不可能恢复原样的特点，因此，文化财保护政策的基本目标应放在以彻底的调查研究和考证保存原形，并将此传承。[237] 所以，法律上规定为文化财的原形本身既是保存的对象，又是保存的目的，只有原形被保存，才具有作为文化财的价值。原形维持的原则又与现状不变更的原则相吻合。为了维持原形，应避免原状态的急剧的环境变化，因此文化财应尽可能避免与制作、设立或挖掘的场所或形态相脱离而保存，应力图在制作、设立或挖掘的场所，按现状进行保存。[238] 并以维持其文化价值为着眼点，进行管理和维修。

（二）文化财的种类

1．有形文化财、无形文化财、纪念物及民俗资料

韩国《文化财保护法》第2条第1款按照文化财的性质，将文化财分为有形文化财、无形文化财、纪念物及民俗资料的四种。（1）有形文化财，是指建造物、典籍、书迹、古文书、绘画、雕刻、工艺品等有形的文化之产物中，历史的、艺术的或学术的价值较大的和准于它的考古资料。有形文化财包括国家指定的国宝、宝物和作为地方自治团体的市、道指定的市道有形文化财。（2）无形文化财，是指话剧、音乐、舞蹈、工艺技术、民俗游戏等传统的生活传下来的无形的文化之产物中，历史的、艺术的或学术的价值较大的技能和艺能。无形文化财包括国家指定的重要无形文化财和市、道指定的市、道无形文化财。（3）纪念物，是指：①寺址、古坟、贝冢、城址、宫址、窑址、遗物包含层等史迹地和能够成为特别纪念的设施物中，历史的、学术的价值较大的；②风景名胜地中艺术的、景观的价值较大的；③动物（含其栖息地、繁殖地、渡来地）、植物（含其自生地）、矿物、洞窟、地质、生物学的生成物及特别的自然现象中，历史的、景观的或学术的价值较大的。纪念物包括国家指定的史迹、名胜、天然纪念物和市、道指定的纪念物。（4）民俗资料，是指关于衣食住、生业、信仰、年中行事等的风俗、习惯和使用于此的衣服、器具、家屋等中，理解国民生活的推移所不可或缺的。民俗资料包括国家指定的重要民俗资料和市、道指定的市、道民俗资料。

2．指定文化财和非指定文化财

韩国《文化财保护法》根据行政主体（指定权者）的指定与否，将文化财分为指定文化财和非指定文化财。指定文化财按照指定的主体，又分为国家（文化财厅厅长）指定的国家指定文化财、地方自治团体（特别市市长、广域市市长、道知事）指定的市、道指定文化财及文化财资料。[239] 国家指定文化财是指文化财厅长按照《文化财保护法》的规定，将有形文化财、无形文化财、纪念物、民俗资料中重要的，经文化财委员会的审议而指定的文化财，含国宝、宝物（有形文化财）、重要无形文化财（无形文化财）、史迹、名胜、天然纪念物（纪念物）、重要民俗资料（民俗资料）等八种。[240] 市道指定文化财是指特别市市长、广域市市长、道知事（以下简称“市道知事”）将自己管辖区域内没有被指定为国家指定文化财的文化财中具有保存价值的，依照《文化财保护法》第55条第1款的规定指定的文化财，含地方有形文化财、地方无形文化财、地方纪念物及地方民俗资料等四种。文化财资料是指市道知事在自己的管辖区域中没有指定为国家指定文化财或市、道指定文化财的文化财中，根据《文化财保护法》第55条第2款的规定，为保存乡土文化所需要的根据市、道条例指定的文化财。

非指定文化财是根据《文化财保护法》或市、道条例没有被指定的文化财中具有保存价值的文化财，含注册文化财、埋藏文化财以及一般动产文化财。注册文化财是文化财厅长在非指定文化财的文化财中特别必要保存及采取利用措施的，经文化财委员会的审议注册的文化财。[241] 埋藏文化财是非指定文化财的一般形式，被土地、海底或建造物所包装的文化财，是被埋藏类型的文化财。[242] 安置于塔内或佛像等的舍利装置或服装遗物等也属于包装于建造物的埋藏文化财。一般动产文化财是指没有被指定为文化财的文化财中属于动产的文化财，包括典籍、书籍、版木、绘画、雕刻、工艺品、考古资料及民俗资料等具有历史的、艺术的保存价值的文化财。[243]

（三）文化财指定制度

1．指定的种类

韩国在《文化财保护法》中规定了文化财指定制度，通过该制度对文化财进行积极地保护和管理。文化财指定制度包括对文化财本身的指定和对文化财保护的区域及保护物的指定制度。

文化财的指定，如前所述，分为文化财的国家指定和市、道指定。要注意的是，在国家指定中文化财厅厅长指定重要无形文化财时，应认定重要无形文化财的持有者或持有团体。[244]

市、道指定文化财由首尔特别市市长、广域市市长或道知事（以下简称“市、道知事”）指定。市、道知事可以将其管辖区内没有被指定为国家指定文化财的文化财中认为具有保存价值的可以被指定为市、道指定文化财，没有被指定为国家指定文化财和市、道文化财的文化财中认为在乡土文化保存上有必要的可以指定为文化财资料。指定市、道指定文化财或文化财资料时，为了使人知道该特别市、广域市或道的指定，在“指定”前标明该特别市或广域市或道的名称。[245] 指定市、道指定文化财时，如果对象是无形文化财，经与文化财厅厅长事先协议，可以将重要无形文化财指定为市、道指定文化财，但其持有人或持有团体应从重要无形文化财的持有人或持有团体以外的人或团体中认定。[246] 还有，文化财厅厅长经文化财委员会的审议认为有必要的文化财，可以劝告市、道知事指定并保存为市、道指定文化财或文化财资料。[247] 由于市、道指定文化财和文化财资料均有市、道知事来指定、保存、管理，因此实际上市、道知事管理两种指定文化财。

除了文化财本身的指定以外，对文化财的保护区域以及保护物的指定也是文化财指定制度的重要内容。文化财厅厅长在除重要无形文化财以外的国家指定文化财的指定中，为了文化财的保护特别需要时，可以指定保护物或保护区域。[248] 保护物是指为保护建筑物的铁栅、石栅、伪装，为保护铜钟、石碑、佛像等的钟阁、碑阁、佛阁，为保管文化财的建筑物或保护设施以及其他设施物的保护设施等。[249] 保护区域，是指地上固定的有形物或一定的地域被指定为文化财时，为了保护该指定文化财而指定的除了该指定文化财所占面积的区域。[250]

2．指定的标准及程序

依照《文化财保护法》，文化财以及其保护区域、保护物的指定须按照法定的标准并经严格的程序。《文化财保护法》及其《施行令》和《施行规则》明确规定了作为国家指定文化财的国宝、宝物、重要无形文化财、史迹、名胜、天然纪念物、重要民俗资料以及保护物或保护区域指定标准，同时也明确规定了重要无形文化财的持有者、持有团体或名誉持有者的认定标准。文化财厅厅长指定国家指定文化财时应按法定的标准，并经有关专家的调查和文化财委员会的审议。首先，文化财厅厅长要指定国家指定文化财时，应要求含文化财委员会的相关分科委员会委员或专门委员的 3 人以上有关专家对该文化财（保护物或保护区域）进行调查及检讨。其次，受邀请者进行调查及检讨后，各拟定调查报告书，向文化财厅厅长提交。再次，文化财厅厅长检讨该调查报告书，认为该文化财具有指定为国家指定文化财的价值时，经文化财委员会的审议之前，将其审议的内容在官报 30 天以上预告。最后，文化财委员会参考调查报告书和预告结果审议指定与否。文化财委员会审议通过后正式由文化财厅厅长指定。文化财的指定是国家或地方自治团体的单方面的、命令性的行为，对指定的异议或拒绝不予认定。文化财通过指定为指定文化财，成为政府的积极的保护及管理对象，赋予一定的管理番号而进行告示。

（四）对指定文化财的保护

文化财一旦被指定或被认定为持有者便成为政府的积极的保护和管理的对象。文化财的所有人（或持有人）应以善良管理者的注意管理并保护文化财。文化财厅厅长对文化财的所有人或持有人就其文化财的管理和保护指示必要的事项。

文化财厅厅长经与市道知事的协议，可以就国家指定文化财的保存、管理及利用拟定基本计划。内容包括文化财的维修、整备的事项，文化财周边环境的保护的事项，其他文化财的保存、管理及利用所需的事项。并且，该计划须经文化财委员会的审议。文化财厅厅长订立基本计划后，应将该基本计划向市道知事通报，市道知事按照该基本计划树立并施行详细施行计划。文化财厅厅长在国家指定文化财的所有者不明或认为该所有人或管理者的管理困难或不适当时，可以指定地方自治团体或该管理该文化财适当的法人或团体管理国家指定文化财。文化财保护法规定，国家指定文化财的所有人或管理团体要修理该文化财时，除了轻微的修理以外，应让在市道知事注册的文化财修理技术人员、文化财修理技能人员或文化财修理业者修理。文化财修理技术者担任国家指定文化财修理的技术业务，指挥监督文化财修理技能者的工作。文化财修理技能者在文化财修理技术者的监督下担任国家指定文化财修理的业务。文化财修理业者指以文化财的修理为业的人。文化财厅厅长和相关的市长、郡守、区长及管理团体的负责人应该制作并保存关于国家指定文化财的保存、管理及变更事项等的记录。文化财厅厅长认为有必要时，让研究机关或对文化财有专门知识的人制作国家指定文化财的记录。

国家为了传统文化的继承和发展，应保护、培育重要无形文化财。文化财厅长为了重要无形文化财的传承和保存，使该重要无形文化财的持有人实施其持有技能、艺能的传授教育。而且，国家或地方自治团体在预算的范围内承担传授教育所需的经费。可以无偿使用以传授教育为目的设立的国有、公有财产的设施。文化财厅长为了辅助重要无形文化财的持有人或持有团体的传授教育，从被授予传授教育结业证的人中按照施行规则的规定，可以选定重要无形文化财传授教育助教，对重要无形文化财传授教育助教在预算范围内支付传授教育所需的经费。文化财厅长可以向接受传授教育者支付奖学金。文化财厅长可以对重要无形文化财的名誉持有人支付特别支援金。

（五）注册文化财、埋藏文化财的保护和非文化财的确认

1. 注册文化财的保护

韩国的《文化财保护法》自 1962 年制定以来一直采用以“指定制度”为中心的文化财保护制度。但是，对注册文化财的保护也是韩国文化财保护的很重要的内容。注册文化财制度是文化财指定制度的补充措施，是以申报制和指导、助言、劝告为基本内容的文化财保护制度。具体地讲，注册文化财制度是以建造物或设施物等中非为国家或市、道知事指定的指定文化财作为保护对象，从其文化财本身的价值考虑，对于特别需要对其采取保存及利用措施的予以注册，对其采取放宽的保护措施，从而期待所有者自主保护的制度。[251] 现行的注册文化财保护制度是 2001 年 3 月 28 日通过修改《文化财保护法》引进的。进入 21 世纪以后，韩国对近代化过程中所派生的经济的、社会的、文化的证据物即近代文化遗产的保存及其历史意义有了新的认识，传统的观念上不被视为文化财的近代文化遗产，开始被视为文化财。而随着国土的开发、经济开发等，近代的文化遗产，特别是近代建造物或设施物却不断地遭到破坏，急需得到保护。但是，单靠既有的文化财指定制度不能有效地对近代文化遗产进行保护。因此，韩国开始摸索对文化财的多样化的保护方法，作为对指定制度的补充，引进对近代文化遗产的注册文化财制度。[252] 作为对文化财的注册制度，此次算是第二次引进。如前所述，在《文化财保护法》的第五次修改（1970 年）中，为了有组织地保存和管理动产文化财，作为对动产文化财指定保护的补充措施，曾经引进动产文化财的注册制度，但由于该制度的实效性不大，在第八次修改（1984 年）中将其删除。不过，再次引进的注册文化财制度与第一次的动产文化财注册制度迥然有别，现行的注册文化财制度的保护对象是非指定文化财的近代文化遗产，尽管予以注册，但采取宽松的保护措施，更加重视所有者自己对注册文化财的自主保护。

根据现行的《文化财保护法》，注册文化财是指，非指定文化财的近现代时期形成的建造物、设施物、文学艺术作品、生活文化资产、产业和科学技术领域的动产文化财、历史遗迹等近代文化遗产中，特别需要保存和利用措施的。2001 年注册文化财制度刚开始引进的时候，注册文化财的注册对象只限于非指定文化财的建造物或可以纪念的设施物形态的文化财中需要采取保存或利用措施的。但是，2005 年修改的文化财保护法将注册对象变更并扩大，自 2005 年 7 月 1 日始动产文化财也包括在内。由于注册文化财制度是补充指定制度的制度，经文化财厅长或市、道知事已经指定的文化财在其对象中排除，一旦该注册文化财文化财厅长或市、道知事指定为指定文化财时就丧失其注册的效力。近代文化遗产要注册为注册文化财，须满足一定的标准。按照《文化财保护法》规定，建设、建造、形成后需经过 50 年以上，同时要满足以下条件中的一个。

(1) 在历史、文化、艺术、产业等各领域中纪念或象征价值较大的；(2) 成为地域的历史、文化背景，其价值为一般人广为认知的；(3) 成为一个时代造型的模范的；(4) 建设技术或功能显著外观设计及材料等稀少而学术的、艺术价值较大的；(5) 作为传统建造物，理解当时的建筑史具有重要价值的。而且，注册文化财要注册，应按一定的程序。满足注册标准的文化财的所有者、管理者或该文化财的所在地管辖地方自治团体的长官准备记载注册宗旨、文化财的种类、名称、数量、所在地、文化财的所有者、管理者或占有者的姓名及住所等注册所需事项的文件，经市长、郡守、区长及市、道知事向文化财厅长提出申请。接受注册申请后，文化财厅长经与国家指定文化财同样的程序，注册在注册文化财册上，并告示于官报上，同时通知所有者等，交付注册证。注册在官报告示之日起发生效力。但对所有者，自通知之日起发生效力。文化财厅长在注册文化财不具有保存及利用价值或具有其他特别事由时，可以将其注销，注册文化财指定为指定文化财时该注册也丧失效力。

一旦注册为注册文化财，政府应采取相应的保护措施，注册文化财的所有者及管理者等也应承担管理及修理的义务。注册文化财的所有者、管理者等应努力保存注册文化财的原形。文化财厅厅长在注册文化财的所有者不明或其所有者或管理者不能管理注册文化财时，可以指定注册文化财管理团体，对其进行管理。而注册文化财的所有者、管理者或注册文化财管理团体可以向文化财厅长要求给予与注册文化财的管理及修理相关的技术指导。注册文化财的修理由所有者进行为原则。但是，该注册文化财的管理团体被指定时，应由管理团体进行。国家补助注册文化财的修理费用时，可以对其进行监督。注册文化财的所有者、管理者或注册文化财管理团体就该文化财选任或解任管理者时，或者所有者变更或所有者或管理者的住所变更时，全部或一部分灭失或遭毁损时，从其事由发生之日起 15 日以内将其事实及经过向市长、郡守、区长申报，接受申报的市长、郡守、区长将该事实经市道知事向文化财厅长报告。另外，欲变更注册文化财外观的 1/4 以上，或将该文化财向其他地区移转时，在变更之日前 30 天内，向市长、郡守、区长申报，接受申报的市长、郡守、区长将该事实经市道知事向市长、郡守、区长报告。文化财厅长认为为保护注册文化财所必要时，可以对该现状变更申报进行指导、助言、劝告等。但，适用建筑物的建废率或容积率的特例的注册文化财和受国家补助金支援的注册文化财欲现状变更时，须经文化财厅厅长的许可。除此之外，注册文化财与指定文化财不同，即使注册以后，在不对外观进行变化的范围内，对其内部与人们的日常生活一样多样地进行利用。为了保障注册文化财制度的灵活运用和多种利用，对该注册文化财的所有者等赋予诸多的优惠。如：对注册文化财的修理等支援相当于一半修理费的国家补助金，采取税制减免措施，所得税和继承税及赠与税方面给予优惠，减免地方税 50% 和综合土地税课税标准额的 50%。对其建废率及容积率方面要求放宽。

2．埋藏文化财的保护

文化财保护法规定，包藏于土地、海底、建造物等的文化财的发现者或土地、海底或建造物等的所有者、占有者、管理者不得变更现状，按照总统令的规定，将其发现的事实向文化财厅厅长报告。报告的方法是将发现场所和日期、数量、形态等以有线或书面形式告知就近的行政官署即可。由于存在支付补偿金等问题，所以最好以书面形式报告，但报告后，补交书面报告也可。

以研究目的发掘时，为建设施工（土木施工）不得已有发掘的必要时，建设施工中被认定为该土地及海底包藏埋藏文化财，为了继续该施工，不得已有必要发掘时，除了受文化财厅长的许可发掘的情形之外，被认定为包藏古坟、贝冢、古生物资料、天然洞窟及其他埋藏文化财的土地及海底不得发掘。但必要时，由国家发掘是可以的。文化财厅长可以指示发掘许可所需事项，许可后认为必要时可以命令中止发掘或取消许可。此外，还对发掘者课以各种申报义务。

有埋藏文化财的申报或因发掘而发现文化财时，文化财厅长在已判明该文化财的所有者时，返还于该所有者，没有判明该所有者时将此通知警察署长，受通知的警察署长不得迟延地按照有关规定将此公告。但同时，该物被认定为文化财时，公告的同时向文化财厅长报告。除了返还于所有者的情形以外，自备提交之日起 20 天以内向文化财厅长提出，由文化财厅长处理。

被发现的文化财公告后，所有者没有判明时，归于国家，由国立中央博物馆、公立博物馆等保护。还有，经文化财评估审议委员会审议，将其评估金额支付给发现申报人和土地所有者。发现者和土地所有者不同时，均分支付。但是，对于归属国家的文化财，认为无须国家来保管时，将此转让给发现者或拾得者和发现该文化财的土地或建造物等的所有者，这时，不支付补偿金。

3．非文化财的确认

指定文化财禁止出口或海外转移。虽然《文化财保护法》指定重要的文化财，以此为主讲求保护的手段，但是，文化财不管是指定的，还是没有指定的都应该进行保护。因为文化财是民族的共同财产的性质。于是，没有指定的文化财中，属于动产的文化财也禁止出口海外或搬出海外。还有，有可能误认为文化财的动产欲出口或搬出时，事先应取得文化财厅长的确认。施行令中委托市道知事的非文化财确认。

四、韩国文化财保护的组织机构及其职能

（一）中央文化财行政机构

韩国文化财保护工作的主管机构是文化观光部下属的文化财厅。文化财厅属于文化观光部的外厅，行政级别相当于韩国的次官级，[253] 是负责并管理文化财行政的中央行政机关。文化财厅负责国家关于文化财政策的制定及执行，具体掌管文化财的保存、管理、利用、调查、研究及宣扬的事务。[254] 从文化财的诞生（文化财指定）到文化财的消灭（文化财指定的解除），文化财的保存、管理的一般事务均由文化财厅负责。同时，为防止文化财景观毁损的文化财现状变更许可，为防止文化财人为、自然毁损的事先、事后的文化财安全业务（盗难防止、灾难应急对策等），为毁损文化财回复原状的维修、整理等，也是文化财厅的主要负责事项。文化财厅的职能还包括在国际上介绍韩国的传统文化，与其他国家进行文化财交流业务，对国民宣传文化财保存的重要性。最近，文化财利用的职能得到重视，怎样激活文化财的现代价值而加以利用广泛得到关注。此外，文化财厅还履行创造性地继承文化遗产的政策业务。目前，为了更加系统、有效地保存和管理作为民族文化精髓和人类共同的资产的文化财，韩国文化财厅正在以“通过

原形保存确立文化整体性”、“开发和保存的协调”、“文化财享有权的伸张”等作为主要的政策目标来推行。

文化财厅下设文化财政策局、史迹名胜局、文化遗产局、政策宣传管理官和总务科。[255] 文化财政策局主要负责文化财保护保存、管理、利用政策的制定及调整，文化财灾害、灾难事项的管理，文化财相关维修技术振兴政策的制定及调整，宫、陵、园及其区域内的国家指定文化财的保护、管理及维修，宫、宗庙管理所及地区管理所相关的业务，文化财国际交流事业及其协调，关于文化财国际公约的事项，与文化财相关市民团体的合作、支援事项，世界文化遗产注册的事项等。史迹名胜局主要负责关于所辖文化财保存、管理业务的基本计划的制订及调整，属于史迹、名胜、天然纪念物及其他纪念物的文化财和其保护区域的指定、解除、保护、管理以及现状变更许可事项，国有财产文化财的管理，埋藏文化财的挖掘许可、保存及管理，文化遗迹地表调查及遗迹分布地图的制作、管理等。文化遗产局主要负责关于所辖文化财的保存、管理业务的基本计划的制订及调整，国宝、宝物及民俗资料和其保护区域的指定、解除、保存及管理，国宝、宝物及民俗资料的现状变更许可的事项，无形文化财的指定、解除、保护、传承及管理，文化财的注册、注销和注册文化财的保护与管理事项，违反文化财相关法规的处罚，文化财的国外搬出的许可，关于文化财修理技术人员、技能者的选拔及管理的事项等。政策宣传管理官主要负责主要业务计划的制订及调整，人事管理、预算制定及执行、宣传教育、内部监察以及信息管理、行政复议等事务。总务科负责保安、印章管理、文书的收发、物品的购买、资金运用以及会计、结算等后勤业务。[256]

为了支援文化财厅厅长的管辖事务，文化财厅属下还设有韩国国立文化财研究所、韩国传统文化学校、国立故宫博物馆、国立海洋遗物展示馆、显忠祠管理所、世宗大王遗迹管理所、七百义冢管理所、宫及宗庙管理所以及地区管理所等机关。[257] 国立文化财研究所负责关于文化财的学术调查、研究及科学保存技术的研究开发事务；韩国传统文化学校作为专门培养文化财专业人才的高等教育机构，负责培养传统文化专业人才的理论教育和系统的实际技能教育事务；国立故宫博物馆负责宫中遗物的研究、调查、收集、保管及展示的事务；国立海洋遗物展示馆负责海洋遗物的收集、调查、研究、展示、保存及管理事务；显忠祠负责通过保存管理存有朝鲜时代的爱国英雄忠武公李舜臣将军的史迹、遗物等场所，传承维护民族的遗志、宣扬爱国忠贞的正气的事务；世宗大王遗迹管理所负责永陵的保存、管理和宣传世宗大王的遗德和伟业的事务；七百义冢管理所负责七百义冢的有效保存和管理并宣扬七百义士伟业的事务；宫及宗庙管理所共有五个，负责景福宫、彰德宫、昌庆宫、德寿宫及宗庙内的文化财及设施物和水木的保存管理事务；地区管理所共有 13 个，负责各地区陵、园、庙及其附属林地和土地的保护管理。[258]

（二）地方文化财行政机构

韩国虽为单一制国家，但实行充分的地方自治，一定的区域为单位的地方在法律上被称为独立于国家的自治团体。地方自治团体在法令规定的范围内处理关于其自治的行政事务和国家委托的行政事务，并管理财产。[259] 地方自治团体的权力机关为地方议会，执行机关为地方自治团体的行政长官。地方自治团体包含广域地方自治团体和基础地方自治团体。广域地方自治团体有特别市、广域市及道，基础地方自治团体有市、郡及区。[260] 韩国的行政区划分为三个层次：特别市、广域市、道；市、郡、区；邑、面、洞。因此，地方自治团体的文化财管理行政机构可以区分为市、道厅，市、郡、区厅，邑、面、洞事务所等。市、道设文化财科，市、郡设文化财系，专门负责本区内文化财行政事务。但无论如何，地方文化财行政的最终负责人是地方自治团体的行政长官，如市长、道知事等。

地方文化财行政机构的职能包括两个方面：一方面协助中央文化财行政机构进行所辖区内国家指定文化财、注册文化财、埋藏文化财及一般动产文化财的保护和管理；另一方面指定所辖区内市道指定文化财，并对其进行保护和管理。在国家指定文化财的保护和管理方面，广域地方自治团体的行政长官，即市、道知事应承担相应的职责。市、道知事发现按照文化财保护法的规定认为有必要指定的文化财时，按文化观光部令的规定准备照片、图面及录音物等指定所需资料，将其理由向文化财厅厅长报告。[261] 对已指定的国家指定文化财，制定保存、管理及利用的基本计划时，文化财厅长应与相关的市、道知事进行协商，制定基本计划后应向市、道知事通报，市、道知事根据该基本计划制订并施行详细的计划。[262] 除了对文化财的保存不产生影响的轻微的修理外，国家指定文化财的修理由专业的人员和修理企业负责，而这些专门负责文化财修理业务的文化财修理技术者、文化财修理技能者及文化财修理业者的注册及管理业务由市、道知事负责。[263] 同时，为了确保对文化财服务事业及修理工程等评估的公正性与专门性，市、道知事属下各设置文化财技术委员会，市、道知事将相关项目及工程发包时应经文化财技术委员会的审议。[264] 市长、郡守、区长及管理团体的长官应与文化财厅长一起制作、保存对国家指定文化财的保存、管理及变更事项等的记录。[265] 在国家指定文化财的所有者不明或由管理者的管理困难或不适合时，受文化财厅长指定，地方自治团体可以直接管理该国家指定文化财。[266] 地方自治团体对在其管辖范围内的不属于其所有或管理的国家指定文化财，可以承担或资助其管理、保护或修理等所需经费。[267] 关于注册文化财，其注册的申请须经由该文化财所在地的市长、郡守、区长及市、道知事进行。选任或解任注册文化财的管理者、注册文化财的所有者变更、注册文化财的全部或一部灭失、毁损时，该文化财的所有者、管理者或管理团体应向所辖区域的市长、郡守或区长报告，而该市长、郡守或区长应经由市、道知事向文化财厅长报告。要进行注册文化财的原形变更等变更注册文化财现状的行为时，应向所辖区域的市长、郡守或区长报告，而该市长、郡守或区长应经由市、道知事向文化财厅长报告，并按照法律规定得到文化财厅厅长的许可。[268] 关于埋藏文化财，按照法律规定要取得埋藏文化财的挖掘许可时，应经由市长、郡守、区长向市、道知事和文化财厅厅长提交申请。地方自治团体应与国家一同，努力制作、维持埋藏文化财的记录，并研究对埋藏文化财所包藏的地域进行切实保护的方案。[269] 欲买卖或交换属于动产的有形文化财或有形的民俗资料的人（即文化财买卖业者）应向市长、郡守或区长申报，有关的市长、郡守或区长在文化财买卖业者违反法律规定的遵守事项时，可以命令文化财买卖业者禁止营业。[270]《文化财保护法》规定的文化财厅长的权限，根据总统令的规定可以委任给市、道知事。[271]

为调查审议市、道知事管辖区内文化财的保存、管理及利用之事项，在特别市、广域市或道设置市、道文化财委员会。市、道文化财委员会的组织及运营等事项以条例规定，但应包含下列事项：关于调查审议文化财的保存、管理及利用的事项；委员的聘任及解聘的事项；关于分科委员会的设置及运营的事项；专门委员的聘任及利用的事项。

市、道知事就其辖区内的文化财，向文化财厅长要求将其指定为国家指定文化财（含保护物及保护区域）或解除指定时，应经市、道文化财委员会的事先审议。[272]市、道知事在发生市、道指定文化财、文化财资料的指定或解除时，市、道指定文化财或文化财资料的所在地或保管场所变更时，市、道指定文化财或文化财资料灭失、被盗或毁损时，应向文化财厅厅长报告。[273]

（三）文化财委员会

为了确保文化遗产保护过程中的科学性和公正性，韩国设置文化财委员会作为向文化财保护事项进行审议和提供咨询意见的顾问机构。根据《文化财保护法》第 3 条的规定，文化财委员会是为了调查并审议文化财的保存、管理及利用之事项而设置，是文化财厅下属的机构，是调查并审议文化财厅长附议的主要议案的审议机关。文化财委员会的设置根据规定于《文化财保护法》上，而关于其组织和运营的详细事项，在以总统令形式颁布的《文化财委员会规定》（1970 年 2 月 7 日总统令第 4577 号）中设有规定 。

根据《文化财保护法》及《文化财委员会规定》的有关规定，文化财委员会审议关于文化财管理的重要的政策决定事项，其具体的审议事项如下：（1）国家指定文化财的指定和该指定解除，国家指定文化财的保护物或保护区域的指定和该指定解除，重要无形文化财的持有人、名誉持有人或持有团体的认定和该解除，国家指定文化财的重要修理及修复的命令；国家指定文化财的现状变更或运出国外的许可，为保全国家指定文化财环境之行为的限制、禁止或设施的设置、拆除、搬迁等的命令，文化财的注册及注销，埋藏文化财的挖掘；关于国家指定文化财的保存、管理或利用的专门事项或技术事项中被认为重要的事项，关于市、道指定文化财或文化资料的指定及管理的文化财厅厅长的劝告事项，以及其他关于文化财的保存、管理及利用等的文化财厅厅长附议的事项。[274]（2）关于指定或假指定文化财的保存之基本试策，关于文化财相关法令等制度的改善之事项，关于文化财的研究、开发及普及的事项，对国家欲买入文化财的评估，对于被发现埋藏文化财的补偿金额以及其他文化财厅厅长附议的事项。[275]（3）文化观光部长官关于博物馆及美术馆振兴的基本试策，关于设立国立博物馆及国立美术馆时文化观光部长官和相关中央行政机关长官之间协议的事项，以及其他关于博物馆或美术馆的振兴有必要咨询的事项。[276]因此，与表决机关不同，该委员会的审议结果对文化财厅厅长并没有法律约束力。但是，实际上，文化财委员会具有持有审议决定权的审议协调委员会的性质。[277]

文化财委员会由 120 人以内的委员组成，任期为两年。委员从具有文化财相关领域的学识和经验者中选任，由文化财厅厅长任命。文化财委员会设委员长一人、副委员长两人，由委员会选举产生，任期为两年。委员长负责委员会的事务，代表委员会，并召集会议，成为会议主席。副委员长辅佐委员长，委员长因故不能履行职务时，由委员长指定的副委员长代行其职务。[278] 委员会的议事，除了另有法律特别规定外，依在籍委员过半数出席和出席委员过半数赞成通过。[279]

为了顺利履行文化财委员会的调查、审议工作，可以设置按文化财的种类分管调查、审议工作的分科委员会。目前在文化财委员会内设置的分科委员会有：建造物文化财分科委员会，动产文化财分科委员会，史迹分科委员会，无形文化财分科委员会，天然纪念物分科委员会，国宝指定分科委员会，埋藏文化财分科委员会，近代文化财分科委员会，文化财制度分科委员会。建造物文化财分科委员会负责关于有形文化财中的建造物和民俗资料中的家屋之事项；动产文化财分科委员会负责关于有形文化财（建造物除外）的事项和关于补偿金的事项以及关于国家欲买入文化财的评价的事项；史迹分科委员会负责纪念物中关于史迹地及可以成为特别纪念的设施物的事项；无形文化财分科委员会负责关于无形文化财和民俗资料（家屋除外）的事项；天然纪念物分科委员会负责关于纪念物（史迹地及可以成为特别纪念的设施物除外）的事项；国宝指定分科委员会负责关于国宝指定的事项；埋藏文化财分科委员会负责关于埋藏文化财的事项；近代文化财分科委员会负责关于注册文化财的事项；文化财制度分科委员会负责关于为文化财保存、管理的法令、制度等之事项。[280] 同时，为了分科委员会处理事项的资料收集、调查、研究和计划的立案及所属分科委员会的发言等，文化财委员会设有 200 名以内的非常勤专门委员，由文化财厅厅长从各领域的专家中选任，属于各个分科委员会的专门委员的人数亦由文化财厅厅长决定。[281] 各分科委员会根据需要可以召开共同分科委员会。除了涉及整个委员会的事项以外，将分科委员会或共同分科委员会的表决作为文化财委员会的表决，亦由过半数委员的出席并出席委员的过半数赞成来表决通过。[282] 分科委员会或共同分科委员会为专门地、有效地审议事项等，必要时可以组成并运营小委员会，其委员由分科委员会委员长或共同分科委员会委员长在分科委员会或共同分科委员会的委员和有关领域的专家中选定。[283]

（四）韩国文化财财团

韩国文化财保护财团是为了文化财的保护、保存、普及及宣扬和传统生活文化的开发，根据文化财保护法设立的特殊法人。[284] 根据《文化财保护法》第 77 条，文化财厅厅长为了文化财的保护、保存、普及及宣扬所需时，可以支援、培育相关的团体，而韩国文化财保护财团正是该文化财保护相关团体的一种。韩国文化财保护财团由文化财厅牵头，在文化财厅属下成立，是韩国民法上的财团法人，按照章程规定可以设若干人数的董事和职员。韩国文化财保护财团运营所需的经费可以从国库中支援，国家或地方自治团体认为韩国文化财保护财团的业务履行所需时，可以让韩国文化财保护财团无偿地使用、收益国有财产或公有财产。[285] 韩国文化财保护财团受文化财厅管辖，每年制定的事业计划书及预算书应向文化财厅厅长提交并受其承认，事业计划书及预算书变更时亦相同。韩国文化财保护财团在每个事业年度结束时，还应将该年度的事业业绩及结算书向文化财厅厅长提交。[286]

目前，韩国文化财保护财团正在履行传统文化教育和实技讲座等文化遗产教育事业、文化财调查研究、传统艺术公演、传统工艺展示、传统饮食和传统婚礼等传统文化生活普及、文化商品开发等传统文化和与文化财相关的多种事业。韩国文化财保护财团还直接运营管理首尔重要无形文化财传授会馆、韩国文化之家、韩国之家、全州传统文化中心等文化设施。

五、韩国文化财保护的经验

韩国在文化财保护方面，大胆地实施“拿来主义”，引进了国外的先进经验，尤其是文化背景等方面比较相近的日本的经验。

由于历史的原因，韩国早期的文化财立法受日本影响很深，有些甚至可以说是日本人为执行殖民政策而制定或移植过来的。[287] 比如，从《寺刹令》（1910 年）中很容易看到日本《古社寺保护法》（1898 年）的痕迹，从《朝鲜宝物古迹名胜天然纪念物保存令》（1933 年）中，也不难看到日本《史迹名胜天然纪念物保存法》（1921 年）的影子。而后者在韩国光复后，根据韩国《制宪宪法》第 100 条继续沿用，直到 1962 年韩国《文化财保护法》的颁布才废止。

1948 年大韩民国政府成立后，着手进行新的国家秩序的创建工作，7 月 12 日颁布了新的宪法，并开始了各个领域的立法工作。在文化遗产的保护领域，为了适应现代社会发展的需要，有效地保护民族文化遗产，制定统一的、新的文化财保护法也提到了议事日程。面对非常紧迫的立法日程表，在借鉴国外文化财保护立法经验方面，韩国首先考虑到了日本的经验。尽管长达 35 年的日本殖民统治曾给韩国人民带来了深重的灾难，但是如理性地考虑，两国的文化背景相似，而且由于光复前殖民统治时代，韩国的文化财保护立法几乎完全受日本文化财保护影响，对文化遗产的观念上具有很多共同的认识。恰巧，日本战后为了文化遗产的保护，制定了综合性的文化遗产保护法律即《文化财保护法》，积累了新的文化财保护立法经验。于是，韩国在认真研究日本的《文化财保护法》的基础上，大胆借鉴其经验，制定了韩国历史上第一部关于文化遗产保护的综合性法律《文化财保护法》。在该部法律中，韩国不但首先接受了日本《文化财保护法》提出的“文化财”的概念，同时还对日本《文化财保护法》提出的“有形文化财”、“无形文化财”、“民俗文化财”等全新的概念以及在此基础之上建立起来的新的分类体系也都予以几乎全盘接受。

韩国文化财保护法出台以后，随着韩国社会经济发展的需要，不断地进行修改，在此过程中，也继续借鉴包括日本在内的其他发达国家的经验，并逐渐地本土化，发展成为韩国特色的文化财保护法律制度。

本节参考文献

单行本

1. （韩）金斗镇：《文化财保护法制的改善方案》，韩国法制研究院 2002 年。
2. （韩）姜智贤：《文化财保护的公法考察》，梨花女子大学研究生院 1996 年。
3. 顾军、苑利：《文化遗产报告》，社科文献出版社 2005 年 7 月。

论文

1. （韩）金在浩、金昌奎：《文化财保护法制研究》，《法学研究》（忠南大学法学研究所），第 13 卷第 1 号（2002 年）。
2. （韩）南宫承泰：《文化财的保护与历史文化环境权》，《亚太公法研究》（亚太公法学会），第 4 辑（1997 年 12 月）。
3. （韩）崔大权：《文化财保护与宪法》，《法学》（国立首尔大学法学研究所），第 44 卷第 3 号（2003 年）。
4. （韩）金铢甲：《我国文化财保护的现状及改善方案》，《法学研究》（忠北大学法学研究所），第 7 卷第 1 号（1995 年 8 月）。

5.（韩）吴世卓：《韩国文化财保护法制研究》，《社会科学研究》（忠北大学法学研究所），第4卷第1号（1987年8月）。
6.（韩）南宫承泰：《宪法上的文化国家与文化财保护》，《亚太公法研究》（亚太公法学会），第3辑（1994年）。
7.（韩）金昌奎：《注册文化财制度的激活与法制改善》，《文化财学》（韩国传统文化学校文化财管理学科），总卷第2号（2005年2月）。

法律、法规
1.《文化财关系法令集》，文化财厅 2005年7月28日。
2.《2005年度修改文化财保护法令解说》，文化财厅 2005年。

第五节　我国台湾地区文化资产保护制度

本章通过对我国台湾地区新旧《文化资产保存法》的重点考察，通过对台湾地区文化资产保护制度中本土与外界、政府与民众、保护与开发三对核心关系的剖析，阐明了台湾地区文化资产保护法律制度在立法理念、立法技术等方面日趋成熟的过程。其在这一过程中的得与失，为建立和完善我国人文资源的法律保护制度具有重要的借鉴意义。

台湾地区文化资产的保护制度主要是指其文化资产保护的法律制度，其文化资产保护制度体系的建立以1982年《文化资产保存法》的颁布为标志。因此，我们考察台湾地区文化资产保护制度的重点就在于这部《文化资产保存法》。台湾地区的《文化资产保存法》从颁布起至今，经历了不断的修补与增订并日趋完善，我们考察的主要对象就是2005年修改后的《文化资产保存法》(以下简称文资法)。通过考察我们发现，台湾地区对文化资产的法律保护在立法价值的取向以及立法技术的运用上有较大的改变，总体上看，其立法的理念更为开放，立法技术也更加成熟。这种进步离不开国际上重视文化遗产保护思潮的推动，也离不开文化遗产保护制度较为发达的国家的制度性影响。“进步”是在现在与过去的比较中而言的，因此，我们认为，在与以往的制度相比较中研究台湾地区的文资法，更能够彰显这种进步。当然，进步是相对的，就台湾地区的文资法而言，其需要提升的空间还很大。所以，我们在探析台湾地区文化资产保护制度的时候，既重视肯定，也重视检讨。这样的研究对于我们的相关制度建构都是有所裨益的。

一、对相关概念的辨析

对于“文化遗产”，世界上有着各种各样的指称，并且，由于“文化遗产”的笼统性，世界各国以及国际组织对于其包含的各个方面的内容的称呼也各异。以文化遗产中的“非物质文化遗产”为例，“非物质文化遗产”只是联合国教科文组织运用的一个名称，而在文化遗产保护比较早和比较成体系的国家，它们往往有自己的一整套概念体系，比如日本，就以“文化财”作为上位概念，然后衍生出有形文化财、无形文化财、民俗文化财等概念。而我国台湾地区则用“文化资产”来指称文化遗产，相比“文化遗产”这个概念，“文化资产”概念中更加直接地体现了“资源”的意味。就全世界范围来说，“文化遗产”的资源价值已经越来越为人们所重视，并且对其资源价值的开发也不断地处于实践当中。因此，台湾地区的“文化资产”的概念比较能够直接地表达出对资源价值的取向问题。然而，文化遗产的保护和开发的矛盾、文化遗产的多重价值之间的矛盾如何协调，目前并没有一个清晰的答案。台湾地区虽然运用了“资产”的概念，也并不代表其在文化遗产的资源性价值开发方面做得相当成功，事实上台湾地区在文化遗产的活用方面正处于起步阶段。那么，概念在制度体系中起着什么样的作用，我们应当如何来认识概念呢？

“文化遗产”相较于“文化资产”而言，在世界范围内运用得更为广泛。但是，即便是“文化遗产”如此普遍的概念，目前也在面临挑战。因为，从一般的意义上讲，“遗产”往往为先人所遗留，但是，许多被冠以“文化遗产”之名的“文化”并不是“遗留文化”，而是一直处于活态中的文化，一直贯穿在人们的生产与生活方式当中并被不断发展。因此，用“文化遗产”这个概念去指称，无疑有无法体现文化活态性之嫌。因此，在文化被当做一种资源不断地供给人们精神需要和物质需要的现在，我们认为，以往的“文化遗产”概念不能充分体现人们由于时代的发展和需要而不断赋予“文化”的多重意义，因此许多全新的概念纷涌而出，比如：“文化资源”、“人文资源”、“文化财”、“文化资产”等。概念的产生带有比较强的主观色彩，从逻辑学上讲，概念是一切推理活动的基础，因此，概念是思维活动的一个基础，我们可以透过概念探知人们内心的理念和渴望实现的目标，在这个层面上而言，概念起到了一种信号传递的作用。比如，“文化资源”同“文化遗产”相比，就传递并强调了“文化”的资源意义和价值，这其实已经为文化遗产的开发和利用的意义的阐明做了一种铺垫。

不过，我们仍然认为，概念的首要价值仍在于指称某物，而并非在于其他额外的作用。以台湾地区文资法为例，其虽然运用了“文化资产”这个概念，但是对于“文化资产”资源价值的开发利用上，很长时间内都没有引起人们的高度重视。台湾地区对文化资产的认识比较保守，保存的意识比较强，但是对于资源性的开发与利用问题，台湾地区一直存在比较强烈的争论，意见不一。经过长期的讨论，人们发现，文化遗产的经营并非只是为了实现经济利益，同时也是对文化遗产进行保护的强有力的经济支持，并且还能更好地方便人们亲近文化遗产以及开展文化交流，而这恰恰是保护文化遗产的核心目的所在。换句话说，文化遗产的保护与经营在本质和长远上并不存在根本的冲突，相反却是可以互为支持的，保存是经营的基础，经营是保存的重要支持。所以，台湾地区在对文化资产保护制度的修订中，逐渐重视“文化资产”的“资产性”，以及重视因为这种“资产”的特殊性而带来的特殊问题的解决。人们理念上的转变受制于客观的变化，而概念是主观的产物，因此我们并不认为概念的选择在这种认识观念的转变中能够起到多么不可磨灭的作用。

我们认为，无论传统的“文化遗产”概念如何演变或延伸出多少丰富的其他概念，与文化遗产潜在价值的存在以及人们的开发和利用之间的关系并不大。概念的本质作用就是一种符号指向作用。但是，并不能因此就忽视概念的科学性。尤其在正式制度当中，概念群应当具有一定的体系和逻辑，否则容易引起逻辑上的混乱，为制度的运用带来障碍。台湾地区的文化资产概念体系在修法过程中经历了逐步的完善，从原来的古物、古迹、历史建筑、民族艺术、民俗及有关文物、自然与文化景观修改为现在的“古迹、历史建筑及聚落”、“遗址”、“文化景观”、“传统艺术、民俗及有关文物”、“古物”、“自然地景”、“文化资产保存技术及保存者”。我们在前文已经分析，新法中的概念体系更为科学，也更利于对文化资产的完整性、全面性保护。从概念的演变中我们可以感受到观念的变化，比如前文所分析到的从“历史、科学、艺术价值”的评定标准到“文化意义”评定标准的转变，另外，台湾地区的文化资产保存法增加“文化资产保存技术及保存者”这样一类，无疑是强调了文化资产保存的重要性以及人在这个过程中的重要作用。我们的这些认知，就是根据概念所传递出来的信息而得到的。

综上所述，就概念而言，我们认为关键在于体系的完整、科学以及逻辑的自洽性。台湾地区没有采用“文化遗产”这种国际上普遍的概念，也没有采用日本的“文化财”的概念，而是采用“文化资产”的概念，并在这个总概念之下对具体的文化资产进行分类和列举（本文第三部分还要论及）。这种概念体系有其固有的弊端，就是概念间容易产生重叠和难以界分的问题，台湾地区学界对此也多有批评。但是，台湾地区文化资产保护制度不断修正其概念体系，不断地提高其逻辑自洽性，值得肯定。因此，我们在文中进行一般性的分析时，运用“文化遗产”的概念，而在具体分析台湾地区相关制度时，我们尊重其采用的“文化资产”的概念。

二、我国台湾地区文化资产保护制度的历史沿革

文化资产的保护，主要指保护的政策与法律制度。我们的探讨虽然以法律制度为核心和重点，但是法律制度的形成往往是基于政策而形成的。换句话说，法律往往是政策稳定的表现形式。一个政策如果经过反复试错，趋于稳定并且具有以法律的形式固定下来的必要时，政策往往就在这个时候转化为法律。当然，需要说明的是，一旦政策稳定化为法律，那么法律反过来会对政策的贯彻起到推动和保障的作用，并且，将会对新的政策的产生起到一定的指引和约束的效果。毕竟，政策与法律比较起来，其稳固性要弱一些，而机动性要强一些。这也就是最为简单的政策与法的关系。

我们考察台湾地区关于文化资产保存政策与法律制度时，发现两者的关系典型地印证了这种政策与法的关系。台湾地区的文化政策主导了文化资产的保护，也主导了文化资产保存法律制度的诞生及变革历史。有台湾学者认为，台湾地区的文化资产保存政策，大致上可以分为三个阶段：[288]一是倡导中华文化复兴运动的中国化阶段。这源于20世纪60年代台湾地区执政者为了强化自身的中国正统性，并坚定“反共”立场与巩固政权因此积极倡导中华文化复兴运动而大力推行的台湾的文化政策。在这种文化政策的影响下，台湾地区固有文化的保存受到忽视，台湾本土的文化更遭受到极大的压制，其全面推广“中原式移植文化”。二是台湾本土意识抬头的古迹保存运动阶段。70年代台湾兴起乡土意识与乡土运动，因此乡土建筑成为保护的对象。通过古迹保存运动的开展，台湾地区的古迹保存制度以及文化资产保存法制逐步建立。三是社区总体营造政策下的文化产业化阶段。90年代台湾地区政治形势的变化引起了文化政策的变化。这时的文化资产保存政策，一方面强调社区民众的参与以及地方民众的文化认同；另一方面开始重视文化资产的活化利用，创造经济利益。

台湾地区的文化政策在经历这些变迁的同时，因为政策的影响和稳定政策的必要，

文化资产保护法制也开始了其产生和发展的历史。台湾文化资产保存法制就是在古迹保存运动中发展起来的，并且是乡土建筑保存运动者团结起来与政府进行博弈的结果。[289] 通过一系列的古迹保存运动，台湾地区的文化资产保存开始进入法制化的阶段。随着台湾文化资产政策的进一步发展，其文化资产保存法律制度也不断地处于修订当中。随着民主进程的推进以及民众自觉性意识的提高，台湾地区的文化政策开始注重民众的参与以及尊重民众权利，而这些文化政策的倾向均在台湾的文化资产保存法制上有所体现。可以说，法制的变革点与政策的变迁点保持着基本一致的状态。

当然，台湾地区的文化资产保存政策与法律制度均受到国外经验尤其是日本的影响，原因在于日本在文化遗产保护方面的经验比较丰富，制度也比较成熟。因此，台湾受日本的文化遗产保护理念与制度的影响比较明显。比如，日本的文化遗产保护制度强调活用，而台湾历来的观念是强调保存，对于活用文化遗产的观念是比较保守的。但是，经过文资法的修订，台湾近年来日益重视文化资产的保存与经济发展之间冲突的协调，并提出将地方文化特色产业化的策略，使文化资产真正具有"资产"的意义，在活用资产的过程中创造经济利益。这证明台湾地区正在走出"固守保存"的观念，也开始注重对文化遗产进行适度的活用。

从制度的总体看，台湾地区文化资产保护法制体系包括台湾的"宪法"、法律和行政法规、行政性规范文件三类。"宪法"中有关的"基本国策"与"机关权限"的规定是法律和行政法规制定的基础。与文化资产保护有关的"基本国策"中，"宪法"从原则上肯定多元文化；在具体方针上，规定中央、省与市县教育、科学、文化经费的最底线，并且这些经费应当优先编列；另外，"宪法"还规定了"国家"应保障教育、科学、艺术工作者的生活以及依国民经济的进展随时提高其待遇，等等。[290] 在法律这一层级上，主要有文化资产保存法、地方制度法、土地法、都市计划法、区域计划法、"国家"公园法、都市更新条例与建筑法等，除了文化资产保存法外，其他的法律在涉及文化资产时，都有相关的保护规定。[291] 对于行政法规与行政性规范文件，台湾地区制定了文化资产保存法实施细则、古迹土地容积转移办法、古迹制定审查处理要点、古迹保存奖励要点、古迹范围内拍摄影片及录制节目要点、日常管理及维护注意事项、防灾措施注意事项，等等；另外，台湾各市也制定有地方性法规及其文件，比如：台南市私有历史建筑物减免地价税及房屋税自治条例、台北市市定古迹及纪念性建筑物制定作业要点、台北市古迹管理维护要点以及新竹市市定古迹评价审议作业要点，等等。在这一系列的法制中，是台湾的《文化资产保存法》及其实施细则处于核心的地位，它是"宪法"抽象规定的具体化，又是下位法制定时的基础。因此，我们将集中分析台湾地区的《文化资产保存法》。

三、台湾地区文化资产保护法的主要内容

台湾地区《文化资产保存法》于 1982 年颁布，截止到 2005 年修订为止，共经历了 5 次增订及修改，条文也由 61 条变化为 104 条。2005 年的修订是规模较大的一次修订，经过这一次较为全面的修订，台湾地区的文资法在立法理念以及立法技术上都有很大的提高。为了简便起见，我们将新修订的称之为新法，将以前的称为旧法。新法分为十一章，分别为：总则；古迹、历史建筑及聚落；遗址；文化景观；传统艺术、民俗及有关

文物；古物；自然地景；文化资产保存技术及保存者；奖励；罚则；附则。我们下面将对其进行介绍与分析。

（一）文资法的分类及其相关概念释义

文资法在分类上由过去的六类（即古物、古迹、历史建筑、民族艺术、民俗及有关文物、自然文化景观）改变为现在的七类，即：将古迹与历史建筑归为一类，并加上聚落，以突出在保护上的整体性；区分古迹与遗址；区分自然地景与文化景观；将民族艺术改为传统艺术。我们将文资法对各类文化资产的新旧释义列出，然后进行比较，以昭示台湾地区文资法的变迁。

古物：旧法指"可供鉴赏、研究、发展、宣扬而具有历史及艺术价值或经教育部制定之物"；新法指各时代、各族群经人为加工具有文化意义之艺术作品、生活及仪礼器物及图书文献等。

古迹、历史建筑：旧法中古迹指"依本法指定、公告之古建筑物、传统聚落、古市街、考古遗址及其他历史文化遗迹"，历史建筑指"未被指定为古迹，但具有历史、文化价值之古建筑物、传统聚落、古市街及其他历史文化遗迹"；新法中将历史建筑与古迹合为一类，统指"人类为生活需要所营建之具有历史、文化价值之建造物及附属设施群"。

传统艺术、民俗及有关文物：旧法中采"民族艺术"这个概念，指"民族及地方特有之艺术"，而"民俗及有关文物"指"与国民生活有关食、衣、住、行、敬祖、信仰、年节、游乐及其他风俗、习惯之文物"；新法采"传统艺术"这一概念，指"流传于各族群与地方之传统技艺与艺能，包括传统工艺美术及表演艺术"，而"民俗及相关文物"指"与国民生活有关之传统并有特殊文化意义之风俗、信仰、节庆及相关文物"。

自然地景、文化景观：旧法中只有"自然文化景观"，其指"人类为保存历史文化及保育自然之需要，而制定具有保存价值之自然区域、动物、植物及矿物"；新法中区分"文化景观"与"自然地景"，前者指"神话、传说、事迹、历史事件、社群生活或仪式行为所定着之空间及相关联之环境"，后者指"具保育自然价值之自然区域、地形、植物及矿物"。

从文资法中概念的分类及释义上的修订来看，我们认为，新法的概念体系反映出以下几个特点：

第一，新法更加顾及了文化资产的全面性保护，这典型地表现在对古物的释义上。旧法中强调古物的"历史及艺术价值"，而新法中强调其"文化意义"，这显然是有着极大区别的。"文化意义"是一个总的、上位的、含义宽泛的概念，而"历史价值"、"艺术价值"等均是其下位的概念。用"文化意义"这样上位的概念去衡量文化资产，无疑是将标准放宽，从而将拓宽保护对象的范围，因此利于文化资产的全面性保护。这种新旧概念之间的变化反映出新的文资法在价值取向上的开放性，我们认为值得认同。

第二，新法在概念上显得简洁与科学，这是立法技术的进步和成熟。这体现在对古迹与历史建筑的阐释上。旧法的列举式内容被新法以"建造物及附属设施群"所统指，这样不仅显得简洁，而且还免去了遗漏保护对象之嫌。

第三，新法在概念上更加讲求精确性。以对"民俗及相关文物"的定义为例。旧法解释为"与国民生活有关食、衣、住、行、敬祖、信仰、年节、游乐及其他风俗、习惯之文物”。按照一般的语法来分析，这个解释的主干为“与国民生活有关之文物”。这显然并非与“民俗及相关文物”这个概念完全吻合。“民俗及相关文物”包括两部分，一是“民俗”，二是“与民俗相关的文物”。可是，按照旧法的解释，我们似乎分析不出“民俗”的内容，而只有“与民俗相关的文物”。而新法中“民俗及相关文物”指“与国民生活有关之传统并有特殊文化意义之风俗、信仰、节庆及相关文物”，这样的定义才揭示出“民俗及相关文物”所包含的两层完整的意思。

综上所述，我们认为，台湾地区目前的文资法对文化资产的分类在理念和技术上都取得了较大的进步。但是，这并不是说其是完美的。最为明显的一点就是台湾地区的文资法虽然分类较细，但是没有一个逻辑上的上位分类进行统领，因此分类稍显杂乱，并且类别之间有重合之处，也就是说某种文化资产可能同时具备分类中两种以上的性质，这为文化资产的保护带来了混乱与困难。日本与韩国在文化遗产的分类方面用“有形文化财”与“无形文化财”等更具有统指性的表达方式，相比它们对文化遗产分类的逻辑，我们认为，台湾地区文资法的分类尚存较大的整合空间。另外，文资法的实施细则第 2 条至第 7 条对文化资产进行了进一步的细化，但是其描述却不甚精确。比如，细则规定：文资法中第 3 条第 1 款所定古迹及历史建筑，为“年代久远且其重要部分仍完整之建造物及附属设施群”。何谓“年代久远”？何谓“重要部分”？等等，不甚明了。因此，台湾地区的文资法的概念仍有一些不清晰之处，值得探讨。

（二）立法宗旨

台湾地区原来的文资法规定其以“保存文化资产、充实国民精神生活、发扬中华文化”为宗旨。修改后的文资法改为以“保存及活用文化资产，充实国民精神生活，发扬多元文化”为立法目的。比较起来，新法做了两点修订：第一，文化资产不仅要保存，还要活用；第二，文化资产的保存与活用不仅是要发扬中华文化，还要发扬世界多元文化。

台湾地区对文化资产的态度一直比较保守，其强调保存，并不是非常重视利用。然而，让文化资产远离利用的方式反而不利于保存。利用文化资产进行适度的开放经营，不仅利于文化的交流从而实现保存文化资产的目的，而且有利于民众亲近文化资产并且保持对文化资产进行保护的积极性。因此，如果能够科学地利用文化资产，不仅不会减损文化资产的价值，还利于文化资产的保存。新的文资法虽然对于活用文化资产的具体操作还缺乏完善而详尽的制度，但是其在立法宗旨中开章明义地强调文化资产的“活用”，已经表明其在观念上迈出了实质性的一步，并且为具体制度的建构奠定了基础。

新法与旧法相比所体现的理念上的进步与开放的另一表现是新法对于多元文化的态度。文化之间没有高低贵贱之分，只有分布广度的区别。文化之间需要相互交流，相互借鉴，以促进彼此的完整和进步。因此，一个国家、民族或地区的文化心态应当是开放的，这才是健康和进步的心态。其实，在新法颁布之前，就有学者指出“发扬中华文化”的宗旨是与台湾地区宪法宣示的多元文化精神有违的，并且指出与旧法配套的文资法实施细则也在排斥多元文化。典型的表现是旧的文资法实施细则解释古建筑时，罗列的尽是清代汉人古建筑的形式，而没有包括日治时代的近代建筑。[292] 我们通过对新法及其实施细则的考察发现，相关制度已经作出了修改，如上所述，立法宗旨已经昭示了多元文化的精神。而文资法实施细则第 2 条在列举古迹、历史建筑及相关聚落时，提及了日治时期的移民村、近代宿舍及眷村等。我们看到，多元文化精神正在被逐渐贯彻到台湾地区文化资产保护的具体制度当中，从而促进了文化资产保护的全面性与完整性。

（三）主管机关及其职责

修订后的文资法明确除自然地景之外，其余的文化资产在“中央”归行政院文化建设委员会（文建会）主管，而在直辖市为直辖市政府主管，在县市为县市政府主管。至于自然地景，在“中央”归行政院农业委员会（农委会）主管，在直辖市、县、市为其“政府”主管。如果一种文化资产具有两种以上类别性质，则其主管机关与文化资产保存之策划及共同事项之处理，由文建会会同有关机关决定。如果文化资产跨越两个以上直辖市、县市辖区的，其地方主管机关则由所在地直辖市、县市主管机关商定，必要时可以由“中央”主管机关协调指定。另外，主管机关可以委任、委办其所属机关（机构）或委托其他机关（机构）、文化资产研究相关之学术机构、团体或个人办理文化资产调查、保存及管理维护工作。

相比旧法中对主管机关分散的规定，新法对主管机关及其事权进行了统一。旧法是根据文化资产的类别而分别设置主管机关的，文化资产种类的不同，主管机关也就不相同，这使得文化资产的分类处在了关键性的地位。但是，正如我们前面对分类进行的分析所指出的那样，文化资产的分类很难臻于完美，目前台湾地区对文化资产的分类仍有较大的改进余地，因此根据分类来确定主管机关，加上主管机关的多重和分散，将容易导致文化资产多方冲突保护以及无人保护两个极端，引起局面的混乱。新法的修订似乎意识到了这一点，因此将主管机关及其职权进行了统一，并且明确了“中央”和“地方”的关系。我们认为，这将利于文化资产保护工作的开展。

主管机关全面负责文化资产的普查、建立档案、指定、登录、审查、管理维护等工作。也就是说，我们所看到的台湾地区文化资产保存法，是一部“政府”全面主导和管理型的文资法。“政府”的力量不可或缺，甚至，在文化资产的保护力量中，“政府”居于核心和首要地位。我们认为，“政府”有着其他保护主体所无法拥有的保护力量，因此突出“政府”的保护是无可厚非的。不过，随着人们保护文化遗产意识的提高以及进一步共识的达成，民众参与的积极性、必要性以及重要性都越来越为人们所关注。并且，民众的参与并非仅仅是宣示性的条款所能实现，而是要依靠具体确切的制度来保障和落实，在文化资产的保存与活用方面，民众都应当有明确的话语权和一定的决策权，尤其是对于一些特殊的文化遗产，比如与民众的生活息息相关的无形文化遗产更是如此。台湾地区目前在这个方面有所重视，但是还处在起步阶段，因此我们在其文资法中所看到的，几乎仍旧全是无比强大的、处于核心的“政府”的身影。我们认为，如何保障民众的参与，不仅是我国台湾地区，也是摆在所有国家和地区面前的重大课题，尽管在制度建构的各个方面存在困难，但是应当朝着这个方向努力。

（四）文化资产保护的一般性措施

台湾地区的文资法是分别对不同类型的文化资产作出规定的。尽管因为类别性质的不同，不同的文化资产的保护措施有所区别，并且这也正是将不同类的文化资产加以分别规定的原因所在，但是我们仍能够总结出文化资产保护的一般性措施。

1. 文化资产的确认制度

保护文化资产的前提是要对所保护的客体进行确认。文化资产获得确认的途径有官方和民间两种途径。所谓“官方”途径是指文化资产主管机关展开普查、审查，对应当予以保护的文化资产进行指定，然后办理公告。对于文化资产的调查、研究、保存、维护、修复以及再利用等，主管机关应当建立完整的个案资料。另外一条民间的途径是指个人、团体可以向主管机关提报具有可保护价值的文化资产，经主管机关审查后进行指定。我们看到，在文化资产的确认制度中已经有了民众参与的途径，这对于尊重民众的文化权以及尽可能全面地保护文化资产无疑起到了较好的促进作用。

我们注意到，台湾地区的文资法在总则里规定：“主管机关为审议各类文化资产之指定、登录及其他本法规定之重大事项，应设相关审议委员会，进行审议。”从制度的规定上看，民众在文化资产的确认上虽然有一定的参与的权利，但是我们认为，民众应当享有一定程度的实质意义上的决策话语权。因此，审议委员会的组成以及其审议的运作机制应当成为被关注的核心。台湾地区在《历史建筑登录及辅助办法》中规定直辖市、县市主管机关为办理历史建筑登录的审查事项，应设置历史建筑审查委员会，由机关代表、学者专家、当地学术机构代表及社会公正人士组成。其中，机关代表不得超过委员会总额的三分之一。历史建筑审查委员会的组织及会议，由各该主管机关定之，送中央主管机关备查。其委员会召开审查会议时，可以邀请历史建筑所有人、管理人或占有人列席，必要时可以举行公听会。

我们在文资法总则中没有看到对审查委员会做出比较细致的规定，其只是在总则中要求“审查委员会之组织准则，由文建会会同农委会定之”。我们认为，审查委员会的组成以及运作方式决定了“政府”与民众话语权的分配，其重要性自不待言。其不仅实质性地影响到民众的参与程度，也是对文化资产保护理念中的民众参与理念的一种宣示，是在文化遗产保护方面社会民主、开放的表现，其完全有必要在文资法的总则中对审查委员会的组成以及运作方式作一种底线规定，这会起到比较好的效果。

2. 文化资产的管理维护制度

经指定、确认的文化资产，台湾地区在文资法里规定了主管机关的监管保护职责，同时规定，在必要时，“主管机关可以委任、委办其所属机关（机构）或委托其他机关（机构）、登记有案之团体或个人为之”。管理维护文化资产是主管机关的应有之责，因此其并非我们所讨论的重点。我们在此问题上关注的焦点在于，文化资产分为公有和私有两种性质，所有权归属的不同引致了文化资产管理维护上的问题，并且具体问题因为文化资产的性质的不同而不同。

对于公有文化资产而言，政府的管理维护面临的主要问题是主管机关决策的民主性、科学性的问题。文化资产虽然在性质上属于公有，但是与其管理维护息息相关的，往往是特定的关系人和当地居民。下面我们以文化资产中重要的组成部分——古迹为例来说明问题。

古迹维护的核心是尽可能保存古迹，并且要保留其完整性。除了一些必要的关于管理维护的事项、修复以及转让的限制规定外，由于都市的日益现代化，古迹的完整性将受到被破坏的威胁。台湾地区的文资法中规定了当都市建设涉及古迹保存时，应当顾及古迹的完整性保存。另外，古迹主管机关应当主动拟定古迹保存区、聚落保存计划等。

而古迹保存区的划定，不能忽略当地居民尤其是所涉及的利害关系人的参与权。台湾地区文资法第 33 条及 34 条分别规定："主管机关于拟定古迹保存区计划过程中，应分阶段举办说明会、公听会及公开展览，并应通知当地居民参与"；"(聚落）保存及再发展计划之拟定，应召开公听会，并与当地居民协商沟通后为之"。我们认为，"政府"在管理维护中进行决策时，尊重当地居民的意见是值得肯定的选择，是公共化行政的表现，利于促进决策的客观性与科学性，进而也体现了社会的民主。只是，我们仍要强调的是，第一，立法仅仅做出宣示性的"居民参与"的规定，在缺乏相应的配套制度的情况下能够在多大程度上保证民众的参与权是难以回答的问题。第二，当地民众不仅在保存古迹等文化资产上应当有话语权，而且与其他地域的民众相比，其对于文化资产更为亲近，也往往更为了解，因此，当地居民凭着天然的优良条件，在进行文化的交流与文化资产的活用方面，我们认为有必要给予并充分发挥其参与的权利。从这个角度看，台湾并没有很好地对此进行重视。

对于私有文化资产而言，突出的问题在于公共利益、行政权力与私人的财产权之间的矛盾。我们仍以古迹为例。私有古迹在权利归属上属于私人所有，但是由于其本身特殊的社会性价值，相较于一般的财产，其被课以特殊的社会性义务，并且其被列入主管机关监督管理之列。对于私有古迹的管理维护，新旧文资法的规定极为不同，从两者的对比来看，台湾对私有古迹的管理理念发生了较大的变化。

旧的文资法中第 28 条规定："古迹由所在地直辖市、县市政府管理维护之，但公有古迹得由主管机关授权管理使用之政府机关或委托自然人或登记有案之公益性法人管理维护之。"但对于私有古迹，其规定"必要时（主管机关）得委托古迹所有人或受托人或登记有案之公益性法人管理维护之"。而新的文资法第 18 条规定："古迹由所有人、使用人或管理人管理维护。公有古迹必要时得委任、委办其所属机关（机构）或委托其他机关（机构）、登记有案之团体或个人管理维护，"第 24 条规定："古迹经主管机关审查确认因管理不当致有减失或减损价值之虞者，主管机关得通知所有人、使用人或管理人限期改善，届期未改善者，主管机关得径为管理维护、修复，并征收代履行所需费用，或强制征收古迹及其所定着土地。"第 26 条规定："私有古迹、历史建筑及聚落管理维护、修复及再利用经费，主管机关得酌予辅助。"

我们看到，对比新旧文资法，政府在尊重私有古迹所有权人的权利方面做了较大的努力。私有古迹作为私人所有的财产，虽然其承担了较为特殊的社会责任，但是其性质上仍是为私人所有，因此在管理维护上，政府大可不必越俎代庖，大包大揽。并且，政府的全面管理还为财政增加沉重的负担。新的文资法在观念上发生转变，更加尊重私人所有者的管理维护权利，政府只是提供必要的指导和帮助。并且修订后的文资法本着活用文化资产的精神，鼓励私人活用古迹，这无论是对于文化的交流，满足民众精神生活的需要，还是为古迹所有者创造利益点以提供其管理维护激励，都是值得肯定的政策。

私有古迹的另一个问题是补偿的问题。私人所有的古迹承担了特别的权利上的牺牲，如果对这种权利的特别牺牲不予补偿，势必造成公共利益与私人利益之间的不平衡。台湾地区的文资法一直都比较重视补偿制度的建构，在司法实务界也形成了一系列相关的判决，对立法和执法都产生了较大的影响。经过修订后的文资法做了进一步的完善。比如，文资法规定有古迹容积转移制度："古迹除以政府机关为管理者外，其所定着之土地、古迹保存用地、保存区、其他使用用地或分区内土地，因古迹之指定、古迹保存用地、保存区、其他使用用地或分区之编定、划定或变更，致其原依法可建筑之基准容积受到限制部分，得等值转移至其他地区建筑使用或享有其他奖励措施”。[293] 这里“奖励”的实质是一种补偿。

其实，私人所有者所遭受的权利行使的不利并非只局限于古迹所定着土地的使用上，其关键性的财产处分权的核心也几乎被掏空。我们认为，立法这样机械地规定需要补偿的情形并不能很好地平衡公私利益关系，较为适宜的平衡途径还是应当依赖司法实务中根据私人实际遭受的不利益的情形而进行断定。因此，立法上可以进行一个原则性的规定，以为司法实务更好地平衡利益关系提供依据并预留空间。

3．奖励与罚则

台湾地区文资法的奖励制度中处于最显眼的是税收的减免。其在第 91 条规定了私有古迹、遗址及私有历史建筑、聚落、文化景观本身及其所定着的土地免征房屋税和地价税；在第 92 条规定了私有古迹及其所定着土地因继承而移转的，免征遗产税。这样的规定，重要的目的乃在于提高私人申请、政府指定以及维护私人文化资产的积极性，是值得借鉴的。而罚则制度中列举了应当被课以处罚的各类情形。我们特别注意到，罚则在列举各类情形后，并没有兜底条款，这将不利于对文化资产实际保护中多样情形的处理。我们认为，兜底条款在罚则中应当是必要的。

（五）文化资产保护的特殊性措施

首先需要说明的是，这里所谓的“文化资产保护的特殊性措施”，是指除了上文的一般性措施外，由于文化资产类别性质的多样性，一般性的保护措施不能满足保护特定文化资产的需要，因此有必要根据特殊的文化资产而制定的特殊保护措施。基于此，我们首要的工作是对文化资产的类别性质进行研究。

台湾地区的文化资产分为“古迹、历史建筑及聚落”、“遗址”、“文化景观”、“传统艺术、民俗及有关文物”、“古物”、“自然地景”以及“文化资产保存技术及保存者”这样几类。归类的前提是要有归类标准。我们认为，根据是否是由人为创造的文化资产，可以看出，“自然地景”与其他类别相比，具有的特征是自然性，而非人文性。而在人文性文化资产中，我们发现“古迹、历史建筑及聚落”、“遗址”以及“古物”都是物质性的、有形的文化资产，这些建筑或物品一经存在，便是一种客观的实物。与其对应的是“文化景观”与“传统艺术、民俗及有关文物”，它们具有非常典型的无形的特征，尽管“文化景观”表现出来的是有形的空间，但是保护这样的空间的本意在于保护这些空间所承载的无形文化，如神话、传说、事迹、历史事件、社群生活以及仪式行为等等。“传统艺术、民俗及有关文物”亦是如此，艺术以及民俗的本身并非实物，而之所以保护与其相关的文物，乃在于保护艺术以及民俗本身。这些文化资产在日本及韩国被归为无形文化财、民俗文化财，而在联合国教科文组织的《非物质文化遗产保护公约》(2003 年）中被称为“非物质文化遗产”。不过，联合国教科文组织所认定的“非物质文化遗产”是一个涵盖范围较广的概念，根据公约，其指“被各社区、团体、有时为个人视为其文化遗产的各种实践、表现（representations)、表达（expressions)、知识、技能以及相关的工具、实物、工艺品和文化空间”。其范围包括：口头传说和表述，包括作为非物质文化遗产载体的语言；表演艺术；社会实践、礼仪、节庆；有关自然和宇宙的知识和实践；传统手工艺技能。台湾地区文资法中的无形文化资产的范围明显小于这个“非物质文化遗产”的范围。那么，台湾地区是怎样保护这些无形的文化资产及其载体的呢？

台湾地区文资法的第四、五章分别规定了对“文化景观”及“传统艺术、民俗及有关文物”的保护。与文资法相配套的还有《传统艺术民俗及有关文物登录指定及废止审查办法》、《重要民族艺术艺师遴选办法》、《文化艺术奖助条例》等。主要的制度仍然与其他的文化资产保护措施相同如审查登录、拟定保存管理计划、建立档案等基本措施。但是，由于这两类文化资产的性质比较特殊，因此台湾地区的文资法有着相应的灵活以及特别的额外保护措施。

根据文资法中的定义，“传统艺术”指“流传于各族群与地方之传统技艺与艺能，包括传统工艺美术及表演艺术”，而“民俗及相关文物”指“与国民生活有关之传统并有特殊文化意义之风俗、信仰、节庆及相关文物”；“文化景观”指“神话、传说、事迹、历史事件、社群生活或仪式行为所定着之空间及相关联之环境”。我们认为，这些文化资产具有的典型特征是：第一，无形性。当然，无形的文化资产需要有形的载体，因此，保护无形文化资产应当将有形之载体一并保护。比如这里的文化空间以及民俗相关文物。第二，对人的依附性。传统艺术、民俗等都得靠人来传承，它们区别于客观实在化的物质性的、有形的文化资产，如古迹、古物等。第三，生活性。我们看到，无论是作为文化景观，还是传统艺术、民俗等，都是与民众的日常生活密切相关的，甚至是作为民众的生活方式而存在的，比如民俗。因此，在这个意义上，我们认为台湾用“文化资产”这个概念而不用“文化遗产”概念倒是更值得肯定的。如果用“遗产”，其实是在暗示祖辈遗留下来的东西与现实中民众生活方式的一定程度上的区别。但是，某些被统归为“文化遗产”中的东西，并非是“遗留物”，而是仍旧作为民众生活方式的、仍然具有旺盛生命力的、民众一直都拥有的东西，比如仍然存在着的民俗。

正是因为上述无形的文化资产的特殊性，在对其进行保护的时候，需要特别考虑怎样的措施才是有效的保护措施。无疑，从上述特征中可以总结出，保护无形的文化资产的核心在于建立资料以及保证传承，普查、建立资料的目的在于“摸清家底”，而传承的关键在于培养后续人才，主要包括传习与教育。如何“摸清家底”？如何保证传承？对于古物、古迹等物质性的文化资产而言，没有传承问题，只有“摸清家底”的问题。因为它们都是看得见、摸得着的客观实在，因此“摸清家底”、指定以及维护的工作相对较为容易。而对于无形的文化资产，由于其浩如烟海，加之其已经融入民众的生活当中，对其进行普查实非易事。另外，人们的生活方式总是在不断变化，民众不断地在创造和接受新的生活方式，如何传承尚有价值的无形文化，是一个非常棘手的问题。

对于上述问题，台湾地区的文资法中除了规定主管机关的普查、接受提报、审查登录以及管理维护职责外，针对“文化景观”，其规定“文化景观之保存及管理原则，由直辖市、县（市）主管机关设立之审议委员会依个案性质决定，并得依文化景观之特性及实际发展需要，作必要调整”。台湾地区的这一动态保护的观念在保护“传统艺术、民俗及有关文物”中也有体现。文资法在第59条中规定：“传统艺术、民俗及有关文物灭失或减损其价值时，主管机关得废止其登录、指定或变更其类别，并办理公告。”《传统艺术民俗及有关文物登录指定及废止审查办法》便是与之配套的规定。根据该办法第7条，传统艺术废止登录的主要理由大致有艺术价值丧失、失传、价值减损且地方流派特色不明显、保存者障碍因而无法表现其价值等；民俗及相关文物废止登录的主要理由大致在于无法彰显古昔生活、原来具有的地方特色消失、纪念性意义消失、民俗活动典范性价值消失、保存者障碍因而无法表现其价值等。

毫无疑问，这些无形之文化资产的保护，关键在于人。并且由于大部分内容关涉民众的日常生活，因此这里的“人”的准确含义并非是文化精英，而是普通民众。如果民众日益淡化相关的无形文化资产，那么它们的命运将是退出社会。考虑到保存者、传承的重要性，台湾地区文资法的第 61 条规定：“主管机关应鼓励民间办理传统艺术及民俗之记录、保存、传习、维护及推广工作。”同时规定政府酌予辅助相关经费；第 62 条规定：“为进行传统艺术及民俗之传习、研究及发展，主管机关应协调各级教育主管机关督导各级学校于相关课程中为之。”我们认为，传承是无形文化资产存续的主要动力，如果一项无形文化资产不被民众所认可、接受，甚至被民众所排斥，那么，对该文化资产的保护就丧失了基本的意义。因为，保护此类无形文化资产的目的在于满足民众的精神需要，进而形成和加强文化认同和民族自尊。因此，民众在保护无形文化资产中应当是主要角色。

需要提出的一个问题是，怎样在全球化的背景下，在文化浪潮中维护自己的文化？我们的立法和执法并不能主宰民众对文化的选择，尤其是在一个日益开放和民主的社会中提倡多元文化，因此更不能剥夺民众的文化选择权、生活方式选择权。在这种基本性认识的基础上，我们认为，政府不能以强制的态度去干涉民众的文化选择，即不能主宰民众的选择结果。但是，政府可以提供民众选择的机会。也就是说，政府可以影响民众选择文化的过程。政府的职责并不限于将现存的文化资产进行普查、审查登录以及公告，与政府的引导义务相比，这些甚至只是一个基础，而并非是最关键的。政府有义务让民众在当今全球文化同化的趋势下，尽可能多地接触到本民族的文化，了解本民族文化在多元文化中的地位和价值。在这个过程中，政府应当有意识地引导民众认同民族文化，并强化这种认同。因此，我们认为应当坚持一种“于开放中求保护的思维”，即应当在多元文化的交流中来凸现本民族文化的价值和地位，并且应当充分发挥民众在这种文化交流中的主力军作用，从而培养和加强民众的文化自豪感，认同民族文化，也认同自己。如果是基于保护而保护，那么在封闭和静态中，民族文化极易在静止中腐去。

由此我们来思考台湾地区的相关制度。我们发现，台湾并没有在政府职责方面赋予这样的内容。应当说，台湾地区在制度方面并没有突出文化交流对于保护文化资产的重要作用。另外，对于民众的重要地位重视不够，对于民众参与的价值也没有深掘。

总之，具有保护价值的无形的文化资产由于其与民众的日常生活紧密相关，而民众的生活方式以及文化的选择在如今的全球化背景下趋于不稳定，因此相比物质性的文化资产，对于无形的文化资产的保护，更应当强化民众的参与，无论是普查、确认，还是交流与经营，都应当充分重视民众的主体作用，这对于认同、传承以及发扬无形文化，无疑是关键之处。

四、对台湾地区文化资产保护制度三对核心关系的剖析

通过对台湾地区文化资产保护制度的考察，我们认为，台湾地区的文化资产保护制度的理念与具体制度其实紧密围绕着对三对关系的处理上：一是本土与外界的关系；二

是“政府”与民众的关系；三是保护与开发的关系。新旧文资法所表现出来的差异也是在对这几对关系的不同处理上呈现出来的。

（一）本土与外界的关系——文化民族主义还是文化普遍主义？

所谓本土与外界的关系，其实就是文化遗产保护研究中学者们屡屡提及的“文化民族主义”与“文化普遍主义”之争。文化民族主义强调文化遗产与特定民族、特定地域环境不可分割的关系，文化遗产是特定族群历史上所创造的，其对于该族群的意义是外界所不能深切感悟的，而特定族群以及该族群拥有的特定环境对于文化遗产价值的维护与阐释是非常必要的；而文化普遍主义强调特定族群的文化是世界文化的一部分，是整个世界的精神财富，因此其精神价值具有普世性。在这种情形下，怎样判定文化遗产的世界性以及民族性，成为文化遗产研究学界多年来的一个争点。

那么，我们应当怎样来认识“文化民族主义”与“文化普遍主义”，又应当怎样选择呢？文化民族主义以文化遗产与文化认同的关系为中心，“主张民族依靠文化认同来维系，抽象、无形的文化认同须具体之文化遗产来体现。特定族群与其文化遗产应有紧密的关系，该民族有权生存在由文化遗产构筑的环境中，享受文化，认同文化，传承文化。文化遗产也应留在原处，一方面该族群人民与后世子孙得以接近利用，另一方面，维持文物与周边环境之关系，由此带来的知识与资讯有助于对文物历史的了解”。[294] 而文化普遍主义理念认为，“文化遗产固然对某特定民族意义重大，但从人类共同遗产的角度观察，此文化遗产不仅属特定的民族，也属于全人类。因此其所在地点并不重要”。[295] 文化普遍主义者认为，文化遗产是全人类的共同遗产，不专属于某一民族所有，意义也并非只有这个民族能够欣赏，因此“争议的重点不是文化遗产的所在，而是如何能确保文化遗产使其流传后世”。[296]

应当承认，文化遗产的价值与意义具有普世性的效果，因此是全人类的共同财富。1954 年《海牙公约》在前言中声明：“深信属于任何民族之文化遗产如遭受损失，也就是全人类文化遗产所遭受的损失，因为每个国家对世界文化都作出其自己的贡献。”而 1999 年国际纪念物与历史场所委员会（ICOMOS）在墨西哥举行的第十二届年会中所通过采行的《国际文化观光宪章》（International Cultural Tourism Charter–Managing Tourism at Places of Heritage Significance）中认为：“从最广义的层面来看，自然与文化遗产是属于全人类所有。每一个人都有权力与责任去了解、重视与维护其普世性的价值。遗产是一个广义的概念，包括了自然与文化环境。”但是其同时强调：“遗产涵盖了景观、历史地方、场所和营建环境以及生物多样性、收藏品、过去及现在持续的文化执业、知识与生活经验。遗产记录并表现历史发展之长期过程，形成了民族、区域、本土的多样本质与当地的自明性，并且是现代生活之整体的一部分。遗产是成长与变迁动态的参考点，也是积极的工具。每一地区或社区特殊遗产与集体记忆是不可取代的，同时是现在与将来发展一项重要的基石。”可见，《国际文化观光宪章》中体现了这样的一种辩证性的理念，其既承认了文化遗产价值的普世性，又强调了保存其完整价值离不开文化遗产所在的特定环境，并且对于“当地”的发展具有重要的基础性意义。

我们看到，虽然文化遗产具有的普世性价值为世界所认同，但是这并不足以驳斥“文化遗产于特定环境具有难以分割的关系”。“文化遗产属于全人类”的实质在于强调特定文化虽为特定族群创造，但是其作为世界范围的文化遗产的一个组成部分，对于文化之间的相互完整具有重要的作用，是世界多元文化不可或缺的一元，其意义与价值可以惠及世界范围内不同族群的人。确认文化遗产的普世性价值的真正目的在于重视世界多元文化的必要性与重要性，在于让人们达成这样一种开放的共识，即某个特定族群保存自己的文化遗产的意义不能狭隘地理解为只是为了发展自己本民族的文化，维系文化认同，还应当在更高的层面去理解，即对文化遗产的保护其实也是在为世界多元文化作出贡献。也就是说，对文化遗产普世性价值的认识在于肯定多元文化价值并鼓励不同文化之间的交流。联合国教科文组织（UNESCO）1972年巴黎第十七届会议通过的《保护世界文化和遗产公约》在前言中明确："考虑文化遗产实为构成文明和民族文化之一大基本要素，只有尽可能充分掌握有关其起源、历史和传统背景的知识，才能理解其真正价值。"无疑，文化遗产原生地的民众具有先天的优势，因此，文化交流离不开文化遗产所在地的特定民族的支持。《国际文化观光宪章》中就特别强调文化遗产所在地的本地居民对于文化观光事业以及文化交流的重要性。[297] 因此，文化遗产的普世性价值与其民族性在本质上并不是对立的，相反，我们认为其应当是统一的。文化遗产应当留于原生地进行保护，但是特定的民族应当具备一种开放的心态积极推动文化交流。在这个交流的过程中，当地民众应该充当积极性的角色。这样一方面能够最大限度地维护文化遗产的文化价值与意义的完整性，以便让世界真正感受到最本真的文化遗产价值；另一方面对于创造了文化遗产的民众而言，是对他们相关的精神性权利以及物质性权利的尊重。

台湾地区文化资产保存法的立法目的从过去的"充实国民精神生活，发扬中华文化"转变为"充实国民精神生活，发扬多元文化"，我们认为这是台湾地区文化资产保存法理念的重大转变。其走出"文化自我"的禁锢，以一种开放的多元文化理念来看待文化资产保护事业，我们在前文已经做了相当的肯定。但是，台湾在文化资产保存法中也同时规定了"将国宝、重要古物运出国外，或经核准出国之国宝、重要古物，未依期限运回"的罚则。[298] 也就是说，文化资产是禁止非经政府意志许可而流到本土以外的。不仅是我国台湾地区，世界绝大多数国家与地区，都坚定地认定文化的精神意义虽然可以惠及不同民族，但是其载体却是属于特定民族的，并且特定文化的精神意义对于特定民族而言，也是最重要和不可替代的，世界上几乎没有哪个国家或地区放任自己民族的文化遗产流散于别处。其实，从史实来看，西方国家的博物馆以及私人收藏者在各种原因下持有大量的第三世界国家的文物，所谓的"文化普遍主义"很大程度上是为这种持有进行正当化修饰的借口。因此，我们认为应当明确一点，文化遗产的精神价值与意义是世界上各族群的人们都可以享受并借以提高和完善自己的精神财富，而文化遗产本身却是属于特定民族和国家的，其对于特定民族和国家的重要性意义不可替代。因此，我们主张从不同的角度取文化普遍主义与文化民族主义的精髓，从而形成一个既开放又坚持基本原则的理念。我国台湾地区对文化遗产的民族性与世界性之间的关系、本土与外界的关系的处理，应该说是基本到位的。正如台湾学者所阐述的那样："一组文物，分开来当然各有各的价值，但结合起来，常可提供更进一步的资讯。例如秦兵马俑，分开来每一尊都是艺术的杰作，但其发掘时所在的位置，及与其他兵俑之间相互关系，可以确知当时军营之配置、军队的组织和战术的部署等额外的资讯。"[299] 因此，文化遗产需要与文化遗产所在的特定环境中其他的元素结合，才能获致其完整的意义。这也就是我们在文化遗产保护中强调保护的完整性的原因所在。强调文化遗产所在的特定环境的重要性和不可取代性并不是阻碍了文化的交流，相反，这是保存文化遗产完整价值与意义的重要条件，从而有利于让世界上的人们完整地、深刻地领悟文化遗产的意义。

总之，我们认为，一方面，我们不狭隘地理解文化遗产的意义与价值，也就是说，我们不仅承认文化遗产的价值的世界性意义，还要为开展与促进文化之间的交流而不断地努力，以让文化遗产的价值惠及世界上更多的人，由此促进世界多元文化的发展；另一方面，我们坚持认为文化遗产是与特定的时空相联系的，离开了其赖以生长与保持的特定环境，将极大地减损文化遗产的价值与意义，因此有悖于保存文化遗产的初衷。正是基于这样的认识，我们不赞成用“主义”这样具有“革命性”立场的词语来简单地概括文化遗产保护的理念。在世界的文明与开放性程度日益发达的今天，“主义”无疑显得过于极端，而“和谐”却是为当今社会所推崇的。人类应当为文化遗产的保存、价值与意义的完整性维护共同努力，相互支持以及进行合作。文化遗产的世界性与民族性并不存在实质上的矛盾，目前的“文化普遍主义”与“文化民族主义”的争论很大程度上是由历史遗留问题的解决引起的。对于文化遗产因为历史原因流散在他国的既成历史事实，联合国秘书长 1981 年主张，“既成事实的力量是野蛮时代的残留，也是憎恶及不和的来源，将损及建立国与国之间永久和平及和谐”，[300] 我们也认为，文化遗产既然是全人类共同的宝贵财富，人类应当为保持其价值完整性而消除障碍，共同努力。因此不同的国家与地区之间，应当本着和平与合作的原则，妥善地解决文化遗产的历史问题。

（二）政府与民众的关系——谁是文化遗产的拥有者？

在这里，所谓政府与民众的关系，是指在文化遗产保护上政府的权力和义务与民众的权利和义务的分配。文化遗产的保护被很多人误解为仅是政府的任务，权力与义务都归属于政府。其实，尽管政府在文化遗产保护中的角色不可替代，但是文化遗产的保护却无疑是一个社会性的、与民众中的个人或者集体紧密相关的问题。

认识政府与民众的关系的前提是解决“谁是文化遗产的拥有者”的问题。类似的疑问已经有学者提出，该学者在考察了我国西部地区的非物质文化遗产的保护状况后提出了“请关注非物质文化遗产的拥有者”的思想，她认为：“我们在关心非物质文化遗产的同时，还必须关心承载着这些非物质文化遗产的人们，关心他们的生活，他们的想法，他们目前所面临的处境。”[301]

其实，我们并非只需要在“非物质文化遗产”方面注意文化遗产的拥有者的问题，在政府主管机关行使保护所有文化遗产的公共权力时，这都是一个非常关键的并且是先决性的问题。厘清“文化遗产的拥有者”的问题是尊重拥有者权利的前提。对于私有文化遗产而言，私人拥有文化遗产的所有权，当其权利因为社会利益而做出牺牲时，出于公平以及对私有权利的尊重，对于私人的这种为社会做出的牺牲，政府给予一定的补偿；并且对于政府的相关决策过程，应当有一个较为公允的制度来规范政府行为。

我们之所以强调私人利益与公共利益在文化遗产保护方面的协调问题，在于我国“大政府”的思想意识比较浓厚。在对于个人利益与社会利益的比较和认识方面，我们养成了社会利益高于个人利益、个人服从集体的思维惯性。随着社会的日益进步，个人的权利越来越受到尊重，可以说，一个社会中个人的权利受到尊重的程度一定程度上反映了社会的文明程度。我们认为，文化遗产的保护极具社会历史意义，造福千秋万代，是惠及广大公众。但是，当保护工作与私人利益发生冲突时，赋予私人一定的话语权尤其是异议权是必要的。在对个人财产与文化遗产之间的关系进行处置时，这种话语权利有利于保障程序的公正，从而不仅可以减小个人可能给文化遗产保护工作施加的压力和阻力，还可以促进主管机关进行实体判断的科学性、正当性程度的提高。

对于集体公有或者是国家所有的文化遗产，我们应当明确文化遗产的所有者不是政府，而是民众。政府并非文化遗产的拥有者，民众创造了文化遗产，创造了文化遗产的民众才应当是文化遗产的主人，政府只是民众的代表，需要受到民众的监督。随着社会的进步，政府行政行为的“公共性色彩”日益加强，这意味着政府的行政行为越来越强调公众的参与。我们认为，在政府对公有文化资产进行保护决策方面，政府的意志也并非能够完全代表民众的意志，就这个意义上而言，政府与民众亦是有着一定的对立性的。在我国的文化背景下，“大国小民”的现象不仅在上文讨论的私人利益与公共利益发生冲突的时候容易出现，在政府对公有的文化资产进行决策的时候更容易显现出来。并且，这时候并没有与具体的个人有直接的利害关系，政府的决策更容易处于无监督的状态。可是，这样的决策最后导致的结果却是与社会公共的整体利益相关的。

台湾地区目前的文化资产保存法开始重视民众的力量，但是，“在社区民众的参与以及经营管理和维护方面，尚在起步阶段”。[302] 我们在前文基础制度的介绍部分中，已经对台湾地区制度的进步与有待提升的空间进行了探讨。总之，我们认为，应当强调民众的参与权、话语权以及决策权，对于文化遗产这样具有社会性的事业，民众不仅不能缺席，相反，其作用相当关键。这也就是我们强调厘清文化遗产的拥有者，正确认识在文化遗产保护问题上“政府”与民众的关系的目的所在。

（三）保护与开发的关系——民众到底需要什么？

最后一对是保护与开发的关系。文化遗产的开发和利用已经成为一种趋势，文化遗产的经济性价值越来越受到人们的关注。开发与利用犹如一把“双刃剑”，我们在前文提到，适当的开发和利用有利于文化的交流，有利于人们亲近文化资产，而这正是保护文化遗产的目的。同时，开发和利用还可以解决保护文化遗产的经费问题，不仅缓解财政压力，而且还有助于民众的生活质量的提高。然而，开发不当以及过度开发也成为文化遗产保护面临的重大问题，其不仅不利于保护文化遗产，更有贬损之嫌。因此，处理好保护与开发的关系并非易事。台湾地区对文化资产的开发观念相对比较保守，并没有过多鼓励开发和利用，而是重在强调保存。但是，实践证明，单是强调文化资产的保存很不利于文化资产意义的交流与弘扬，还会给财政增加沉重的负担，也不利于调动民众保护文化资产的积极性。因此，台湾地区近年来借鉴日本活用文化遗产的经验，开始注重文化资产的开发与利用，不断为文化资产注入新的活力，意图将文化资产发展为一项永续的事业。我们认为，台湾地区在这个方面的认识上的进步值得肯定，并且台湾地区在这个方面还有很大的发展空间。

需要厘清的一点是，在“保护与开发”的关系上，“开发”有两层意思。第一是指开发文化遗产所在地。城市化和现代化意味着更好的生存环境和更高的物质生活水平，因此其已经成为人们的目标。循着这个目标，人们不断地改造乡村及其都市，力图让没有现代化的地方现代化，让已经现代化的地方更加现代化。在这种背景下，都市现代化方向的开发计划与文化遗产的保护经常形成一对矛盾。民众的需要在这个时候也处于矛盾当中。都市化能够满足民众的物质文化需求，而文化遗产则是民众重要的精神财富，物质文化生活水平与精神文化生活水平都是人们所需要的，缺一不可。那么，怎样处理这种需求之间的矛盾呢？我们认为，都市化与文化遗产的保存的矛盾只是在一定程度上存在的，并非是两者固有的、不可调和的矛盾。在都市化计划中，应当将需要保护的文化遗产纳入到都市化计划的整体当中来规划，而不是将都市与文化遗产割裂。

“开发”的另一种含义是指开发、利用文化遗产本身，主要是指文化遗产的经营。保护文化遗产很大程度上要求保存好文化遗产的原貌，尽量不做改变；而开发利用、经营文化遗产很难避免对文化遗产的原貌进行一定程度上的改变。尤其对于民俗、艺术等无形文化遗产或者所谓非物质文化遗产而言，开发很容易带来致命性的破坏。这正是目前深深困扰我国非物质文化遗产保护的一个关键问题。这个层面上的保护与开发的关系，从本质上也属于民众的精神文化需要与物质文化需要的关系，但是，我们对此的认识与对前一种层面关系的认识有着明显不同。随着全球化的浪潮不断地掀起，社会的各方面面临着冲击与转型，城乡关系与都市问题变得日益尖锐，在文化遗产的文化价值得到重视的时候，民众发现了其潜在的经济性价值，发现其本身就能创造物质财富。于是，对于文化遗产经济性价值的开发行为层出迭起。可是，这种开发在很多时候对于文化遗产的破坏是致命的。我们在前文分析台湾制度的时候提及，文化遗产的适度经营有利于文化的观光交流，增强民众的文化认同感与民族自豪感，从而实现保护文化遗产的根本目的；适度经营还能够缓解政府保护文化遗产的财政困难，从而利于有充足的资金保护文化遗产。因此，在这里我们认为，开发利用文化遗产的主要目的并非是在于发展经济，而是通过活用文化遗产进行文化交流，满足人们的精神需要，同时，一定程度上解决保护文化遗产的经费问题。在这个经营过程中，文化遗产的拥有者应当有权利从所获的经济利益中获得相应的权益。文化遗产的拥有者借此改善自己的生活水平，也是无可厚非的。不过，我们的前提是“适度经营”。怎样把握这个尺度？由谁来最终评价？我们认为，最终仍是需要靠民众的力量。民众的力量能够影响政府的决策，民众作为文化遗产的拥有者能够行使一定的自治权从而在文化遗产的开发中获得精神的满足，并附带物质性的帮助，因此，我们需要强调的，仍是民众的参与。

总之，如何既保护好文化资产，又能让地方经济良好发展，提高民众的生活水平，是摆在我国台湾地区文化资产保护方面的重大课题。这个问题对于世界上的发展中国家及地区而言尤其突出。在我国，这个问题最突出的是西部地区。我国西部有着丰富的文化遗产，但是由于经济相对落后，文化遗产的保护正处在与发展经济、实现现代化的深度冲突中。如何在都市化、现代化的过程中保护文化遗产，其具体策略需要深入讨论。但是，无论如何，民众的力量与需求应当得到高度的关注，这是我们所一贯强调的。

第三章　我国人文资源法律保护的实践与经验
——对国家与民间两种保护力量的解读

我国文化遗产的保护来自国家和民间两种力量，其中，国家力量主要包括立法和行政政策的确立两个方面。而民间保护也来自于两种力量，一是民间精英阶层，如专家、学者、高等院校等自发的努力；二是大众的力量，即民众集体尤其是底层人民对于文化遗产的保护。我们之所以这样分层讨论，是因为我们认为来自于不同主体的力量在应然层面上应当呈良性互动的状态，但是在实然层面上，我们做得并不够。文化遗产的保护是一项具有极强社会性和永续性的事业，其需要来自于不同层面力量的共同努力。在我国的实践中，各种力量在文化遗产保护中究竟呈何种格局，我们应当怎样来构建国家与民间良性的互动关系，是我们所重点关注的内容。因此，我们拟就不同主体在我国文化遗产的保护实践做一梳理，以为总结经验奠定基础。

第一节　来自国家保护的实践与经验

我国在文化遗产的保护实践上，主要包括两个方面：一是规则的确立，二是政府的保护计划及实施。需要说明的是，“规则”的涵盖面广于“以立法的方式确立的规则”。我国《立法法》规定：“法律、行政法规、地方性法规、自治条例和单行条例的制定、修改和废止，适用本法”，“国务院部门规章和地方政府规章的制定、修改和废止，依照本法的有关规定执行”，[303] 也即是说，《立法法》并没有涉及政府所制定的所有规则，如行政规范性文件等。而事实上，我国文化遗产的国家保护在相当的程度上是依靠非立法性质的规则进行的，尤其是对于统一保护立法尚属空白的非物质文化遗产而言更是如此，在没有统一立法的情况下，除了一些地方进行了地方性立法外，政府的非物质文化遗产保护实践所依据的多是政府的规范性文件，如各种意见、通知以及办法等。鉴于此，我们不用“立法保护”这样狭隘的表达，而采用“规则的确立”这样的用语，因此我们下文的分析，也不严格区分规则的性质，而是从功能上进行分析，主要看其达到了什么效果以及有无可改进之处。至于政府的保护计划及实施，主要是指政府对文化遗产尤其是非物质文化遗产的抢救和保护工程计划以及其实施状况，这应当属于政府依据文化遗产保护规则而付诸的实际行动。我们认为，无论是规则的确立，还是政府的实施行为，都属于广义上的国家保护文化遗产的实践。我们在下文将就这两个方面分别进行分析。

一、国家保护从无序到有序——规则确立的沿革

在文化遗产保护规则方面，无论是立法规则还是行政政策的确立，我国从总体上呈现零散的特征。直到目前为止，也没有一部从总体上对文化遗产进行保护的立法。这与其他国家以及我国台湾地区相比较，尤其显出在文化遗产保护上立法的缺失。文化遗产的范围比较广，究竟是以分别立法的方式进行分类保护，还是以总体立法的方式进行总体保护，至今仍是一个充满争议的问题。我国保护文化遗产的标志性立法是《中华人民共和国文物保护法》，其针对的是有形文化遗产的保护，对于无形文化遗产的保护，尽管许多地方都指定了地方性法规，《非物质文化遗产保护法》草案也正在征求各方面的意见，但是我国至今还没有一部与文物保护法相并行的非物质文化遗产保护法出台。因此，从总体上而言，“零散”一词能够比较贴切地概括出我国文化遗产立法保护的特征。并且，根据目前立法的发展方向预见，有形文化遗产和无形文化遗产以分别立法的方式进行分别保护的可能性比较大。也就是说，我国文化遗产的立法保护近期内并不会具备一个像日本的《文化财保护法》那样的统一法典。

我们在这里对我国文化遗产保护规则的历史沿革作一个简单的回顾。我国文化遗产立法保护历史上最早的一部法典是1930年的《古物保存法》，随后在1931年又颁布了实施细则。在那个战乱的年代，尽管其对古物保存的许多方面进行了明确的规定，但是却没能得到有效的实施。在新中国成立后的很长一段时间里，由于大量的珍贵文物面临流失的问题，中央人民政府出于应急的需要，颁布了一系列行政法规，如《禁止珍贵文物图书出口暂行办法》、《古文化遗址及古墓葬之调查发掘暂行办法》等。随着文物保护意识的逐步加强，我国政府在20世纪50年代先后颁布了《关于在基本建设工程中保护历史及革命文物的指示》以及《关于在农业生产建设中保护文物的通知》。随后，又下发了一些“通知”、“指示”等文件。虽然这些文件并没有以法律的面貌出现，但是其在当时对文物的保护起到了非常大的作用，并且，其还为以后的文物保护立法提供了经验基础。

国务院于1961年颁布了《文物保护管理暂行条例》。该条例虽然仅有18条，但是其关注了文物保护的经费问题，并且强调古建筑修缮应当恢复原状、保存现状，反映了真实性保护的原则，这些思想成为以后文物保护立法的思想基础。正当文物立法保护已经初具思路时，“文化大革命”的爆发使得文物的保护遭到巨大的破坏，并且在经历了这一浩劫之后，很长一段时间内，文化遗产的保护工作都没有恢复。

直到1978年党的十一届三中全会以后，我国文化遗产的保护工作才逐渐有了起色。一系列与文物保护有关的行政法规与规章制度相继颁布，预示着文物保护新时期的到

来。随着法制建设进程的加快，文物保护立法被提上了议事日程。1982 年 11 月 19 日，第五届全国人民代表大会常务委员会第二十五次会议通过了《中华人民共和国文物保护法》（以下简称《文物保护法》）。这是我国文化遗产保护历史上的一个标志性立法，具有里程碑的意义。从此，我国在文化遗产保护方面有了第一部正式的法律。随着客观环境和认识的变化，《文物保护法》及其实施细则也在不断的修订当中，目前正发挥效力的是 2002 年 10 月 28 日第九届全国人民代表大会常务委员会第三十次会议修订的《文物保护法》。

遗憾的是，我国官方多年来只关注有形文化遗产的保护，对于无形文化遗产的保护鲜有涉及。直到 1990 年，我国《著作权法》才提及民间文学艺术作品的著作权保护，但是，其并没有作出具体的规定，而是将此规则的制定任务交给了国务院。经过这么多年，相关的具体规则仍没有颁布。不过，由文化部、版权局起草的《民间文学艺术作品保护条例》（草稿）引起了广泛的关注，由此也带动了地方性的立法。1997 年，国务院颁布了《传统工艺美术保护条例》，其不仅强调了传统工艺本身的重要性，也强调了传承人才的重要性。因此，对于无形文化遗产的保护而言，该条例应当算是作出了重要的贡献。

但是，工艺美术仅仅是无形文化遗产中的一个很小的部分，对于整个无形文化遗产的保护而言，《传统工艺美术保护条例》无疑是杯水车薪。基于这种考虑，在广泛调研的基础上，根据一些省区民族民间传统文化保护地方性立法的实践经验，2002 年 8 月文化部向全国人大教科文卫委员会报送了《中华人民共和国民族民间传统文化保护法（草案）》。由于随后我国加入了联合国教科文组织颁布的《保护非物质文化遗产公约》，这部草案也改称为《中华人民共和国非物质文化遗产保护法》。为了推动非物质文化遗产的保护工作，加快立法进程，《国务院办公厅关于加强我国非物质文化遗产保护工作的意见》于 2005 年颁布。《意见》的颁布无疑在当前相关立法空白的情形下，为相关的保护工作指引了基本方向，并且以其实行的经验为立法做准备。

考察我国文化遗产保护规则的发展演变过程以及未来的发展方向，我们发现，政策是立法极为重要的基础。文物保护法的颁布建立在政府政策的基础之上，而以目前的情形而言，非物质文化遗产的保护规则也是政策先行。国务院的意见为非物质文化遗产的保护起到了原则上的指导作用。随着国务院政策的出台，各级地方政府纷纷制定相关的非物质文化遗产保护政策，结合自身的实际情况对中央政府的政策进行具体化。政府政策的制定以及其实践情况的反馈，将是我国立法机关对非物质文化遗产进行正式立法的基础。

二、国家保护人文资源的主要规则

国家保护文化遗产的实践包括保护规则的制定以及在规则的规范下开展保护工作。因此，规则的制定是国家文化遗产保护实践的灵魂。根据我国文化遗产保护的实际情况，我们将其分为物质文化遗产保护和非物质文化遗产保护两个方面进行介绍。其中，物质文化遗产保护的标志性规则是《中华人民共和国文物保护法》，而非物质文化遗产保护实践则主要是指地方性法规、行政法规、政府规章以及政策，目前我国尚没有一部关于非物质文化遗产的法律，不过，非物质文化遗产保护法律正在酝酿和讨论之中，文化部向全国人大教科文卫委员会报送的《中华人民共和国非物质文化遗产保护法（草案）》也正在征求各界的意见。在非物质文化遗产的保护问题日益受到重视的情况下，可以预见的是，非物质文化遗产保护的专门性立法有望在不久的将来得以颁布。

（一）物质文化遗产保护规则——以《文物保护法》为代表

我国对物质文化遗产进行立法保护的代表是《文物保护法》（本文简称文保法）。现行的文保法由 8 章 80 条组成，分别为总则、不可移动文物、考古发掘、馆藏文物、民间收藏文物、文物出境入境、法律责任以及附则。与 1982 年公布的文保法相比，2002 年颁布的文保法在体系上更完整、更科学，在保护措施方面也更详细。这反映了随着经济和社会的发展，文物在我国被重视的程度得到很大的提高。我们对文保法的内容进行简要的介绍，然后对其作简要的分析。

1. 文保法的立法宗旨及保护范围

在总则中，文保法明确立法宗旨为："加强对文物的保护，继承中华民族优秀的历史文化遗产，促进科学研究工作，进行爱国主义和革命传统教育、建设社会主义精神文明和物质文明。"在这样的立法宗旨的指导下，文保法将保护范围明确为：具有历史、艺术、科学价值的古文化遗址、古墓葬、古建筑、石窟寺和石刻、壁画；与重大历史事件、革命运动或者著名人物有关的以及具有重要纪念意义、教育意义或者史料价值的近代现代重要史迹、实物、代表性建筑；历史上各时代珍贵的艺术品、工艺美术品；历史上各时代重要的文献资料以及具有历史、艺术、科学价值的手稿和图书资料等；反映在历史上各时代、各民族社会制度、社会生产、社会生活的代表性实物。另外，具有科学价值的古脊椎动物化石和古人类化石同文物一样受国家保护。文保法在此保护范围的基础上，采取了分级保护的措施。不可移动文物分为全国重点文物保护单位、省级文物保护单位以及市、县级文物保护单位。而对于可移动的文物，分为珍贵文物和一般文物，其中珍贵文物分为一级文物、二级文物以及三级文物。

我们从文保法的立法宗旨和保护范围可以看到，我国在文化遗产的保护上尤其强调国家性、革命性与行政性。其实，文化遗产的教育意义绝不仅在于"爱国主义和革命传统的教育"，而是多方位和多层次的。这种国家性和行政性的色彩在文化遗产保护立法中得到特别强调的原因根源于我国的历史和文化传统。由于具备这样的思维方式，国家性以及行政性不仅在立法宗旨中得到开宗名义式的强调，还贯穿在文化遗产的具体保护措施当中，比如对于文物的行政级别的划分就是一个例证。文物被打上行政级别的烙印，使得文物的文化性与行政性含混不清地纠结在一起，这样的做法究竟利弊几何，值得我们思考。

概念对于一部法律而言，无疑起到基石性的作用。根据我国的文保法，其概念比较多且杂乱。在第 2 条规定保护范围时，出现了许多零散的概念，而没有进行整合。文保法在第 6 条中出现了"祖传文物"此类并不具有相当科学性和严谨性的概念，从一定程度上反映出我国文保法在概念体系的完善上尚有较大的提升空间。我们认为，由于概念是构成文物保护范围的基础，因此概念的内涵和外延应当在文保法中得到相对清晰的界定。我国文保法并没有一个比较完整和富有逻辑的概念体系，相比别的国家和地区的文化遗产保护法，我国应当在此方面多加留心。

2．文保法的主要特征及体现

第一，政府主导型的保护。政府主导型的保护方式的基础是国家所有权。我国的文化遗产以国有为主。文保法中第 5 条强调："中华人民共和国境内地下、内水和领海中遗存的一切文物，属于国家所有。古文化遗址、古墓葬、石窟寺属于国家所有。国家制定保护的纪念建筑物、古建筑、石刻、壁画、近现代代表性建筑等不可移动文物，除国家另有规定的以外，属于国家所有。"对于可移动文物，文保法第 5 条规定了属于国家所有的范围："中国境内出土的文物，国家另有规定的除外"、"国有文物收藏单位以及其他国家机关、部队和国有企业、事业组织等收藏、保管的文物"、"国家征集、购买的文物"、"公民、法人和其他组织捐赠给国家的文物"、"法律规定属于国家所有的其他文物"。如此繁多的国有文物的保护经费是一个较大的问题。尽管文保法第 10 条规定了"国家发展文物保护事业。县级以上人民政府应当将文物保护事业纳入本级国民经济和社会发展规划，所需经费列入本级财政预算"、"国家用于文物保护的财政拨款随着财政收入增长而增加"、"国有博物馆、纪念馆、文物保护单位等的事业性收入，专门用于文物保护，任何单位或者个人不得侵占、挪用"以及"国家鼓励通过捐赠等方式设立文物保护社会基金，专门用于文物保护，任何单位或者个人不得侵占、挪用"，但是，在我国经济相对落后的地区尤其是西部许多地区，包括文物在内的文化遗产保护经费问题已经成为政府较重的财政负担。我们发现，以供给精神食粮为主要社会功能的文化遗产，在物质性环境和条件欠发达的情况下，很难得到较为充分的保护，文化遗产的保护就处于这样尴尬的局面。

尽管我国的文化遗产以国有为主，但是仍然有相当的一部分文化遗产属于非国有。文保法第 6 条规定，"属于集体所有和私人所有的纪念建筑物、古建筑和祖传文物以及依法取得的其他文物，其所有权受法律保护"，但是同时"文物的所有者必须遵守国家有关文物保护的法律、法规的规定"。也就是说，一方面，私人对文物的所有权受到法律的保护，另一方面，法律又通常会对文物的所有权内容做出一定的限定，即文物所有者要承受特殊的所有权负担。对于文物所有者来说，这种"特殊的所有权负担"主要指其处分权受到限制。如文保法的第 25 条规定"非国有不可移动文物不得转让、抵押给外国人"，并且"非国有不可移动文物转让、抵押或者改变用途的，应当根据其级别报相应的文物行政机关备案"。文保法在第 26 条规定"使用不可移动文物，必须遵守不改变文物原状的原则，负责保护建筑物及其附属文物的安全，不得损毁、改建、添建或者拆除不可移动文物"。根据这些规定，非国有的文物尤其是不可移动文物所有权中的处分权受到很大的限制。对于拥有不可移动文物的所有者而言，其不仅不能改变文物的原状，不能随意处分，还必须尽到修缮的义务。文保法第 21 条规定："国有不可移动文物由使用人负责修缮、保养；非国有不可移动文物由所有人负责修缮、保养。非国有不可移动文物有损毁危险，所有人不具备修缮能力的，当地政府应当给予帮助；所有人具备修缮能力而拒不依法履行修缮义务，县级以上人民政府可以给予抢救修缮，所需费用由所有人负担。"事实上，这种规定给许多文物所有者造成了相当的负担，尤其是对于经济条件欠发达的地区，不仅所有者难以承担这种修缮义务，连政府也没有充足的财力去管理维护。在非国有不可移动文物的所有权转让以及使用方式均受到一定的限制的情况下，一些私人所有的建筑物在缺乏充足修缮资金的情况下正逐步走向损毁。因此，文物走上经营化的道路有很大的必然性。但是在这个过程中如何协调政府管理机关与文物所有者之间的关系以及如何处理文物的保护与经营的关系，均是尚没有确切答案的问题。

第二，强调整体性保护。文保法的这种整体保护的精神主要体现在对历史文化名城、历史街区以及村镇的保护上。其第 14 条规定："保存文物特别丰富并且具有重大历史价值或者革命纪念意义的城市，由国务院核定公布为历史文化名城"；"保存文物特别丰富并且具有重大历史价值或者革命纪念意义的城镇、街道、村庄，由省、自治区、直辖市人民政府核定公布为历史文化街区、村镇，并报国务院备案"；"历史文化名城和历史文化街区、村镇所在地的县级以上地方人民政府应当组织编制专门的历史文化名城和历史文化街区、村镇保护规划，并纳入城市总体规划"。目前，我国的历史文化名城已有上百座，对于历史文化名城等强调的整体性保护精神对于我国文化遗产的保护无疑起到非常大的作用。并且，尤为可贵的是，文化遗产作为历史上遗留下来的文化痕迹很大程度上代表着过去的历史与文化，文保法中强调应当将对其的保护与城市总体规划结合起来，或者说将对文化遗产的保护融入现代城市以及文化建设。我们认为，这反映了对文化遗产的"活用"思想，其不仅利于文化遗产的保存，也利于进行必要的利用、更新，以便更好地延续下去。

另外，值得一提的是，"历史文化名城"这种总体性的概念虽然出现在文保法中的主要目的在于对文物集中地进行整体性保护，但是我们认为，对于历史文化名称的整体性保护还应当将其有形文化遗产与无形文化遗产结合。也就是说，不仅应当对于文物集中的地方对有形文化遗产施以整体保护，还应当将有形文化遗产和无形文化遗产进行结合性的保护。如果是将有形文化遗产和无形文化遗产结合在一起进行整体式的立法，这种精神将比较容易贯彻，但对于我国这种将有形文化遗产和无形文化遗产进行分别式立法的状态而言，其不利于同时强调对有形和无形文化遗产的总体性保护。因此，是否有必要考虑如日、韩那样将对有形文化遗产和无形文化遗产进行统一式的立法，尚值得探讨。

第三，尊重学术意见。文保法的这种精神主要体现在对考古发掘的规定中。对于考古发掘，文保法的态度非常谨慎。考古发掘计划的提出、审批以及考古发掘工作中紧急情况的处理，文保法都规定了较为严谨的工作和处理程序。尤其值得强调和肯定的是，文保法第 28 条规定："从事考古发掘的单位，为了科学研究进行考古发掘，应当提出发掘计划，报国务院文物行政部门批准；对全国重点文物保护单位的考古发掘计划，应当经国务院文物行政部门审核后报国务院批准。国务院文物行政部门在批准和审核前，应当征求社会科学研究机构及其他科研机构和有关专家的意见。"文物的考古发掘工作是具有相当强的专业性的，我们认为，尊重多方的论证尤其是重视学术团体及专家的参与，将大大提高考古发掘工作本身的科学性和合理性，并且，就社会层面而言，其可接受性也将得到较大的增强。在我国具有的较强的"官本位"思想的传统背景下，文保法如此尊重来自专业性学术方面的意见，非常难能可贵，因此尤其值得肯定。

我国的文保法除了上述的特征与内容外，还由于文物本身的特殊性，文保法规定了文物的取得途径，馆藏文物通过购买、接受捐赠、依法交换以及法律、行政法规规定的其他方式获得文物；文物收藏单位以外的公民、法人和其他组织可以通过依法继承或者接受赠与、从文物商店购买、从经营文物拍卖的拍卖企业购买、公民个人合法所有的文物相互交换或者依法转让以及国家规定的其他合法方式取得文物。文保法规定了文物收藏单位的收藏工作内容以及民间收藏的相关规定，主要是关于文物限制流通的规定以及文物流通必须遵守的规则。另外，文保法对文物的出入境制度作了相关规定，主要是严格文物的出境制度。文保法规定“国有文物、非国有文物中的珍贵文物和国家规定禁止出境的其他文物，不得出境”；“文物出境，应当经国务院文物行政部门制定的文物进出境审核机构审核”。

文保法最后的内容是关于法律责任的规定。有学者批评认为我国的文保法关于法律责任的规定“法律量刑过轻，难起震慑作用”。[304]事实上，法律责任能够起到的督促效果依赖于整个司法环境，因此也并不是靠重刑的规定就能一劳永逸的。我们认为，重视政府主管机关人员的文化素养以及提高全民的文物保护意识应当是最重要的。文化自觉意识应当被以各种方法和途径进行贯彻，而文化自觉的表现是以主动的方式去保护文物，而不是被动地被规范。当然，我们并非否认法律责任对于文物保护所能起到的作用，我们这里只是强调了一个理念的问题。

在文保法的指引之下，许多地方政府开始制定文保法的实施办法和与保护文物有关的地方性法规、规章以及规范性文件等，以加强对文物的保护。

综上所述，可以肯定的是，文保法的颁布是我国文化遗产保护实践的一个典型标志，其带动了一大批文化遗产保护规则的确立，从而使得文化遗产的保护实践越来越趋于成熟。文保法中所确立的许多对于保护文化遗产的正确理念与措施，不仅是全国各地保护文化遗产实践的指引，还为我国的非物质文化遗产的保护提供了宝贵的经验。

（二）非物质文化遗产保护规则——以《意见》[305]为代表

与有形文化遗产保护不同的是，我国对于非物质文化遗产（无形文化遗产）的保护尚缺乏一部与文保法相平行的专门性法律，立法空白由此而生。但是，随着非物质文化遗产的价值日益受到人们的重视，人们保护非物质文化遗产的热情越来越高涨，尽管国家对于非物质文化遗产保护的专门性立法尚没有出台，许多地方政府已经根据自己的实践状况制定了地方性的非物质文化遗产保护规范。正因为这种分散式的各自立法状态，综观目前各个地方的非物质文化遗产保护规则，我们发现，抽象到理念宗旨，具象到细微规则，各地的非物质文化遗产保护规则显现出非常明显的不一致。这种“法出多门”的状态极不利于非物质文化遗产的保护，各个地方在不同的实际动机的驱使下，往往以保护为名，行扭曲和破坏之实。

在这种情况下，颁布一部统一的非物质文化遗产保护法势在必行。因此，我国相关部门正在致力于这项工作。然而，尽管一部统一的非物质文化遗产保护法已经酝酿多时，却仍是“犹抱琵琶半遮面”，迟迟未能出台。当然，这里面的个中原因是比较复杂的，许多问题尚存有较大的争议。在这种情况下，《国务院办公厅关于加强我国非物质文化遗产保护工作的意见》（以下简称《意见》）的公布为全国的非物质文化遗产保护实践提供了初步统一的指导规则，也为我国未来非物质文化遗产保护的统一立法奠定了基础。因此，我们在此着重探讨《意见》的内容。

1.《意见》的背景

国务院的《意见》指出了非物质文化遗产保护工作的重要性和紧迫性。其重要性在于，非物质文化遗产“既是历史发展的见证，又是珍贵的、具有重要价值的文化资源”，“是中华民族智慧与文明的结晶，是联结民族情感的纽带和维系国家统一的基础”；“非物质文化遗产所蕴涵的中华民族特有的精神价值、思维方式、想象力和文化意识，是维护我国文化身份和文化主权的基本依据”；“加强非物质文化遗产的保护，不仅是国家和民族发展的需要，也是国际社会文明对话和人类社会可持续发展的必然要求”。非物质文化遗产具有如此厚重的意义，但是“随着全球化趋势的加强和现代化进程的加快，我国的文化生态发生了巨大变化，非物质文化遗产受到越来越大的冲击。一些依靠口授和行为传承的文化遗产正在不断消失，许多传统技艺濒临消亡，大量有历史、文化价值的珍贵实物与资料遭到毁弃或流失境外，随意滥用、过度开发非物质文化遗产的现象时有发生”，在这种情况下，非物质文化遗产保护工作的加强“已经刻不容缓”，因此具有极大的紧迫性。

我们将《意见》中所阐明的关于保护非物质文化遗产的重要性与紧迫性的主要内容列出，目的在于分析非物质文化遗产的价值与在目前的情况下保护工作的主要内容。对非物质文化遗产价值与意义的认识以及对其现状和问题的准确把握是非物质文化遗产保护的基础。根据国务院的《意见》，我们可以将非物质文化遗产的价值与意义总结为：第一，同时具有历史意义和现实意义。其既见证了历史的发展过程，又为人们的现实生活提供了文化资源。第二，对于民族和国家而言，其具有增强内部凝聚力的作用。第三，非物质文化遗产是民族国家在世界民族之林中认同自身的基本依据。第四，对非物质文化遗产的保护有利于促进国际的交流，保护非物质文化遗产是在为世界多元文化和人类的可持续发展作出贡献。我们看到，这四个层次内部具有一定的逻辑关系，从民族到国家然后到世界，非物质文化遗产在各个层面上都具有重要的意义和价值。因此，非物质文化遗产的保护工作具有相当的重要性。把握当前非物质文化遗产保护工作的内容应当以准确认识非物质文化遗产现状与存在的问题为前提。根据《意见》，我国非物质文化遗产的现状及问题是：第一，由于许多非物质文化遗产具有口传心授的特征，因此其传承问题相当严峻，尤其是在非物质文化遗产面对全球化和现代化的冲击时，这个问题尤其突出；第二，许多珍贵实物与资料遭到毁弃或流失境外，因此非物质文化遗产的保存问题应当受到重视；第三，开发的过度与不当对非物质文化遗产的保护造成了威胁，必须正视开发利用和保护的协调问题。因此，非物质文化遗产的保护具有相当的紧迫性。其实，我们可以将非物质文化遗产保护工作面临的问题总结为两大方面，其中一方面来自于外部全球化和现代化的冲击，在短视和盲目的价值取向的支配下，非物质文化遗产的传承未能得到人们充分的重视从而导致许多珍贵的非物质文化遗产濒临消亡，这个问题主要是一个认识的问题；另一个方面来自于人们对非物质文化的保护和利用方式的选择给非物质文化遗产所带来的影响。也就是说，人们已经认识到非物质文化遗产对于民族、国家甚至整个世界的价值，同时又看到利用这种价值去创造物质财富的可能性。因此，在各种动机的驱使下，非物质文化遭到了人为主动的破坏。如果说前一方面主要是认识方面的问题导致人们的消极保护，则这个方面不仅有认识问题，还有积极行为导致的主动破坏。因此，非物质文化遗产的现状要求政府主管机关应当致力于遗产的保存，要求人们正确认识非物质文化遗产的不可或缺性，要求我们处理好开发和保护的关系。

2.《意见》的保护措施

(1)《意见》确立了非物质文化遗产保护的工作目标、工作指导方针以及工作原则。

工作目标是："通过全社会的努力，逐步建立起比较完备的，有中国特色的非物质文化遗产保护制度，使我国珍贵、濒危并具有历史、文化和科学价值的非物质文化遗产得到有效保护，并得以传承和发扬。""保护为主、抢救第一、合理利用、传承发展"是《意见》所确立的16字方针，《意见》在指导方针中强调了正确处理保护和利用的关系，要坚持非物质文化遗产保护的真实性和整体性，要进行合理的利用，防止对非物质文化的误解、歪曲或滥用。在科学认定的基础上，要采取有力措施使得非物质文化遗产在全社会得到确认、尊重和弘扬。最后，《意见》明确了工作原则，即"政府主导、社会参与，明确职责、形成合力；长远规划、分布实施，点面结合，讲求实效"。

我们从《意见》的工作目标中可以看出，保护非物质文化遗产并非仅是使得其以某种形式保存下来，而是还要进行传承和发扬。这正是非物质文化遗产所具有的"活态文化遗产"特征所要求的，在方针中，"传承发展"也得到了强调。围绕这个"传承与发展"非物质文化遗产的方针，《意见》明确指出要建立有效的非物质文化遗产传承机制，包括：对列入各级名录的非物质文化遗产代表作，可采取命名、授予称号、表彰奖励、资助扶持等方式，鼓励代表作传承人（团体）进行传习活动；通过社会教育和学校教育，使非物质文化遗产代表作的传承后继有人；等等。许多珍贵的非物质文化遗产在外来文化的冲击下，年青的一代没有学习和传承的热情，由于后继无人，随着老一辈的逐渐逝去，依赖于人的非物质文化遗产也被带走，从而出现消亡的现象。

为了激发人们尤其是年青人、未成年人保护、热爱非物质文化遗产的热情，《意见》强调了对未成年人的教育的重视和社会的广泛弘扬机制，其明确：要充分发挥非物质文化遗产对广大未成年人进行传统文化教育和爱国主义教育的重要作用；各级图书馆、文化馆、博物馆、科技馆等公共文化机构要积极开展对非物质文化遗产的传播和展示；教育部门和各级各类学校要逐步将优秀的、体现民族精神与民间特色的非物质文化遗产内容编入有关教材，开展教学活动；鼓励和支持新闻出版、广播电视、互联网等媒体对非物质文化遗产及其保护工作进行展示，普及保护知识，培养保护意识；等等。我们认为，这是《意见》的一个亮点。非物质文化遗产的根本作用在于供给人们的精神认同需求，在时代变化的步伐越来越快的今天，人的流动性越来越大，但是人仍然需要对自身文化身份的认同，对自身所属群体的认同，从而在精神上获得一种归属感和安全感。非物质文化遗产就是起到这样一种提供认同的作用。《意见》强调教育机制和社会弘扬机制的作用，有利于唤起和保持人们的共同记忆，留住人们心中的文化之根，从而让人们维持这种对文化的认同，尤其对于生长在多元文化社会中的年青一代，更是需要通过这种机制来引导其文化认同。

有效的传承是非物质文化遗产的生命线。但是，这里的传承并非是机械的模仿或者原样照搬，我们理解的传承应当是非物质文化更新和延续的过程。在这个过程中，一定地区的非物质文化遗产与外来文化必然通过彼此借鉴而发生交流，并且随着时代的发展，非物质文化遗产自身也必将融入新的元素。在这种横向文化和纵向时代发展的影响下，非物质文化遗产必然会进行自我更新，并且，这种自我更新也必将体现在传承中。因此，必须强调的一点是，非物质文化的传承应当是一种开放式的传承，任何封闭式的传承机制、传承计划都不会拥有长久的生命力。在这种开放式的传承中，应当与人们目前的生活结合起来，并在这种结合中使得非物质文化遗产获得新的生命力，从而为人们提供持续的民族认同感。我们认为，《意见》所谓的"传承发展"中的"发展"应当得到这样的诠释。

《意见》对于其所明确的“政府主导、社会参与，明确职责、形成合力”的工作原则进行了如下的具体化：要发挥政府的主导作用，建立协调有效的保护工作领导机制。由文化部牵头，建立中国非物质文化遗产保护工作部际联席会议制度，统一协调非物质文化遗产保护工作，文化行政部门与各相关部门要积极配合，形成合力；广泛吸纳有关学术研究机构、大专院校、企事业单位、社会团体等各方面共同开展非物质文化遗产保护工作，充分发挥专家的作用，建立非物质文化遗产保护的专家咨询机制和检查监督制度。

值得肯定的是，《意见》的上述规定对于加强领导、落实相关责任和建立协调有效的工作机制起到了重要的指导作用。但是，我们发现，其仍然具有较为片面的地方。非物质文化遗产的载体是民众及其日常生活，但是这里的“社会”似乎只是片面强调了专家以及学术团体的作用，而并没有特别重视非物质文化遗产的真正拥有者。我们似乎看到这样的一个怪圈，政府、专家学者以及其他并非非物质文化遗产拥有者的人都在充当着积极保护非物质文化遗产的主体角色，而真正创造、拥有和传承非物质文化遗产的主体却没有被视同保护主体来进行对待，我们不能赞同这种思维方式。“社会参与”中“社会”的主要部分应当是指非物质文化遗产的创造者、传承者以及拥有者，而非专家，尤其是书斋型的专家。

第二个具有片面性的地方，在于对于“形成合力”的解释。《意见》中指出文化遗产的主管机关之间应当形成合力，使得保护工作能够协调顺利地开展。的确，我国“政出多门”式的对于文化遗产的保护并不利于保护工作的进行，这种机制也已经为我国学者所诟病。[306] 在目前“政出多门”的现实状况下，强调部门之间应当配合协调以及建立部际联席会议制度的方案对于保护工作的展开具有一定的价值。但是，“合力”并非仅指政府主管机关之间的合力，更重要的在于政府和民众之间合力的形成。目前我国非物质文化遗产保护工作的一个突出悖论在于，非物质文化遗产保护的根本目的在于维系民族文化认同，增强民族自尊和民族自豪感，也就是说，我们希望达到的目的在于民众内心的认同，这个目的的达成最终是要通过民众来实现和体现的，但是，政府过于强大的角色以及各级政府、不同部门在现实中不同动机的支配之下的“主导行为”在许多情况下与民众脱节，“两张皮”的现象成为许多地方非物质文化遗产保护工作的现实。我们认为，如何让政府恰如其分地履行引导职责，如何发挥民众在非物质文化遗产保护中的主体性作用，以及如何让政府和民众在保护工作中能够“形成合力”，是一个难以解决但是却必须面对的课题。

（2）《意见》明确应当建立非物质文化遗产代表作名录体系。其指出，要通过制定评审标准并经过科学认定，建立国家级和省、市、县级非物质文化遗产代表作名录体系。国家级非物质文化遗产代表作名录由国务院批准公布。省、市、县级非物质文化遗产代表作名录由同级政府批准公布，并报上一级政府备案。在《意见》的附件中，其规定了“国家级非物质文化遗产代表作申报评定暂行办法”，其对非物质文化遗产的定义、分类、范围、代表作名录评审标准、申报要求等作出了具体的规定。之所以建立名录体系，根据《意见》，其目的在于“推动我国非物质文化遗产的抢救、保护与传承”、“加强中华民族的文化自觉和文化认同，提高对中华文化整体性和历史连续性的认识”、“尊重和彰显有关社区、群体及个人对中华文化的贡献，展示中国人文传统的丰富性”、“鼓励公民、企事业单位、文化教育科研机构、其他社会组织积极参与非物质文化遗产的保护工作”以及“履行《保护非物质文化遗产公约》，增进国际社会对中国非物质文化遗产的认识，促进国际的文化交流与合作，为人类文化的多样性及其可持续发展作出中华民族应有的贡献”。

我们认为，在非物质文化遗产代表作名录体系的建立过程中，尤其应当强调的是其建立的目的。其建立的目的应当是弘扬中华文化，并且为世界各地多元文化作出贡献。非物质文化遗产是否能进入名录以及进入哪一级的名录，影响到特定的非物质文化遗产是否能够享受到国家的特别保护以及究竟能享受到何种程度的保护。因此，在名录的评审过程中，利益之争是难以避免的，这也正是我们的担忧所在。我们建立非物质文化遗产代表作名录是期望通过国家的力量彰显珍贵的、有重大价值的非物质文化遗产，从而使其获得重视和充分的保护，如果演变为大家以争取利益为主要目的的平台，那么将有违建立非物质文化遗产代表作名录体系的初衷。因此，如何使得非物质文化遗产代表作的评审工作始终围绕名录体系建立的宗旨进行，是一个关键性的课题。根据《意见》，其规定“评审工作应当坚持科学、民主、公正的原则”，我们认为，还应该加上“公开”的原则。在一定程度上，评审过程公开的重要性意义要大于评审结果的公开，因为，只有在民众参与监督、建议的条件下，非物质文化遗产代表作的确立才具有相当的公信力，并且民众的参与也能够起到宣传、弘扬非物质文化遗产的作用。《意见》规定“部际联席会议办公室通过媒体对国家级非物质文化遗产代表作推荐项目进行社会公示，公示期30天”，我们认为，不仅应当满足民众的知情权，还应当让民众“持续地”知情以便进行全程参与和监督。为了方便这种参与和监督，应当设置一定的民众与政府的互动平台，以便民众不仅能够发言，还能得到反馈。

毫无疑问，国家建立非物质文化遗产代表作名录体系是国家以自身的力量在介入非物质文化遗产的保护。然而，需要提醒的是，非物质文化遗产扎根于民众及其生活，民众的体验与国家行为永远都不属于同一个层次。如何使得非物质文化遗产代表作是真正意义上的代表作，需要在政府的引导下让社会各阶层共同参与来实现。我们的制度应当提供这样一个共同参与的平台，如果因为国家和民间的固有差距使得非物质文化遗产代表作无法很好地代表民众，那么这将不会是一个成功的制度。

(3)《意见》认定应当加强非物质文化遗产的研究、认定、保存和传播。对非物质文化遗产的保护，首要的问题是要解决非物质文化遗产的保存问题。非物质文化遗产与人紧密相连，由于其具有活态文化的特征，因此非物质文化遗产保护的核心在于对“人”的保护。我们上文已经提及非物质文化遗产的传承和教育问题，因此在此不作赘述。除了“人”的问题，非物质文化遗产的保护也涉及对有形载体的保存问题。《意见》指出，“经各级政府授权的有关单位可以征集非物质文化遗产实物、资料，并予以妥善保管”；应当“采取有效措施，防止珍贵的非物质文化遗产实物和资料流出境外”；“对非物质文化遗产的物质载体也要予以保护，对已被确定为文物的，要按照《中华人民共和国文物保护法》的相关规定执行”。我们认为，重视非物质文化遗产的物质性载体的保护，为非物质文化遗产的保存、传承、教育以及对于一些濒临消亡甚至已经消亡的非物质文化遗产的重新振兴，无疑都是重要的基础。

除了对非物质文化的个别式保护的措施之外，《意见》还认为应当研究探索对传统文化生态保持较完整并具有特殊价值的村落或特定区域，进行动态整体性保护的方式，在传统文化特色鲜明、具有广泛群众基础的社区、乡村，开展创建民间传统文化之乡的活动。整体式保护从理论上讲是一个较为理想的非物质文化遗产的保护措施，因为非物质文化遗产的完整性、真实性保护依赖于其所处的环境是否也得到了相应的重视和保护，如果非物质文化遗产所处的环境发生了根本性的变化，那么非物质文化遗产的原真性也就会受到破坏。而整体式保护理念和措施有利于非物质文化遗产原真性的保持。我国的“生态博物馆”的实践就是整体式保护的典型尝试。传统的博物馆是静止性的展出，而生态博物馆是活的博物馆，“人”是博物馆的一部分。[307] 生态博物馆的理念在理论上趋于完美，但是在我国的实践中却困惑重重。我们认为，虽然生态博物馆在我国的实践屡遭质疑，但是其反映出来的整体性保护理念却是非物质文化遗产保护的核心和重要理念。非物质文化遗产和人紧密相连，和人的生活及生产方式紧密相连，和特定的环境紧密相连，只有尽量地坚持整体性保护，才能在真正意义上留住和突出非物质文化遗产的“活态性”和“原真性”。因此，如何让理念转化为成功的实践，还是一个摆在我们面前的重大课题。

(4)《意见》重视了非物质文化遗产保护的经费问题。其指出：“各级政府要不断加大非物质文化遗产保护工作的经费投入。通过政策引导等措施，鼓励个人、企业和社会团体对非物质文化遗产保护工作进行资助。”的确，随着非物质文化遗产保护问题日益受到重视，中央财政和地方财政都加大了经费投入的力度，这为抢救、保护非物质文化遗产起到了重要的作用。但是，如果仅靠政府财政来支持非物质文化遗产的保护，并不能满足非物质文化遗产保护的需要。尤其对于我国经济欠发达的西部地区而言，其政府财政本来就十分紧张，在文化遗产保护经费上即使有所增加，也是杯水车薪。因此，靠盘活、经营非物质文化遗产的方式来解决保护资金问题，已经成为一个普遍的现象。但是，正是因为这种非物质文化遗产的经营现象，使得人们在保护非物质文化遗产时面临一个相当大的困惑，即非物质文化遗产的保护和利用的问题。非物质文化遗产的产业化和商业化已经为很多学者所质疑，[308] 其开发利用带来的问题引起了相当大的争论。的确，非物质文化遗产的经营与文化遗产的经营有着相当大的差别，物质文化遗产只要解决了妥为保存的问题，其经营一般不会对遗产本身产生根本性的破坏；而非物质文化遗产的原真性离不开特定的环境，并且这个环境并非商业性的环境，一旦非物质文化遗产踏上经营之路，其环境被替换为商业环境后，非物质文化遗产的原真性很难保持，甚至遭到根本性的破坏，从而成了伪文化遗产，而这是有悖于保护非物质文化遗产的初衷的。

我们认为，随着时代的进步以及外来文化的影响，非物质文化遗产必然会进行自我更新。但是，在非物质文化已经遭到较为强烈的外来冲击的情况下，人为的破坏应当减至最小，无论这种人为的破坏是否是来自于商业性的运作。因此，一方面应当加强民众对于其所拥有的非物质文化遗产的长远保护意识和规划意识，另一方面应当有必要的制度性规范用以约束人们的开发利用行为以及为非物质文化遗产的合理性利用提供指导。非物质文化的合理性利用不仅可以较好地解决保护工作的经费问题，还可以附带性地提高民众的生活质量。另外，在这种利用的过程中，如果能够充分发挥当地民众的主体性作用，不仅利于不同文化的交流，更能够很好地让当地民众感受到因非物质文化遗产给自身带来的价值，从而激发内心的民族自豪感。

(5)《意见》强调了非物质文化遗产的知识产权保护。正如前面所述，非物质文化遗产中民间文学艺术作品的知识产权保护已经为我国《著作权法》所肯定，但是，具体的保护规则始终没有正式颁布。《意见》也只是明确“要加强非物质文化遗产知识产权的保护”，而并没有进行展开。可见，无论是关于非物质文化遗产的哪一层级的规则，都在呼吁加强其知识产权的保护，这表明，非物质文化遗产的知识产权保护规则的确立，将是我国未来非物质文化遗产立法保护规则的一个重要内容。

我们认为，我国非物质文化遗产的保护规则目前还只是重视“保存”层面上的规则的确立，如非物质文化遗产代表作的认定、传承人的认定以及相关实物的保存，等等。这主要是政府机关主导式的保护，目的在于抢救以及保存非物质文化遗产。但是，非物质文化遗产的“保存规则”由于主要以政府机关的行政职责的面貌出现，因此，除了依靠政府的引导以及民众的自觉外，民众对于保护非物质文化遗产的热情总是会因为各种原因趋于不稳定的状态。此时，我们认为关注非物质文化遗产中的“权利”问题，会极大地提高民众保护非物质文化遗产的积极性和热情，并且利于这种热情的持续。这里的“权利”指特定的主体对于特定非物质文化遗产享有的权利，因此是属于“私权”。当然，特定的主体不仅指个人，也指特定集体，并且，集体作为主体的情况还比较普遍，因为非物质文化遗产主要产生于民间，通常是作为某个民族公有的文化遗产而存在，因此其拥有者往往是一定地区或民族的民众。《著作权法》中指的“民间文学艺术作品”就属于这种集体拥有的一种非物质文化遗产。非物质文化遗产上的“权利”当中，主要是指知识产权。对于非物质文化遗产施以知识产权的保护，不仅利于保护非物质文化遗产的完整性、原真性以避免其受到歪曲，也利于在非物质文化遗产的利用上提供利益分配的可预期基本规则，因此，非物质文化遗产的知识产权保护对于非物质文化遗产的保护和利用是具有相当重要性的规则。更为富有价值的是，非物质文化遗产的知识产权保护其实是对非物质文化遗产拥有者的尊重和关注。在目前我国对非物质文化遗产的保护措施上，政府的力量、专家学者的力量以及研究院校的力量等都得到了比较充分的体现，唯独作为非物质文化遗产拥有者的民众的主体性地位却一直处于相对缺位的状态。[309]我们前文提及了政府在发挥其主导作用时应当重视民众的参与，除了民众在政府工作中的参与外，还应当享有私权利的保护。只是，对于个人所有的非物质文化遗产而言，私权利的实现可能比较容易，而对于集体、民族所有的非物质文化遗产而言，我国现有的法律还不能提供非常充分的支持，“私权利”的行使规则尚存有许多空白。因此，相关的规则应当尽快被较好地确立起来。

三、政府保护人文资源的计划及实施状况

在文化遗产保护规则的规范和引导下，政府成为保护文化遗产的主导力量。这种力量主要体现在政府对重要文化遗产的确认以及实施保护上。我国文保法将文物进行了分级，而具体的落实工作由各级政府来承担。到目前为止，国家文物局已经先后公布了六批国家重点文物保护单位、三批历史文化名城以及两批历史文化名镇（村）。相较于非物质文化遗产的保护而言，我国对文物进行保护的历史相对较长，政府保护工作的开展也比较井然有序，加上保护工作的核心是静态性保存，因此难度也相对较小。

但是，文物的保护并非是政府公布几批文物保护单位就能达到的。文物保护单位的公示只是保护的基础，它利于使政府明确目标以及引起人们的重视。但是，我们在对文

物进行持续性保护的工作并不能尽如人意。尤其令人担忧的是，在文物的经营方面所存在的问题与我国文物事业存在的其他问题如盗窃与走私文物现象的存在、文物流通秩序混乱、重大项目决策程序不够完善以及专业人才缺乏等相比，更应当引起我们的重视和关注。文物的开发利用过度的现象使得文物遭到严重的破坏，尤其是在整个社会进行经济建设的影响下，“一些地方擅自改变文物保护单位的管理体制，将本应由政府实施管理的文物保护单位转移到企业进行开发经营，甚至向国内外进行招标承包，从而造成了一些影响恶劣的文物损毁事故”。[310] 有人指出要警惕文物保护的四个倾向，即：文物价值经济化、文物工作产业化、文物管理市场化以及文物产权国际化。[311] 其认为，第一，因为“文物的价值是它固有的历史、艺术和科学价值，而不是经济价值”；“它对社会发展的贡献，在于为社会提供精神力量和智力支持，而不是创造物质财富”；“它是文化现象，不是经济现象，是属于精神文明建设范畴，不属于物质文明建设的范畴”，因此文物价值不能经济化。第二，文物工作是不以盈利为目标的社会公益事业，文物工作可以办产业，但是不能产业化。[312] 第三，保护文物是政府行为，对文物的保护管理只能由政府的职能部门负责，不能由其他任何部门特别是旅游企业来越俎代庖，旅游部门与文物部门可以合作，但是不能合并，因此文物管理不能市场化。第四，必须区别文物所有权和精神财富。文物承载的精神财富可以是属于全世界，但具体到每一件文物本身，则只能是属于它的国家甚至个人。因此，文物产权不能国际化。

我们认为，在这些倾向的背后，其实是文物的保护与开发经营的关系没有得到很好的认识和处理。我们认为，对文物经营的监管应当构成政府对文物的保护计划及相关保护工程的重要部分，政府应当首先对文物本身的保护与经营形成正确的认识。文物本身并非商品，文物业有其自身的运作规律，因此必须严格界分文物业与旅游业等商业性运作行业的关系。但是，由于文物业中有可以进行商业运作的部分，并且恰当的商业性运作能够缓解文物保护资金短缺和紧张的问题，因此在文物业中并不是绝对排斥商业性和产业性的行为，可以考虑适当运用。但是无论文物以哪一种方式进行经营，都应当注意两点：第一，由于文化遗产价值与意义的社会性，政府主管机关在对文物确定经营保护方案时，应当遵循公开和公示原则，应当允许社会意见的介入；第二，无论采用何种灵活经营的方式，政府主管机关都应当对文物的保护工作加以持续与有效的监管，并承担相应的责任。绝不能允许政府主管机关“以利为本”去经营或交由公司企业经营文物，舍本逐末的行为以及怠于管理的行为都是主管机关没有尽职的表现，应当承担相应的责任。

总之，政府对文物保护单位、历史文化名城、历史文化名镇（村）等进行确认，目的在于让相关的文化遗产获得及时性、重点性和永续性的保护。政府的确认行为使得文化遗产的价值和意义昭示于公众及社会，使得文化遗产变成世人关注的焦点，因此也使得文化遗产本身具有了经济利益的可开发性。重要文化遗产的确认只是文化遗产保护的开始，要让文化遗产能得到永续性的保护，相比对文化遗产的确认，更依靠政府的持续、合理的监管。我们认为，政府的文化遗产保护计划与工程切忌“有头无尾”，政府应当有一个持续性和全面性的保护计划，并且对于文物的保护与经营的关系，应当有一个原则上的处理模式。

相比文物这种有形文化遗产，我国政府对非物质文化遗产的保护面临着更多的困难和尴尬，因此，政府对非物质文化遗产的保护计划及其实施情况也自然成为我们重点关注的对象。根据国家对非物质文化遗产保护的精神和指导性意见，我国政府于 2003 年

1 月 20 日启动了中国民族民间文化保护工程，主要由文化部负责。

由文化部实施的中国民族民间文化遗产保护工程，将通过建立遗产代表作名录、遗产传承人和文化生态保护区等方式，对我国浩如烟海的民族民间文化遗产尤其是濒危遗产展开抢救和保护。从 2003 年开始，这一工程着手全国民族民间文化资源的普查和工程开展实施试点，在以往工作的基础上进一步开展，摸清家底，分门排队，建立我国民族民间文化资源档案库。其坚持“保护为主、抢救第一、加强管理、科学弘扬”的方针，按照政府主导、社会参与、长远规划、分步实施、明确职责、形成合力的原则，坚持立法保护与政策保障相结合，政府保护和民间保护相结合，财政投入与社会资金相结合。

中国民族民间文化保护工程计划从 2004 年实施到 2020 年，其保护对象是：珍贵、濒危的并具有历史价值的民族民间传统文化，包括传统的口述文学和语言文字；传统的戏剧、曲艺、音乐、舞蹈、美术、杂技等；传统的工艺美术和制作技艺；传统的礼仪、节日、庆典和体育活动等。此外，还包括与上述各项相关的代表性原始资料、实物和场所以及其他需要保护的特殊对象等。文化部、财政部下发通知明确指出“保护民族民间文化遗产，是各级政府的重要职责”，要求各级政府不仅要落实资金，还要组织力量，统筹规划，加强指导；要调动社会各方面积极性，吸引社会的广泛参与，共同搞好工程建设。通知同时要求，地方各级财政部门要将民族民间文化保护工程纳入财政预算，给予经费保障。各地要因地制宜，成立相应的组织领导和工作机构，负责组织、协调和具体实施这一工程。

中国民族民间文化保护是一项浩大的工程，也是我国政府目前保护非物质文化遗产的主要工程。依照这个政府工程的计划，我国将采取分批建设、分步实施的策略，预计至少 20 年时间将基本完成抢救工作和基础建设。为了让该工程进入规范化的运行轨道，“中国民族民间文化保护工程国家中心”于 2003 年 2 月 25 日在中国艺术研究院正式挂牌成立，该中心由文化部授权中国艺术研究院成立，专门规划统筹和组织实施中国民族民间文化保护工程。中国艺术研究院是国家级综合性艺术科学研究的权威机构，联合国教科文组织公布的我国首批 5 家民族民间文化研究保护机构均属于这一研究院。早在“国家中心”成立的两年前，中国艺术研究院先期启动了对中国传统民族民间文化进行抢救与保护性研究的系列工程，计划用 5 年时间，完成对保护对象的全国性普查，到中心成立之时，已经取得了重要的阶段性成果，因此，让中国艺术研究院担此重任是较为合适的。中国民族民间文化保护工程国家中心成立后，全国各省市也陆续成立了地方中心。中国民族民间文化保护工程国家中心制定了中短期工作规划，从 2003 年到 2010 年的 8 年间，中心将以抢救性保护和制度化建设为核心。

2005 年 12 月 31 日，第一批中国非物质文化遗产推荐名录由文化部公布，这表明文化部的民间文化保护工程已经逐渐步入正轨。我们看到，文化部牵头的中国民族民间文化保护工程正有条不紊地开展，已经取得了不错的成效。许多濒临灭绝和消亡的民间民族文化（非物质文化遗产）[313] 被及时地加以重视和抢救，从而又出现了一线生机。在工程的带动下，各级政府与民众对非物质文化遗产的保护意识得到了加强，都充满了空前的保护和抢救非物质文化遗产的积极性。自从工程启动后，在政府的推动和主导之下，全民都参与进来重视非物质文化遗产，非物质文化遗产的保护和抢救更像是掀起了一场“运动”。

无可置疑的是，文化部的保护工程对于非物质文化遗产的保护而言，在目前起到了

"雪中送炭"的作用。尤其对于我国有着丰富的非物质文化遗产资源的西部而言，其经济相对落后，民众的基本物质生活需求尚不能得到满足，要腾出精力和经费来保护非物质文化遗产是非常困难的，而保护工程的专项资金为重要的非物质文化的保护和抢救给予了重要的支持。但是，经过我们的田野考察，发现这种运动式的保护并不能根本解决非物质文化遗产保护问题，政府的保护工程遭遇到许多的困惑和尴尬，尤其是在经济欠发达、社会各个层面正在转型的我国西部地区而言，这种困难和尴尬表现得尤为突出。

我国西部地区蕴涵着大量丰富的非物质文化遗产，是我国非物质文化遗产的重点保护地区。但是，非物质文化遗产的保护恰恰遭遇西部地区全方位的转型，从人们的思维方式，到人们的生产及生活方式，无不处在社会大转型的背景下，经受着剧烈的荡涤。因此，人们对自身拥有的非物质文化遗产的认识也发生了变化。我们的学者经过考察后发现，作为许多非物质文化遗产的拥有者的西部人民而言，被政府视为具有宝贵文化价值的非物质文化遗产却被他们视为落后的表现，相比流行、时尚的外来文化，他们为自己"落后"的文化汗颜。[314] 为西部人民所"汗颜"的文化，却被政府视为值得保护的财富而倍加重视。在这样的情况下，政府和非物质文化遗产的拥有者之间往往形成一种深刻的矛盾：政府和外界群体大力呼吁保护非物质文化遗产，希望非物质文化遗产的创造者和拥有者能够传承、发展珍贵的非物质文化遗产，保护我国璀璨的民族多元文化；而作为非物质文化拥有者来说，他们往往正在努力靠近现代流行的文化，并渴望成为现代流行文化群体的成员。但是，在政府的主导和社会的呼吁之下，他们又被卷入这一场"保护运动"当中，做着政府所安排的保护工作。其实，保护非物质文化遗产的根本目的在于维系民族认同，增强民族自尊心和自豪感，然后为世界多元文化作出贡献。也就是说，非物质文化遗产的保护工作是否取得实质性的成功，很大程度上依赖于对非物质文化遗产对民众生活所产生的影响力的大小的考察和衡量结果。只有非物质文化遗产仍与民众的生活与生产相连，为民众内心所认同和依赖，才可以说非物质文化遗产的保护取得了成功。而目前政府与民众的这种错位和尴尬的关系，使得即便是政府启动如此浩大的非物质文化遗产保护工程，仍旧离我们的初衷很远。用"标"和"本"的关系来形容的话，政府工程在"标"上可谓下足了功夫，但是"本"意义上的现状仍未得到根本的扭转。

我们认为，一定程度上说，非物质文化遗产保护工作所反映出来的尴尬与问题，其实是我国目前整个社会在转型时期所没有解决的问题。在社会转型过程中，社会的分层结构发生越来越剧烈的变化，社会心理和社会秩序的既有稳定性被打破，但是新的结构尚未形成，"旧"的摇摇欲坠，而"新"又不知在何方。非物质文化遗产中很大一部分属于乡村文化，以乡村生活、生产方式为意义与价值的供给来源，乡村生活是这些非物质文化遗产得以鲜活下去的基础。然而，在目前城乡二元结构的社会现实中，乡村文化正在面临前所未有的衰败。"农民工进城"的普遍性[315]使得以乡村生活为背景的非物质文化遗产的传承和发展面临困境，这又岂是政府的一个民间文化保护工程所能解决的问题？其实，"农民工进城"的这种表达本身就已经说明"农民工"与"城"之间是有严格边界的，否则怎么会是"进"呢？但是，为什么农民工即使"进"了"城"，其仍不被城市文化认同因而其身份仍是在"城"外呢？我们认为根本原因在于文化体系的差异。农民工不属于城市文化体系，而是属于乡村文化体系，即使是抓住了"发达"的机会，能在物质上与"城市人"同等水平，但是其内心也很难获致文化认同感和归属感。

我们认为，正是在这个意义上，保护非物质文化遗产的意义不仅在于民族的文化认同，还在于群体认同，民族其实是群体的一种而已。在这样的情况下，一方面非物质文化遗产具有非常重大的价值与意义，另一方面它们的价值和意义在现代转型社会中尚没有得到发挥。于是，非物质文化遗产保护所要解决的关键问题得以呈现，那就是如何让民众内心认识到非物质文化遗产对于自身的重要性并且基于认同和热爱去传承和发展它。

我们仍然认为，这个关键问题的实质是个社会问题。非物质文化遗产的保护问题并非是就遗产本身来谈保护的简单问题，由于其保护的核心在于“人”，而人与社会紧密相连，因此，社会的问题就与非物质文化遗产的保护发生了纠葛不清的关系。以我国西部为例，其丰富的非物质文化遗产中相当大的一部分都以乡村文化为基础，所以非物质文化遗产得以永续的关键在于如何对待乡村文化。如果新农村建设能够顺利进行，农民能够留在自己的文化圈里，无论是基于自发还是自觉，在基本满足物质需求后，能够有精力、热情和物质基础去传承和发展非物质文化，那么非物质文化遗产有望得到较好的保护和发展。以目前乡村文化逐渐衰败的趋势看，以乡村文化为根基的非物质文化遗产一旦失去乡村生活和生产的根基，“皮之不存，毛将焉附”？非物质文化遗产怎能得到根本性意义上的保护和发展？

政府的民间文化保护工作除了面临上述困境之外，还面临的一个困惑就是非物质文化遗产的开发和经营的问题。上文所提及的问题是因民众的“逃离”而引致的非物质文化遗产难以传承和发展的问题，而这里要提出的问题是非物质文化遗产与民众的关系问题。非物质文化遗产的根本价值在于其精神价值，但是随着政府与社会的重视，非物质文化遗产成了重要的资源，其创造了许多利益点，这可以为民众带来经济财富。但是，非物质文化遗产作为一种社会性的精神资源，其运行的规律毕竟不同于商业规律，而其一旦被卷入到商业中去，商业的特性与非物质文化遗产的内核就会产生许多不和谐之处，这会极大损害非物质文化遗产的原真性，而原真性恰恰是我们在保护非物质文化遗产工作中最为关注的。其实，被人们争议最多的关于非物质文化遗产的保护和经营的矛盾，其实质是保护和改变的矛盾。非物质文化遗产的保护不仅要保护与其相关的实物，更为关键的是保护拥有者，而实物的保护需要充足的资金，对拥有者的保护需要满足他们日益增长的各种需要。如果说实物的保存可以在一定程度上实现，那么人的改变却无法阻挡，他们对文化遗产的认识、利用的方式和目的均在商品经济时代背景下发生了剧烈的改变。在这种情况下，依赖于他们的非物质文化遗产也面临着改变的命运。因此，在非物质文化遗产的保护和改变之间，存在着一种深层的难以解决的尴尬。

综上，我们认为，政府的民族民间文化保护工程虽然在现阶段非物质文化遗产的保护工作中起到了较为明显的作用，但是这种作用似乎并不能一直持续下去。“工程”也好，“运动”也罢，总是有结束的时候，但是，非物质文化遗产的保护始终是要永续下去。那么，用什么来保证这种永续？我们不禁要问，当一切的喧嚣与繁华都归于宁静时，非物质文化遗产所在地的人们尤其是贫穷的人们的生活又该怎样继续？还是一如既往地贫困和落后？这会给非物质文化遗产的永续性保护带来什么影响？……从根本上讲，要让非物质文化遗产获得永续性的保护，关键在于民众内心对文化遗产本身的认同、依赖并且引以为豪。而认同、依赖并且引以为豪的基础是民众对既有生活和文化有较高的满意程度。政府的保护工程可以引导民众认识自己的文化的重要性，但是却不能确保民众的满意程度。因此，我们一方面肯定政府工程所带来的成绩，另一方面，我们并不认为其在非物质文化遗产保护上会带来一劳永逸的效果。

四、国家保护实践的经验总结

通过上文对我国文化遗产的国家保护实践的考察，可以看出，相比非物质文化遗产的保护，物质文化遗产的保护由于重视较早，统一的立法颁布也较早，加上保护起来所遭遇的困境和悖论较少，因此较为容易一些。静态性的物质文化遗产的保护关键在于保存的完整性，在现代科技的支持下，物质文化遗产的保存与修复工作变得相对容易。但是，我们认为，以文物为代表的物质文化遗产的保护仍然要注意这样几个问题：

第一，保护文化遗产的目的在于让文化遗产所具有的价值惠及民众，因此在文化遗产的保存工作中应当尤其关注民众的可接受程度。对于物质文化遗产的修缮、迁移、重建等涉及文化遗产原状的重大事项，应当关注民众的意见。

第二，基于近年来文物的经营和管理秩序比较混乱的现状，政府主管机关在允许的范围内对文物实施灵活管理时，尤其应当加强文物保护和经营的持续性和有效性监管，必要时基于重大事项还应当允许社会意见的介入。

第三，文化遗产保护是社会性的事业，但是文化遗产的保护在某些时候涉及私人权利的牺牲，尤其是在文化遗产的所有权属于私人的时候，对于私人为文化遗产保护所作的个人权利的特殊牺牲，我们认为政府应当给予必要的补偿，并且应当在该文化遗产的保护方面加强和落实帮助。

对于非物质文化遗产的国家保护而言，其所遭遇的困惑相比物质文化遗产的保护就要复杂得多，这根源于非物质文化遗产的特殊性，其中最根本的特殊性是非物质文化遗产与“人”紧密相连，“人”的复杂性使得非物质文化遗产的保护也变得较为复杂。对于国家对非物质文化遗产的保护而言，尽管存在经费紧张、普查困难等系列问题，但是最为深层的问题在于由于时代的发展和外来文化的冲击，拥有非物质文化遗产的民众在对待非物质文化遗产的心态上与国家的态度有较大出入。时代的发展使得民众有着比保护、传承非物质文化遗产更为现实的追求，外来文化尤其是流行和时尚文化的影响使得民众在面对自己的文化时变得彷徨和无所适从，甚至在文化跟随上出现了动摇，而这并非是国家能够强行左右的。不过，我们认为国家可以起到非常重要的引导作用，除了以保护工程这种形式来引导外，还可以考虑以收效更为直接和更为长远的方式来进行：

第一，鼓励民间保护。国家在确认并保护非物质文化遗产时，尤其应当积极引导民众群体的保护力量。适当地鼓励和组织一些民间群体，并在利益分配上适当倾斜，都是可以考虑的有效措施。

第二，国家在进行自上而下的保护工作时，应当保证当地民众对政府工作的参与。民众的参与一方面有利于提高和强化其保护意识，有利于其认同自身的社会角色，从而激发自豪感和责任感，另一方面有利于提高民众的物质生活水平以及生活质量。

第三，国家在立法上应当积极进行引导。相比政府的保护工程以及相关的保护政策，立法具有相对的稳定性，可以为人们提供更为长远的预期。除了在政府职责、保护措施、政策优惠等方面予以立法确认之外，我们认为以知识产权为标志的私权利的完善更能激发民众内心的积极性。当民众意识到自己拥有的非物质文化遗产能够为自己带来法律上认可的利益时，这不仅意味着物质上的受益，还意味着自己的文化受到了尊重，从而自身也被予以了肯定。如果立法上确认了民众在非物质文化遗产上相关的财产权利和人身权利并且引导和鼓励民众进行运用，那么作为非物质文化遗产拥有者的民众的保护、传承和发展的热情将会倍加高涨。

第二节　来自民间保护的实践与经验

上文在分析我国文化遗产尤其是非物质文化遗产的国家保护时，屡屡提及民间保护力量的重要性。事实上，民间对文化遗产的保护一直都没有间断过，尤其是学者、研究院校以及学术、艺术团体等文化界的精英分子一直关注对文化遗产的研究与考察，不仅在社会上起到了呼吁和号召的作用，也是推动和配合国家保护工作开展的重要力量。在社会对文化遗产进行保护的大潮下，社会最基层的人民也有一些组织起来自觉保护文化遗产的行动，尽管力量比较微薄，但是却代表着一种新生。我们在此以个案为分析对象，对我国民间保护文化遗产的力量进行一种分析与解读。

一、物质文化遗产的民间保护

对于我国文化遗产中以文物为代表的有形文化遗产而言，由于绝大多数为国有，因此政府作为国家的代表，理所当然地肩负起保护的主要职责。但是，我国历史悠久，拥有的文物不计其数，国家的人力、财力和物力都相当有限，尤其对于我国西部经济欠发达地区的政府而言，文物的保护更是成为政府财政的一个沉重负担。因此，光靠国家的力量来加以收藏、保护和管理并不能满足文物保护的现实需求，从而民间保护力量成为文物保护的重要途径。但是需要特别说明的是，必须首先区分这样两个不同的概念，即“文物的民间保护”和“民间文物的保护”。两者有着非常大的差别，“文物的民间保护”包括了“民间文物的民间保护”和“国家文物的民间保护”。按照我国的文保法，属于集体所有和私人所有的纪念建筑物、古建筑和祖传文物以及依法取得的其他文物，其所有权受法律保护。[316] 那么，在这个意义上说，“民间文物的保护”其实包含了“民间文物的国家保护”和“民间文物的民间保护”两个层面。因此“文物的民间保护”和“民间文物的保护”两者之间有重合的部分，而对于“文物的民间保护”和“民间文物的民间保护”两个概念而言，后者是包含于前者的。我们这里讨论我国物质文化遗产的民间保护，所以我们将分别讨论“民间文物的民间保护”和“国家文物的民间保护”。

（一）民间文物的民间保护

事实上，我们研究民间文物的民间保护时，发现其在很大程度上依赖于国家的文物立法及其相关政策。如果民间文物的收藏、交流以及流通能够有一个较为宽松的政策环境，必将极为有利于其民间保护。我国的文物浩如烟海，民间收藏成为国家收藏的重要和必要的补充，但是我们往往重视国家收藏，而忽略民间收藏，从而使得民间收藏缺乏良好的环境和政策支持，这直接导致民间文物保护的不力。我们拟就关于民间保护的几个典型问题来进行分析。

1．民间文物的收藏与流通

民间文物的收藏和流通具有紧密的联系，一个良性的流通环境是收藏的必备条件，因此我们将两者一并讨论。修改前的文保法只允许文化行政主管部门指定的收购单位收购文物，实行文化行政主管部门指定的收购单位对文物进行统管、统购、统销的“三统一”体制。在这种对文物的收藏和流通极为严格的限制政策之下，中国的文物市场出现了非常奇怪的现象，尽管国家执法部门依法禁止开放民间文物市场，并组织查禁民间文物交易，但是北京、天津、上海等大城市相继突破现行规定，兴办民间文物流通和交流市场，批准举办文物拍卖会，鼓励创办私人博物馆。也就是说，民间文物的收藏和流通并没有因为有关规定的限制而停滞，相反，限制性的规定并没有遏制住民间文物市场的兴盛。

事实上，国家垄断文物市场是非常不切实际的，既花去高昂的成本，又不能对浩如烟海的文物进行全面的保护。因此，应当将民间收藏和国家收藏结合起来，充分发挥民间收藏和民间文物市场保护文物的作用。基于这样的考虑，文保法的修改被纳入讨论日程。目前的文保法在历经反复讨论和修改后最终定格，关于民间文物的收藏与流通问题，相比修改前的文保法，提供了比较宽松的政策。根据现行文保法的规定，文物收藏单位可以通过购买、接受捐赠、依法交换和法律、行政法规规定的其他方式取得文物；[317] 文物收藏单位以外的公民、法人和其他组织可以收藏通过“依法继承或者接受赠与”、“从文物商店购买”、“从经营文物拍卖的拍卖企业购买”、“公民个人合法所有的文物相互交换或者依法转让”以及“国家规定的其他合法方式”等途径取得文物，并且允许文物收藏单位以外的公民、法人和其他组织合法收藏的文物依法流通。[318] 但同时，文保法也规定了许多禁止性和限制性的规定，如非国有不可移动文物不得转让、抵押给外国人；[319] 公民、法人和其他组织不得买卖国有文物、非国有馆藏珍贵文物等一些文物。[320] 不仅如此，文保法对文物的流通事项设定了许多行政许可的门槛，从法条来看，行政许可的门槛仍然比较高。

无论如何，现行的文保法已经为民间收藏文物和文物的流通提供了一定的政策上的许可和支持，这带动了民间文物的保护热情。具备一定组织形式的民间收藏、企业收藏作为国家收藏的补充，已经形成一股不容忽视的民间收藏力量。民间出现的艺术品拍卖会、古玩交易会和民间藏品展示研讨会等收藏文化现象与文物流通现象，紧扣人民大众的生活，在极为广泛的层面上影响着整个社会。如此看来，文物的民间收藏与流通已经成为一种文化现象，其已经成为民众文化生活的重要组成部分。

但是，仍然要强调的是，尽管民间收藏与流通的基本理念是民间自主，可是由于民间文物市场的放开并没有多长时间，其多年来一直处于自发的状态，因此难免有许多不规范之处。为了保证民间文物市场的健康运行，政府有责任予以引导和进行必要的规范。

2．民间文物的经营

尽管文物的主要价值是其精神价值，但是不可否认的是，文物的价值是多重的。就民间对文物的收藏而言，收藏的动机更是多种的。应当说，只要文物的影响力能够及于社会大众，文物的价值能够最大的发挥，文物能够最大限度的得到保护，我们认为民间对文物的合法经营无可厚非。现行的文保法不仅支持民间文物的收藏和流通，也支持民间文物的使用与经营。在具备合法手续的情形下，民间收藏单位和私人博物馆的成立都是允许的。

对于私人博物馆的建设，走在全国前列的是天津市。天津一直关注并发展博物馆文化，尤其重视鼓励私人博物馆的建设。天津喜爱收藏民间文物的爱好者比较多，已经形成了沈阳道、古文化街等几个文物藏品的集中交易点，民间文物市场比较繁荣。市民买卖的文物中，有不少文物富有珍贵的价值，但是，由于各方面的条件限制，如果让其全部进入政府的博物馆进行展览和交流又非常不现实。因此，天津市鼓励成立私人博物馆来保护各种民间收藏的文物。通过私人博物馆的建立，将民间收藏的文物汇集到一起，这样可以充分发挥文物的社会价值，也能够积极地引导民间文物的收藏、流通和利用。

我国目前已经有好几百家私人博物馆。不管是在政策限制较多的过去，还是在政策较为宽松的现在，一些民间文物收藏爱好者或者收藏家一直对私人博物馆有着较深的情结。我们认为，作为国家博物馆的有益补充，私人博物馆有利于民间文物的收藏、保护、交流以及展示，因此具有极大的社会性价值。但是建设和维持私人博物馆的成本对于私人而言较高，在其经营和管理等许多方面都存在困难，因此国家法律的支持以及政府的优惠性扶持都是相当必要的。支持私人博物馆首先是要明确民间文物藏品的私人所有权，其次对于私人博物馆的资金以及馆藏的交流工作，政府在博物馆所有者有困难以及有需求的情况下，应当予以必要的帮助。

3．小结

总之，对于民间文物的收藏而言，观赏性动机、投资性动机以及其他动机都是存在的，不论出于何种动机，它客观上都有助于文物尤其是珍贵文物的保护。其实，从根本意义上讲，国家收藏与民间收藏的本质是相同的，都是着眼于对文物的保护。出于保护的考虑，我们认为，国家应当以更为开放的心态来鼓励民间力量对文物的保护，以更为优惠的政策来支持民间力量对文物进行收藏、利用与交流。基于民间文物如此丰富的情况，国家宜允许并扶持民间收藏家办立公益性或者营利性的私人博物馆，允许民间开办健康有序的文物交易市场。回望中国的文物保护历史，民间文物的民间收藏、流通以及经营的保护历史源远流长，即使是在现代遭到国家诸多的限制，民间文物收藏与民间文物市场仍然在“地下”处于兴盛繁荣状态。可以看出，民间力量一直在文物保护历史上扮演重要角色，尤其是对于民间文物而言，民间的保护是主要的、直接的保护力量。不过，尽管民间力量对于民间文物的保护是至关重要的，我们仍然认为国家对于民间文物应当施以必要的来自于国家力量的保护，一方面是指国家应当予以各方面的鼓励和支持，另一方面是指国家对于民间文物的市场秩序应当加以适当的管理。结合起来看，国家对民间文物市场应当是放开并加以监管为宜。

（二）国家文物的民间保护

中国文物学会名誉会长罗哲文曾针对加强文物保护提出五点建议，其中提到要把保护工作落实到具体的机构或个人，即特别要落实到县、市、村、镇、街区甚至个人；要加大宣传的力度，不仅让领导更重视文物保护工作，更重要的是把文物保护的观念普及到社会，普及到基层，扎根在基层，要唤起全社会的关注，提高全民的参与意识。他认为，只有让每一位公民都认识到文物真正是有价值的，才会在全社会形成文物保护的良好环境和舆论氛围。[321] 我们赞同这样的看法。保护文物的最终目的并非保存，而是通过保存让文物的价值能够惠及社会大众。因此，尽管对于国家所有的文物而言，国家的保护力量居于首要的地位，政府承担起首要的职责，但是仍应当将国家文物的保护与社会群众的亲身保护实践紧密结合。一方面是对国家保护力量的补充，另一方面是有利于让文物产生广泛的社会影响，让文物的保护深入民心，不仅让国家文物得到更为充分的保护，更让民众受到了教育，从而更加积极地投入到保护国家文物的工作中来。

事实上，民间力量对于国家文物的保护一直都在一定程度上存在。我们将民间力量对国家文物的保护分为两种情况，一是民间自发的保护，二是在国家政策的鼓励下参与的保护。前一种情况主要表现为民间性的自发组织群体对国家文物的保护，尤其是针对没有得到充分的国家力量关注和保护的国家文物；后一种情况是指国家出于借用民间力量保护国家文物的需要而鼓励民间力量参与国家文物的保护，根据目前的实践来看，主要表现为一些与国家力量紧密结合的社会团体的运作以及国家借用民间资本保护国家文物的情形。我们这里以个案的形式进行介绍和分析。

民间对国家文物进行保护的第一种情形的典型例子是河南省的民间文物保护队的成立。自从其在2004年11月成立以来，就致力于文物的调查和宣传活动。该民间文物保护队的成立源于百余农民的保护情结，在已经退休的南召县小店乡小店村村支部书记张明才的带动下，农村教师、退休干部、民间艺人以及宗教人士加入到文物考察与保护行列中，据媒体报道，这支队伍迅速壮大到160多人，人员涉及周边6个乡镇20多个村，农民队员达百余人。后来，在张明才的倡导下，成立了南召县第一支民间文物保护工作队，发起义务保护文化遗产的行动。此后，他们自带干粮，三五相约，跨乡镇横向联合，跋山涉水，考察保护文化遗产，足迹踏遍大半个南召县山山水水。文物工作队成立后，他们组织分头调查大型石城山寨30多座，并对每座山寨的位置、建筑特点、人文景观分布等情况进行详细地调查和记录，为楚长城发现、认定提供了第一手资料。2005年2月，张明才和考察队员们在留山至太子山山脊上隐隐约约发现一条干垒石城墙，大部分墙体坍塌，有的地方只留下墙基，被荆棘覆盖。队员们衣衫被荆棘划破，双手拨开树枝杂草，小心翼翼地测量墙体长度。沿着这条巨龙，他们翻山越沟徒步70多公里。后又发现了一些列城和40多座兵营遗址，终于解开了它的"身世之谜"。后来这段长城被专家们认定为中国最古老的楚长城遗址，得到了中国长城协会秘书长罗哲文的高度评价，《万里长城》杂志还专门报道了他们的探索过程。

继这以后，这支民间的文物保护工作队相继又作出了许多对于国家文物保护的重大贡献。在其为文物保护不计酬劳以及不辞辛苦地发挥民间力量时，县文物部门及时地对其表示鼓励和支持。从其成立以来，县政府文物部门经常对其进行指导、扶持和管理，为队员们登记造册，审查合格后颁发文物保护员聘任证书。同时，对有一定文物知识和水平的队员，组织他们对文物进行考察和研究，并向上推荐，其中有一批人已经被中国长城协会吸收为会员。并且，在县文物保护部门的指导下，民间保护工作队员还成立了文物保护宣传队，通过曲艺演唱形式宣传文物保护法，讲述有关文物保护单位的风物传说，颂扬文物保护的先进个人和事迹。这为普及文保法以及在群众中宣传保护文物的观念起到了很大的作用。

通过这个个案我们看到，来自于民间的保护力量有着相当大的潜力和相当出色的实际效果。当然，这种完全出于自发的民间保护能够取得这样瞩目的成绩，与政府的扶持和鼓励也有着比较大的关系，在政府的支持下，民间力量得到了认同，队员个人的贡献也得到了肯定，这对于维持队员的积极性和热情都是相当有利的。

不过，上述个案在全国来说并非是普遍性的现象，其依赖于太多的偶然性的因素，如个人的觉悟、恰当的组织者、政府及时的指导和鼓励等等。相比这种形式的民间保护，有着一定的自觉性的以及与国家的上层主管机构有着紧密联系的常设性民间组织对于国家文物的保护而言，发挥的作用更为广泛和深刻。我国这种组织主要包括以文物的保护和抢救为宗旨的学会、协会以及基金会等社会团体，比如中国文物学会、中国长城协会、中华抢救流失海外文物专项基金等。它们由于具有与社会各界进行广泛联系的优势，以及国家上层机构的直接支持，在文物保护方面是一种与国家保护并行的重要民间力量。

以中华抢救流失海外文物专项基金为例，其于 2002 年 10 月在北京成立，是我国国内第一家以抢救流失海外文物为宗旨的民间公益组织，隶属于由国家文化部主管的公益性社会团体中华社会文化发展基金会，其主要职责是通过民间渠道，协助政府，促成流失海外的中国文物回归中国。从其成立以来，在社会各界中的影响力与日俱增，在文物保护的宣传与抢救方面都起到了较明显的作用。基金的来源主要是靠社会募捐和企业捐款，为了扶持基金，政府给予社会对其捐赠的税收优惠。[322] 在社会以及政府的支持下，基金有着一些回购文物的成功案例，比如 2003 年 9 月，在一名澳门富商向中华抢救流失海外文物专项基金捐赠人民币近 700 万元的帮助下，购回了于 1860 年英法联军攻入北京时流失海外的圆明园猪首铜像。

但是，这种希望单靠社会各界出于保护文物的热情来开展文物保护工作的基金形式，由于各种原因，也存在着非常多的问题。比如，回购的目的在于让珍贵文物处于国家力量的保护之下，然而企业往往希望把通过其捐助回国的文物藏于其企业内。再如，由于文物的昂贵价格与基金用于回购的资金不成比例，往往使得靠社会募捐的基金在回购文物的工作上进展不顺利。因此，考虑国家力量与民间力量的互惠合作也许是一种有益与有效的保护文物的途径。

文物保护工作资金不足是困扰国家保护文物的主要问题之一。因此，积极引进民间资金，按照“谁投资、谁所有、谁受益”的原则，创新投融资体系的方法成为近年来全国各地保护文物的新思路。以河南为例，据报道，[323] 从 2005 年 4 月 8 日起，居民可通过购买信托产品的方式投资郑州商代遗址保护等政府投资的文物保护项目。居民可在农行河南省分行营业部 18 个网点购买该信托产品，百瑞信托投资有限责任公司（以下简称“百瑞信托”）把这部分资金集合起来，贷给郑州市第二市政工程公司，统一运用于商代遗址保护等政府投资项目，贷款由直属于郑州市政府的郑州市建设投资总公司提供担保，郑州市财政为此提供了偿还投资本金和预期收益的承诺。

文物保护资金短缺在全国都很普遍。近年来，尽管中央和地方政府加大了文物保护经费的投入，使部分濒临毁坏的文物得到妥善的保护，但是文物保护的经费投入仍远远赶不上需求的增长，资金短缺始终制约着文物保护工作。在这样的情况下，吸引民间资金的力量来保护文物，成为一个有益的举措。再以故宫博物院为例，其建院以来的传统是杜绝商业性投资，但是在2005年其展出《清明上河图》时，却首次与民间资本合作，拍卖展柜的冠名权。

我们认为，民间资本参与文物保护，应当被视为文物保护事业的进步。国家文物的保护长期以来单靠国家的力量进行，导致了国家财政的沉重负担。而我国的民间有着大量的可以利用的资金，将其吸取到国家文物的保护中来，无论是对于国家还是民间，都是非常完美的结合。在这样的情况下，民间保护文物的力量将得到极大的开发，国家的力量得到有益的补充，因此可以说是一种国家与民间的“双赢”。

需要强调的一点是，能够持续吸引民间资本力量的关键在于政府信用的保证。在我国的政府信用机制并不完善的今天，这个关键性的影响因素应当得到足够的关注。

二、非物质文化遗产的民间保护

首先要说明的是，这里说的“保护”是广义上的保护，不仅指保存，还包括传承、创新、开发以及利用。“保存”让非物质文化遗产具备了存续的基础和前提，“传承”是非物质文化遗产得以永续的保证，而“创新、开发以及利用”是非物质文化遗产在时代的发展中不断得以延续活力的方式。国家由于具备资金和技术的力量，对于非物质文化遗产的保护工作主要是以记录的方式将其“保存”，而对于非物质文化遗产的传承、创新等方面，由于非物质文化遗产的民众性特征，民间力量应当占主要地位，也就是说，非物质文化遗产得以永续的基础在于民众的传承和发展。因此，从这个意义上说，民间保护可以说是非物质文化遗产保护的主要力量。

非物质文化遗产民间保护的实践主要来自于两种力量，一是专家、学者、研究院校以及学术团体等知识精英的力量；二是普通民众的自发性力量。专家学者等知识精英除了参与非物质文化遗产的国家保护实践以外，还以自己的方式实施着非物质文化遗产保护的民间性实践。其中，“中国民间文化遗产抢救工程”是一个知识与文化精英进行保护非物质文化遗产实践的典型表现。

中国民间文化遗产抢救工程由中华人民共和国文化部、中华人民共和国国家民族事务委员会、中国文学艺术界联合会、中国民间文艺家协会主办，由中国民间文艺家协会承办，并由各省、自治区、直辖市民间文艺家协会及相关宣传、文化单位联合承办。该工程分为两期，第一期是从2002年到2006年，内容主要为：民间美术抢救性普查、搜集、编纂；全国民俗抢救性普查；民俗典型实物征集；拍摄大型电视系列专题片、音像品《中国民俗》；建立、汇编“中国民俗图文资料数据库”；建立“中国民俗”网站。第二期是从2007年到2011年，主要内容是：整理、编纂《中国民俗志》系列（以县为单位）、《中国民俗图录》、《中国民俗分布地图集》等；确定并编制“中国民间文化遗产名录”；向联合国教科文组织申报一批人类口头文化遗产和非物质文化遗产名录；编纂《中国民间叙事长诗集成》、《中国史诗集成》、《中国民间美术集成》、《中国民间美术分布地图集》。这是一次全国规模的抢救工程，目前已经取得了丰硕的成果，主要有：出版了《中国民间美术集成》、《中国民间美术分布地图集》、《中国民间叙事长诗集成》、《中国史诗集成》、《中国民俗志》、《中国民俗图录》以及《中国民俗分布地图集》；拍摄了电视专题片《中国民俗》；搜集、收藏了一大批具有代表性的各民族民间美术作品、代表性民俗实物；建立了“中国民俗图文资料数据库”；建立“中国民俗”网站；命名了一批民间文艺之乡；编制“中国民间文化遗产和代表作名录”；确定并向联合国教科文组织申报了一批人类口头文化和非物质文化遗产代表作名录；陆续举办了“中国民间文化遗产抢救工程”成果展示、展览、展演。

从本质上讲，中国民间文化遗产抢救工程并非是一个纯民间性质的保护非物质文化遗产的实践，甚至可以主要看做是政府的实践，因为其主办单位不仅有政府主管机关，并且其经费来源主要是来自于国家立项拨款、地方财政拨款，而社会赞助部分并不占多数。但是，我们仍将其放入非物质文化遗产的民间保护的内容之中进行分析。理由在于，在这个工程中，文化与知识精英发挥了巨大的作用甚至可以说是主要的作用，其所扮演的角色不是传统意义上的在政府工作中的参与与建议，而是直接的介入。以冯骥才为代表的民间文艺家协会发出《抢救民间文化遗产呼吁书》，号召全社会都来关注和保护非物质文化遗产。在整个工程的实施中，我们看到的是专家们的不懈努力。这个工程不仅影响了整个社会，也带动了政府对于非物质文化遗产的进一步关注，文化部随后启动中国民族民间文化遗产保护工程，这在前文已经有所论及，在此不赘述。因此，尽管政府在中国民间文化遗产抢救工程中仍然起主导作用，但是由于专家学者们的出色表现，我们仍然认为其不失为专家学者的一次对非物质文化遗产的民间保护实践。

不过，因为文化与知识精英们的民间性实践往往与政府有着密切的联系并且受到自身认识的限制，其实践经常存在以下几个不足：第一，由于牵涉面过广，保护实践往往受到多方面的制约；第二，以社会分层的观点来看，文化精英并不能代表社会底层民众的愿望和需求，因此往往与非物质文化遗产的拥有者产生矛盾；第三，文化精英们的保护实践不具有永续性，以中国民间文化遗产抢救工程为例，其持续的实践也就短短的几年，因此这种“工程式”的保护对于非物质文化遗产的永久性保护和发展而言，并不具有实质性的作用，类似的分析我们在前文分析政府的保护工程时也提及过。所以，我们认为，对于非物质文化遗产而言，由于其特殊性的存在，其民间保护实践尤其应当强调纯正的“民间性”，在纯民间性的保护实践中，政府以及文化知识精英们可以加以帮助，但是不能够“喧宾夺主”。只有这样，才能够真正让非物质文化遗产存活于民众当中，并且得到永续性的保护和发展。

目前，这种完全来自于社会底层的民间性保护实践已经得到了一定程度上的发展。突出的一个例子是 2006 年 6 月 7 日，武陟县乔庙乡冯丈村非物质文化遗产保护中心成立，这是我国第一家民间保护非物质文化遗产的组织，同时还成立了“稻花香”怀梆剧社。怀梆[324]是中原地区较古老的地方剧种之一，已有 300 多年历史，20 世纪 50 年代最兴旺时，仅焦作地区就有 500 多家怀梆剧团，而如今，冯丈村会唱怀梆的老艺人只有 6 位，平均年龄 76 岁，目前怀梆已经属于濒临灭绝的剧种。

秉着传承祖宗优秀文化的初衷，作为全国第一家由农民自发组织的“非物质文化遗产保护中心”，其成立离不开河南师范大学副教授丁永祥等人的支持。据媒体报道，河南师范大学文学院的丁永祥老师是成立“中心”的倡议人，他在河南师大组建了“怀梆”课题研究组，扶持民间非物质文化遗产传承团体是他们研究计划的一部分。他们计划与该“中心”一起，搜集整理“怀梆”剧本，拍摄、保存老艺人的音像资料，建立“怀梆”网站，出版相关书籍，通过各种方式推广和传承“怀梆”艺术。中心和剧社表示将定期举办演出，让传统文化风俗真正回到群众生活中，使非物质文化遗产保护成为大家的自觉行动，把“怀梆”这个古老的剧种传承下去。

我们从这个案例中看到，事实上，民众对于自己的民族世代流传下来的非物质文化遗产有着很深的情结，因为特定的非物质文化遗产给予了他们强大的精神力量，是他们认同自己民族和祖先的基本依据。只是，在非物质文化遗产遭到外来文化与时代发展的剧烈冲击的今天，人们目前可能更热衷于对于时尚和流行文化的追求，反而忽略了自己所拥有的宝贵的非物质文化遗产。但是，只要具备了一定的条件和时机，民众就会燃起保护非物质文化遗产的热情，投入到对非物质文化遗产的保护中来。

底层人民进行保护非物质文化遗产的实践可能是基于政府的引导，也可能是得到了文化精英们的帮助，还可能是纯粹出于自身对非物质文化遗产的热爱。无论如何，我们认为，无论是经过引导、启发，还是民众本来就具有的，真正有益于非物质文化遗产保护的实践都应该是基于民众对非物质文化遗产的精神性需求。当然，当非物质文化遗产受到社会高度关注从而具备了潜在的经济利益时，人们在怀有精神性需求的同时，往往还伴随物质性的追求，这对于经济较为落后的地区如我国西部而言，尤其如此。但是，如果单是出于物质性需求的考虑进行保护非物质文化遗产的实践，这对于非物质文化遗产的保护和传承而言，无疑是致命的破坏性来源。因此，相比物质文化遗产的民间保护，非物质文化遗产的民间保护表现出相对的复杂性。虽然非物质文化遗产本来就存于民间，因此其并不存在因为“国家所有”与“民间所有”有所区别而引发的问题，但是正是因为民间性，非物质文化遗产的民间保护具有比较多的难以调和的矛盾。除了极少的非物质文化遗产属于个人所有，绝大部分是属于一个群体共同所有。群体内部的人们的需求很难统一和协调，根据目前的实际来看，有民众共同漠视非物质文化遗产从而导致非物质文化遗产消亡的现象，也有大家都来争夺非物质文化遗产的潜在利益从而导致非物质文化遗产的不当开发与过度开发的情形发生。因此，我国民间“保护”非物质文化遗产的实践中存在的问题令人担忧。

我们认为，非物质文化遗产的主要价值在于其给民众带来的精神性力量，而不是在于其因为受到社会的关注和喜爱而潜藏的经济性利益。但是，非物质文化遗产因为其活用而具有的资源性价值在全世界范围内得到普遍的开发，这已经成为一个不争的事实。对于我国而言，许多地区集聚了丰富的非物质文化遗产，但同时其在经济发展上较为落后，因此对开发非物质文化遗产潜在经济价值的需求也更为强烈。但是，以何种方式开发和利用非物质文化遗产这种宝贵的资源，应当倍加得到关注，并且在经过反复试错以后形成一定的规范。无论如何，我们认为，非物质文化遗产的开发不能脱离其既有的本真意义上的精神内涵，不得将非物质文化遗产的内核予以歪曲和误解，一切的开发和利用应当有利于其实质精神价值的弘扬、丰富以及发展。

另外一个值得讨论的问题是民间实践中非物质文化遗产的保护和创新的关系问题。在对这种关系的处理上，比较典型的是杨丽萍模式。著名的舞蹈家和艺术家杨丽萍编排《云南映象》，获得了巨大的成功。《云南映象》所用的舞蹈演员都来自于民间的普通群众，其虽然充满了“原生态”气息，但是其仍然不乏流行的元素和运作方式。[325]这是一次结合原生态文化和流行文化的成功的尝试，既弘扬了原生态文化，又体现了时代的特征。因此，抓住非物质文化遗产的精神内核，以开放的心态融合时代元素来发展非物质文化遗产，应当是处理非物质文化遗产的保护和创新关系的适宜方式。

总之，非物质文化遗产的“保护”一方面包括普查、保存，但更为重要的是传承、创新、开发以及利用，并且这最终依靠的是作为非物质文化遗产拥有者的民众。非物质文化遗产的保护需要社会对其做好全面的普查和记录工作，需要民众基于非物质文化遗产而拥有发自内心的热爱和骄傲感，从而具备较高的保护热情与积极性。我们通过上文对个案的分析，发现由于各种原因，民众尚缺乏对非物质文化遗产价值的正确认识——他们或者漠视非物质文化遗产的珍贵性而怠于传承和发展，或者不能处理好保护与开发利用的关系而导致不当开发。但是，民众的内心深处事实上仍然怀有对自己所拥有的非物质文化遗产的热爱，这种感情无法隔断，因为它是民众最终找到社会归属感和认同感的基础。外来文化和时代变革所引起的民众对待自身文化的浮躁心理是暂时的，非物质文化遗产是民众的精神归属，民众最终需要从自己民族的非物质文化遗产中求得内心的宁静和真正的愉悦。但是不能否认的是，克服民众在转型时期的浮躁和盲目需要一定的过渡时期以及相应的引导，并且这可能是一个比较长期的过程。我们认为，民间对非物质文化遗产的保护实践非常值得肯定，其对于昭示非物质文化遗产的价值以及带动人们投身保护实践具有非常重要的意义。

三、民间保护人文资源的经验总结

我们通过对有形文化遗产和无形文化遗产的民间保护实践的介绍与分析，可以有以下几点经验：

第一，民间的保护力量对于我国文化遗产的保护而言，是一种不可估量、与国家保护力量平行的重要力量。保护文化遗产的根本性价值在于让历史得以延续，让社会和人民能够持续地享有文化遗产所具有的精神财富，因此，民间的保护实践无论是从文化遗产本身的保护的角度，还是从人民的精神体验的角度而言，都是相当有益的。因此，国家以扶持和鼓励的姿态来对待民间对文化遗产保护的实践应该是适宜的选择。并且，在必要的时候，国家可以以更为开放的心态将民间力量和国家力量进行一定的结合，将民间力量纳入国家力量中去，给予民间力量更为宽广的实践舞台。在对文化遗产的保护上，国家与民间其实是一个整体，因此应当互为补充、相得益彰。

第二，民间的文化遗产保护实践可能并非出于单一性的保护动机，其他的逐利性动机在民间客观存在。尤其是对于经济收入水平在整个社会中处于劣势的人们而言，物质性的回报是受到人们高度关注的。我们认为，衡量民间的实践是否具有保护文化遗产的正当性，关键在于关注该实践是否在客观上起到了保护文化遗产、加强了对社会的正面影响力的效果。一项实践通常具有多重目的和多重效果，民间保护非物质文化遗产的实践也是如此。文化遗产的经营在世界上是一个普遍的现象，其经营是否具有恰当性，是否与保护文化遗产的根本目的相冲突，关键在于经营方式的问题，而在对适当经营方式的探索上，虽然有了较为成功的经验，更为适宜的方式也在进一步探索之中。也就是说，文化遗产的经营本身无可厚非，应当讨论并且应当予以高度关注的是具体的经营方式的问题，适宜的经营方式不仅要考虑文化遗产本身可以承载的利用程度，更应当考虑社会和群众的心理可接受程度。

第三，既然民间的实践可能具有多重动机，并且实践方式多样，那么国家除了鼓励和扶持之外，还应当进行必要的引导和规范。不仅目前文物市场一定程度上的混乱和无序需要国家进行必要的整顿，民间对非物质文化遗产的开发和利用方式也应当进行规范。一定程度的国家介入能够帮助民间保护文化遗产的实践朝着良性的方向发展，从而更好地开展保护实践。但是，必须同时说明的是，民间保护文化遗产的力量仍然比较微弱，其仍处在需要扶持以便进一步壮大的阶段，我们认为，国家的介入应当是一种和谐的介入，不仅要考虑介入的方式、程度，更要估量介入的可能性后果。

四、结论

我们分别分析了我国文化遗产的国家保护力量和民间保护力量，在考察了国家和民间的保护实践之后，我们又分别进行了相关经验的总结。我们发现，我们分别总结的经验实际上有着本质上的相似之处。在对国家保护实践经验总结中，我们强调了对民间保护力量的鼓励，重视民众参与以及国家立法的重要性等，而在民间保护实践经验的总结中，我们强调了国家的扶持、鼓励和规范对于民间保护实践良性发展的重要性。也就是说，就国家力量和民间力量两种力量而言，我们分别讨论的时候最终发现任何一种力量都不能偏废，需要互相配合才能最为有效地保护我国的文化遗产。

那么，两种力量应当怎样进行配合呢？我们认为，规则的确立此时能够起到提供较为稳定的预期和行为模式的作用。确立规则包含两层意义：一是为了规范国家的相关行为，主要包括对国家本身负有的保护文化遗产的职责的规定，对民众在国家的保护工作中可参与的途径以及相关程序的规定等；二是为了引导和规范民众的实践行为，既包括对民间经营文化遗产的方式、行为限度、实际效果的要求等的规定，也包括对国家介入民间实践的方式、程序以及程度等的规定。也就是说，无论是对于国家还是对于民众，规则都是一个较为稳定的衡量标准，既可用以衡量对方的行为，更可以衡量自身。尤其是对于民众而言，规则是其在文化遗产的保护和利用方面争取自身权利的根本性武器。我们认为，规则对于民众的意义不仅在于在具体的事项上给民众提供了实践的支持和行为的标尺，更为重大的意义还在于其能够培养民众的独立精神以及人格。民众的精神和人格的培养不仅是保护文化遗产的根本性目的，也是文化遗产受到民众的热爱从而积极地对文化遗产进行保护、传承、创新和发展的内在基础。也就是说，民众独立的精神和人格与文化遗产的保护工作具有实质性的内在联系，而规则本身为民众所提供的支持具有培养民众独立的精神和人格 的重要意义，所以，从这个意义上说，规则对于文化遗产的保护而言，有着关键性的价值，规则的确立应当得到高度的重视。

第四章　人文资源保护法的立法思考

本章将在前述理论铺垫的基础之上，在学术上首次提出在我国应当制定保护人文资源的基本法，即人文资源保护法（其法律形式可称为《中华人民共和国人文资源保护法》），并就这一立法问题进行宏观上的思考。

第一节　人文资源法律保护的经验总结和对策探讨

一、人文资源保护法的既有经验总结

以前面各章的论述为基础，我们可以总结，国际上和各个国家对人文资源进行法律保护的经验主要体现为以下几个方面：

第一，加强对人文资源的梳理和保存。对梳理人文资源的关注，在非物质文化遗产的认定方面体现得尤为明显。相对而言，物质文化遗产比较成形，在认定上相对比较容易，并且也容易引起相关部门的重视。但非物质文化遗产具有无形的特征，在对其进行认定时，容易受到多方面因素的干扰，因此存在较大的困难。尽管如此，人文资源的认定和梳理毕竟是保护的前提和基础，所以其备受关注，尤其以非物质文化遗产的认定为典型。综观各国的规则来看，在对非物质文化遗产进行认定这方面，明显地具备两个特征：其一是将认定标准放宽，从而扩大了保护范围；其二是调动官方和民间两重力量共同对非物质文化遗产进行认定，从而使得对非物质文化遗产的保护尽可能避免遗漏。非物质文化遗产具有无形性、民间性以及活态性等特征，只有充分重视民间的力量，才能真正和完整地对人文资源中的非物质文化遗产进行认定，并在此基础上加以保护。

梳理人文资源的直接目的在于为了方便保存。对于人文资源中的物质文化遗产而

言，由于其有形性和现代科学技术的日益发达，其保存相对容易。但即便如此，物质文化遗产的保存也仍是一个严峻的课题。由于城市化进程的加快，加上人们保护观念的缺失，许多物质文化遗产也正面临着保护不力的严重问题。物质文化遗产的损毁是一种不可逆转的毁灭性损失，因此在对其进行保存和保护方面应当予以高度的关注。我们发现，在许多国家和地区的人文资源保护规则中，特别重视处理物质文化遗产保护与现代化建设之间的关系。在价值和观念的倾向上，都高度关注物质文化遗产的保护，认为现代化的建设应当尽量配合物质文化遗产的保存和保护。在某些国家和地区的更进一步的做法是，争取让物质文化遗产的保护与现代化的建设之间的矛盾转化为互相融合，并相得益彰。尽管这种做法比较困难，但是却比较理想。它让历史避免出现断层，让人们共同的记忆得以延续。

相比物质文化遗产而言，人文资源中的非物质文化遗产的保存更为困难。关键的原因在于，非物质文化遗产的保存不像物质文化遗产那样主要是针对"物"，保存非物质文化遗产的核心在于"人"，而"人"随着时代的转变，在观念和行为等方面又具有极高的变动性，这为非物质文化遗产的保存和保护带来了极大的不确定因素。我们发现，由于"人"在非物质文化遗产的保存和保护方面具有不可分割的重要地位，因此各国和地区都无一例外地重视传承和教育。除此之外，还纷纷鼓励人们通过展览、演出等多种形式充分利用非物质文化遗产，用这种亲近人文资源的方式引导人们喜欢人文资源，从而使得人们自觉地对人文资源进行保护。

第二，重视处理人文资源开发的量和度。人文资源的经营已经成为各个国家的一种潮流，其除了可以让更多的人亲近人文资源外，还具有显著的经济价值。但人文资源的经营是一把双刃剑，稍有不慎，就将危及人文资源真实性和完整性的保护。因此，各个国家和地区均非常重视人文资源的开发和保护之间的关系问题，并且，这一问题由于难以有最为合理的标准处理模式，对于各个国家和地区而言，是一个普遍比较困难和敏感的问题。

在处理人文资源的保护和开发之间的关系方面，我们发现，大多数国家和地区都是采用在保护的基础上有限制地进行开发的做法，即开发要在保护的前提下，并在一定条件的限制下进行。换句话说，保护是第一位的，开发从属于保护，或者说，开发的根本目的是为了更好地保护。做出这样的价值取向和进行这样的价值排序主要源于两个原因：其一是出于人文资源本身可承受的开发量度的考虑。无论是物质性还是非物质性的人文资源，都经受不起过度和泛滥的开发。其二是出于对人们在人文资源上所享有的精神性权利的尊重和维护。人文资源具有双重价值，而事实上，这双重价值往往难以进行很准确地和谐统一，并且在当今的社会转型阶段，人们往往具有较强的经济逐利动机，从而容易忽视对人文资源原初意义上的精神性价值的维护和顾及。人文资源的精神性价值容易受到毁灭的典型代表是非物质文化遗产。非物质文化遗产往往为一个特定的群体所共同创造和共同分享，作为创造者的群体往往对其寄予了较强烈的精神期望，甚至非物质文化遗产承载了特定群体的根本性精神信仰。毫无疑问，具有这样强大的精神价值的非物质文化遗产，作为其创造者的群体的精神性需求应当首先得到满足，即使是进行开发，也应当在尊重这种精神性需求的前提下进行。

第三，从重视人文资源中的物质文化遗产转变为越来越重视非物质文化遗产，并且在可能的情况下，将物质文化遗产和非物质文化遗产视为一个整体加以保护。整体性的保护思想在各个国家和地区的人文资源保护规则中日益成为一种必要和有效的理念，并且正在为人们所实践和探索。在各个国家和地区的实践中，整体性保护思想的典型体现是区域整体型的保护方式。这种区域整体型保护方式将一个区域中的物质和非物质的人文资源视为相得益彰、相互影响和依赖的整体，并在法律保护规则中规定，区域中的现代化建设、城镇规划等都应当顾及对人文资源进行整体性的保护。

第四，重视政府的保护力量并规范政府的保护行为。毫无疑问，人文资源的保护是一项具有公益特征的长期事业，政府的保护力量当然成为塑造的重点。从理论上讲，政府的保护可以立足全局和长远，其在保护人文资源方面所占据的优势是其他保护力量所不能比的。从各国的经验和实践来看，重视和塑造政府保护力量包括组建适格的相关政府保护机构、完善相关工作人员的组成制度、规范保护机构职权的行使以及明确相关的责任。

第五，重视民间的保护力量。我们发现，民间的保护在人文资源的保护力量中占据着越来越重要的位置，大多数国家和地区不仅在人文资源法律保护规则中充分肯定和大力扶持民间的保护主体，还积极地将民间保护力量和政府保护力量进行有效的结合。

从我们上面所总结的主要国家和地区对人文资源的法律保护经验可以看出，无论是就人文资源保护的对象本身，还是就保护主体而言，整体性的思想已经是一种潮流和趋势。从关注物质性文化遗产到关注非物质性文化遗产，再到关注物质性文化遗产和非物质性文化遗产的整体性保护；从关注政府的保护力量到关注民间的自觉保护，再到关注政府的保护与民间保护的有机结合，我们发现，如今的人文资源保护已经具有一种多方面、多主体和多渠道的特征，而人文资源的法律保护规则也正在逐步强化和完善这方面的规定。无疑，通过法律规则的明示和确认，人文资源的整体性保护理念将得到长久的贯彻，并由此发挥深远的影响力。

二、我国人文资源保护法的立法对策

以世界上重视保护人文资源的典型国家和地区的法律保护经验为镜，我国对人文资源的法律保护显得较为薄弱。我国目前的人文资源保护性立法呈分散割裂状态，不仅对于人文资源本身而言没有画定比较清楚的保护范围，在保护主体方面也没有体现出层次，更谈不上各个层次的主体之间的配合。我们在上面已经提到，无论是针对人文资源本身，还是针对多层次保护主体以及保护力量的塑造，整体性的观念和思想已经成为人文资源保护法的一个重要理念。这个理念不仅需要体现在保护客体上，而且更要体现在具有关键地位的保护主体上，不仅如此，保护措施和配套性规定也应当成为整体性理念的重要体现。

以整体性的理念为指导，我们认为，我国的人文资源保护立法应当注意以下几个方面的问题：

第一，明确需要保护的人文资源的类型和范围。这属于人文资源保护法的客体制度。在明确保护客体时，灵活性和全面性是重要的指导思想。从典型国家的经验来看，在对传统的人文资源加强保护的基础上，进一步明确并扩大人文资源的保护范围是世界人文资源法律保护的趋势，我国作为人文资源丰富的国家，在所要保护的客体的认定上，宜采用一种较为宽容的客体纳入标准和制度。

对于人文资源中有形的物质文化遗产，人们正在逐步达成共识，即它们都是历史的背影和我们的共同记忆，无论它们承载着的历史是怎样一种悲欢状况，作为对客观史实的见证，都值得后世保护。但是，对于人文资源中的无形的文化遗产，即非物质文化遗产，对其的认识和认定难以达到统一。非物质文化遗产是人们生活方式中的一部分，生活方式随着时代的发展和生活质量的提高，必将发生较为明显的变化。因此，怎样的非物质文化遗产应当作为需要保存和保护的人文资源，正在困扰着我们。

田野调查是梳理非物质文化遗产的重要渠道。田野调查能够深入特定群体的日常生活，能够发现重要的、价值较高的无形人文资源，并以田野报告的方式将这种无形人文资源的产生、历史变迁、传承方式以及现状予以全面和科学的记录，因此田野调查是世界上许多国家梳理人文资源的重要途径。就我国而言，保护非物质文化遗产的呼声日益高涨，人们参与的热情也有增无减，在这样的时代背景和观念的鼓舞下，以各种方式展开的田野调查也进行得如火如荼。但是，田野调查只能反映人文资源现实中的存在状态以及人们的喜好程度，它本身并不能评判哪些人文资源应当属于宜保护的人文资源，而哪些并不宜以法律的手段加以保护。

人文资源尤其是非物质性的人文资源之所以会给人们带来界定保护客体上的困难，是与我国的观念文化传统分不开的。长期以来，我国在对待多元文化和多元价值观时缺乏应有的宽容，主流文化在很多情况下呈现出一种优越的态势。而事实上，在人文资源尤其是非物质性的人文资源中，有着许多带有非科学性或者说与我们所接受的主流认识相去甚远的生活方式和行为习惯。那么，在对人文资源的立法保护中，我们应当怎样来对待它们呢？是否应当将它们视为糟粕而加以排除呢？

我们认为，对于客观上存在的人文资源，任何阶层的任何主体所做的关于“精华”或者是“糟粕”的评判都是不公允的，包括法律的具体评价也必然有失偏颇。一种人文资源的存在，必然有着其合理性，这种合理性来自于环境的孕育、生产力的决定性影响力以及人们价值观的发展阶段的限制。从本质上讲，这是社会存在决定社会意识的结果，让法律从任何一个角度去扭曲这种客观关系都是不明智的。因此，我们认为对人文资源保护范围的划分从本质上讲是一个立法理念的问题。对人文资源的法律保护宜采一种宽容的理念，立法技术上应当将对人文资源的认定和纳入标准拓宽，以便于对人文资源进行全面的保护。而对于判断“精华”或者“糟粕”之类异常具体的问题，适宜交给时代的发展和人们价值观念的变迁去进行自动调节。

第二，将人文资源的立法保护体系化。我国目前没有较为统一的人文资源立法保护体系，法律、行政法规、规章和行政性规范文件等规则繁多而且混乱。我们认为，应当将保护人文资源的主干部分以法律框架的形式确定和固定下来，在这种主干确定的基础上，配合以法规、规章和行政性规范文件的相关补充。换言之，在我国应当对人文资源的保护制定一部基本法，我们可以将其命名为《中华人民共和国人文资源保护法》。

依目前我国对于人文资源的主流概念体系，人文资源保护法的主干部分包括物质文化遗产的法律保护和非物质文化遗产的法律保护。我国对于物质文化遗产进行法律保护的典型代表是《中华人民共和国文物保护法》，而对于非物质文化遗产的法律层面立法还是一个空白。当然，目前我国正在积极酝酿非物质文化遗产保护法，并已经取得了重要的阶段性成果。总体上讲，我们认为，在法律层级上对人文资源保护的主干部分加以确定具有相当的必要性。

将人文资源的立法保护予以体系化，除了选择在哪一个规则效力层级上进行体系化外，还将遇到究竟选择统一式立法还是分散式立法的问题。所谓统一式立法，是指将人文资源视为一个整体，无论是有形还是无形的人文资源，统一被纳入同一个保护体系，世界上许多国家和地区都选择了这样的立法体系，如日本的《文化财保护法》、韩国的《文化财保护法》以及我国台湾地区的《文化资产保护法》等等，日后当我国制定人文资源保护基本法（即《中华人民共和国人文资源保护法》）时，这些国家和地区的立法体系都是值得我们借鉴的。而分散式立法则将有形的人文资源和无形的人文资源分别通过法律的形式加以保护，我国目前所采纳的立法体系就属于这类方式。比较而言，整体性和统一性的立法方式能够节约立法资源，并且便于将有形的人文资源和无形的人文资源纳入整体性的视野下进行保护，这非常符合目前保护人文资源的整体性理念。当然，分割式的立法体系往往在规则的制定上容易比较详细，这是分割式立法较为明显的优势。

我们认为，从长远来看，统一式的立法体系更具有可采性。无论是有形的人文资源还是无形的人文资源，它们之间在很多情况下具有千丝万缕和不可分割的关系。整体式的立法体系可以顾及这种联系并对其加以尊重和维护。尽管我国目前看似选择了物质文化遗产和非物质文化遗产分割立法的方式，但这适宜作为人文资源立法保护的过渡阶段的过渡处理方式而存在，从发展趋势看，还是应当有宏观的整体性观念。为了日后人文资源保护法体系的整合和《中华人民共和国人文资源保护法》的最终出台，目前的立法就应当尽早做好必要的铺垫。

第三，以开放的眼光和严肃的规则去塑造人文资源的保护力量。从关注人文资源本身到关注作为保护主体的“人”，这是人文资源保护法理念的飞跃。在我们看来，主体制度主要包括主体的确定、权利和义务的界分以及责任的明确。

综合世界上的典型国家保护人文资源的经验来看，充分调动各方的保护力量，将保护人文资源的主体拓宽，是人文资源保护法规则中的主体制度的发展趋势。在主体制度变得日益宽容和带有激励色彩的影响下，无论是团体或者个人，无论是官方或者民间，其参与人文资源法律保护的热情都正在日益高涨。政府的角色从纯粹的管理转变为一种重要的组织和协调力量，其在鼓励民间保护、鼓励个人参与以及鼓励官方和民间相互配合方面起到了非常积极的作用，因此，政府在人文资源保护方面的职能也日益具有公共行政的特征。

无疑，保护人文资源的实质性目的在于保持一个民族的凝聚力和向心力，衡量保护人文资源的目的是否实现，关键并不在于人文资源本身是否在形式上仍然客观存在，而是在于其是否在民众的生活中仍然具有旺盛的生命力，并且依然充当了特定群体或民族凝聚力的精神力量来源。因此，只有充分调动各方力量来共同保护人文资源，通过提高全民的保护意识，才能最终达到保护人文资源的根本目的。也正是在这个意义上，我们认为，“人”既是保护人文资源的出发点，又是实现保护人文资源在深层意义上的归宿。

由于我国具有的“大政府”管理传统，政府容易在人文资源的保护中扮演全权管理和掌控的角色，从而容易使得民间的保护力量难以被充分重视和运用。因此，在法律层面上肯定民间力量的重要性，并强调多方力量的共同努力以及进行必要的配合，是相当具有必要性的。换句话说，“人”的自主性必须在人文资源的法律保护制度中得以特别的强调，只有关注“人”，才能真正实现保护人文资源的价值。我们建议，立法应当肯定保护主体的重要性，尤其应当明确民间保护群体以及个人的主体身份，并且赋予他们必要的权利，其中不仅包括自觉地采取保护措施的权利，还应当包括获得政府资助和取得配合的权利。无论如何，在人文资源保护法的主体确定方面，重视保护主体的多维性应当成为一个核心理念。

主体的确定是为了更好地落实权利和义务。在权利和义务的明确方面，我们一向所关注的是政府的权利和义务。在传统观念看来，政府拥有公权力，其应当负担起管理的职责。然而，我们认为，人文资源的保护是一项全民参与的持续性课题，重视权利和义务的明确不能只关注政府，所有保护主体的权利和义务都应当被着力关注。当然，政府作为保护主体中的核心力量，其权利和义务应当首先得到明确，包括规范政府的职责，明确政府体系中各级政府之间以及不同政府部门之间的分工协作机制等等。

在这里，我们最希望强调的是非政府组织和个人在人文资源保护方面的权利和义务。如上文所述，人文资源的保护需要全民的参与，但是，全民的参与不能仅仅停留在口号的层面，而如果没有规则的明示，全民的参与极易沦为口号。我们认为，与人文资源保护具有密切联系的地方非政府的公共团体以及对人文资源的保护具有关键性作用的个人，其在人文资源的保护方面应当被赋予必要的权利和义务。在这个方面，日本的经验非常值得借鉴。以传承制度为例，重视传承人是日本《文化财保护法》的一个重要特征。日本对于重要和关键的传承人，在经济上予以补助和扶持，并赋予其较高的社会地位，以此作为激励。但同时，对于不积极传承文化财的，日本政府通过限制其资源的获取来作为惩罚。权利和义务的配套性机制激励和促使着人们都积极投身于人文资源的保护中来，从而提高了人文资源保护的全民参与程度。

我国存在大量的民间组织，它们是保护人文资源的重要力量，并且由于它们有着较为牢固的群众基础，因此在人文资源的保护方面甚至比起政府而言在一定程度上更具有优势。然而，民间组织在保护人文资源方面的权利和义务并没有得到充分的定位，尤其缺乏来自正式规则方面的确认。在这样的情况下，一方面，民间组织由于缺乏激励和必要的支持，其保护人文资源的积极性得不到最大的激发；另一方面，由于缺乏必要的约束规则，其很难尽最大的善意和注意去对人文资源进行保护，因此，民间组织保护人文资源的力量在缺乏规则的激励和约束的情况下很难发挥到最大。我们认为，作为保护人文资源的重要力量，民间组织或者说民间团体既需要激励，也需要规范和约束。由于我国长期以来偏重于关注政府的管理力量，对重要的民间力量较为漠视，因此，人文资源的法律保护制度应当尤其关注这一点。

除了民间组织和团体外，个人的保护力量也值得关注。尤其对于人文资源中的非物质文化遗产而言，其传承最终会依靠个人。综观世界上在保护人文资源方面具有典型地位的国家，重视传承是保护非物质文化遗产法律保护中的重要制度。无疑，只有重视传承才能使非物质文化遗产的生命力得以延续，因此，在我国正在起草的非物质文化遗产保护法中，传承制度应当作为核心的制度之一被加以重视。

主体的权利和义务的实现需要依赖责任制度的保障。我们认为，我国的人文资源保护法应当进一步明确政府、民间组织和团体以及相关个人在保护人文资源上的责任。通过责任的明示，能够更为有效地督促各方保护力量尽到最大的善意和注意，从而提高保护人文资源的质量。

第四，处理好人文资源的经营与保护之间的关系。一般而言，提及这个问题，普遍的经验是不能毫无节制地随意开发人文资源，开发应当以保护为前提。这个宏观上的取向是没有问题的。但从更为细节的层面上看，我们认为，就我国目前的阶段而言，处理好人文资源的经营和保护之间的关系，需要着重注意的问题有两个：一是应当关注人文资源本身客观上可承受的开发程度。人文资源经营和开发的程度并没有一种整齐划一的标准，因此法律规则只能从宏观原则上进行要求，而无法做到对经营与保护之间的关系进行精细地规定的程度。因此，处理人文资源的经营和保护之间的关系的关键问题在于接下来的第二个问题，那就是在法律规则难以提供整齐划一的标准的情况下，对具体情形的判断所主要依赖的仍是“人”。我们认为，尽管法律保护规则难以就万千百态的人文资源本身在经营方式和开发程度方面作出规定，但可以通过主体参与制度的完善间接地对人文资源的经营和开发之间的关系作出较为合理和贴近现实的处理。我们建议，在对人文资源进行开发和经营时，应当采纳多方主体共同参与讨论的制度，尤其应当尊重作为人文资源的创造者和持有者的权利，让他们充分行使话语权。并且，作为精神力量依托的人文资源，其创造者和持有者精神性权利应当得到特别优先的尊重。

我国目前正处于经济转型的时期。人们在多种动机的驱使下容易出现急功近利的心态，而逐利心理是对人文资源进行不当开发和利用的重要原因。我们认为，在处理人文资源的经营和保护之间的关系上，应当通过法律规则来对相关主体的参与权利以及决策程序进行必要的规定，通过主体之间的相互制约来达到有效保护客体的目的。

第二节　我国人文资源保护法中非物质文化遗产保护立法的特别问题探讨

从客观现实来看，相比物质文化遗产，人文资源中的非物质文化遗产面临的破坏问题尤其严峻，因而特别值得关注。

非物质文化遗产的保护问题如今已经成为一个世界性的课题。尽管在世界范围内，关注和保护非物质文化遗产的重要性已经成为潮流和趋势，人们的自觉性也正在逐步提高，但是，非物质文化遗产日益遭到难以逆转的破坏仍是一个不争的事实。尤其对于我国而言，社会大转型时期中人们追求物质水平的热情容易导致顾此失彼的后果，非物质文化遗产作为精神力量的来源，其重要性和根本性的价值容易被人们暂时忽略，而等到人们意识到这一点时，非物质文化遗产有可能已经处于支离破碎而无法挽回的状态。

在我国目前的转型时期，人与人之间在对待非物质文化遗产的态度上有着显著的差别。对于经济基础比较好的人群而言，精神性的追求已经日益得到重视；而对于经济条件相对落后的人群而言，其对于精神性的需求往往还处于潜在的状态之中。在这样的差别下，非物质文化遗产面临着这样的问题：其一，人们保护非物质文化遗产的自觉性和主动性程度很难统一；其二，在处于经济大开发时代的我国，非物质文化遗产的稀缺性使得其在市场经济的条件下具有极大的开发和经营的价值，非物质文化遗产已经从较为纯粹的精神性人文资源转变为兼精神性和经济性特征为一体的人文资源，并且，在市场经济的环境中，其经济性价值比起其精神价值而言，往往被放得更大。这使得非物质文化遗产的保护与经营之间的矛盾日益尖锐。

很多人认为，非物质文化遗产的开发和经营是导致非物质文化遗产遭到破坏的主要原因。在我们看来，就非物质文化遗产的破坏而言，根本的原因并不在于开发，而是在于包括中国在内的全球正在进行的信息化过程。以我国原本相对比较闭塞和落后的西部而言，信息化破坏了西部的“原生态”，破坏了西部人民生活方式的自给自足。人们发现，在自己的小世界之外，世界原来是如此的宏大，生活也可以如此的丰富，在有了比较以后，对生活方式进行选择的愿望从此在人们心中生长。当人们开始行动起来时，作为生活方式的非物质文化遗产遭到破坏自然是在预料之中的。因此，从这个意义上说，非物质文化遗产的破坏早于开发，开发是一种较为主动的破坏方式，而由于人们在生活方式的选择上的转变带来的非物质文化遗产的消亡，则是一种自然状态式的破坏。并且，由于这种自然方式的破坏根源于人的思想和观念的转变，其很难被扭转。

当然，我们不能否认，目前我国开发和经营非物质文化遗产的无序性加速了非物质文化遗产的破坏和消亡。与外部现代世界的物质和精神交流已经成为人们的需求，在互相交换的过程中，非物质文化遗产充当了一种媒介。而人们进一步发现，作为最普通的生活方式的非物质文化遗产，竟然具有较为吸引人的经济资源价值。通过非物质文化遗产的开发和经营，人与人之间不仅实现了精神上的交流，也实现了物质上的交换，因此，人们对于非物质文化遗产的开发乐此不疲。

然而，在对非物质文化遗产的开发过程中，人们观念和选择上的错位使得非物质文化遗产的精神精髓遭到越来越显著的破坏。从开发的角度出发，非物质文化遗产的开发与对其他资源的开发一样，开发本身就不可避免地具有脱贫致富、发展经济与追求更加舒适的生活的目标，开发并非只是为了表现和展示民族文化的骄傲。甚至可以说，对于我国经济条件相对落后的西部而言，经济目标被重视的程度往往比精神追求更高。价值是针对主体而言的，价值是某项事物对于特定主体的效用，从不同主体角度出发，不同的主体在非物质文化遗产的多样性价值中会有所选择和侧重。但是，尽管非物质文化遗产存在多样化的价值，其根本性价值，或者说其之所以得到关注的原因，在于其人文价值、精神价值，而不在于经济价值。这种人文价值的体现在于保护和发展人类文化的多样性，在于民族文化自尊心和自信心的增强，在于人的精神世界的充实。

我国的非物质文化遗产保护就面临着在经济目标和人文目标之间的矛盾。在开发和经营的过程中，准确地防止目标发生偏离是比较困难的。资源的稀缺导致了竞争，在物质条件并没有得到极大满足的今天，个体层面上的人们处于激烈的物质追求的竞争之中，但是，人们同时也意识到生活的价值应当超越物质竞争的层面，人应当有着丰富的精神力量作为支撑。处于转型时期的我国，人们在非物质文化遗产的保护方面正在承受着由物质追求和精神渴望之间的矛盾所带来的内心的分裂。

然而，在我国的非物质文化遗产遭到极大的破坏，并且人们的内心在许多情况下还处于迷茫不定的时候，我国却没有一部正式的非物质文化遗产保护法来从大局着眼去保护珍贵的非物质文化遗产。我国现有的人文资源的法律保护绝大多数仅限于对文物的保护。[326]而文物仅仅是文化遗产的一部分，它是静态的文化遗产。一些有物质载体的非物质文化遗产可能被以“文物”的方式加以保护，但是，一方面这远远不能满足非物质文化遗产保护的需要；另一方面，以静态保护的方式来对动态性的非物质文化遗产进行保护，这本身就存有悖论。因为，非物质文化的活态性，其本身要求在生活中被动态地、整体性地加以保护。

《国务院办公厅关于加强我国非物质文化遗产保护工作的意见》中认为："我国非物质文化遗产所蕴涵的中华民族特有的精神价值、思维方式、想象力和文化意识，是维护我国文化身份和文化主权的基本依据。"可是，对于如此重要的文化遗产，我国却没有足够的制度供给。为此，我国加快了相关立法工作的步伐。1998 年开始，全国人大教科文卫委员会先后赴许多省份就非物质文化遗产保护工作开展了大量调研，并会同文化部、国家文物局召开了立法座谈会和国际研讨会。2002 年 8 月，文化部向全国人大教科文卫委员会报送了民族民间文化保护法的建议稿，全国人大教科文卫委员会成立法案起草小组，并于 2003 年 11 月形成了《中华人民共和国民族民间传统文化保护法草案》。2004 年 8 月，十届全国人大常委会第十一次会议批准我国加入联合国《保护非物质文化遗产国际公约》。据此，全国人大教科文卫委员会又将上述草案名称调整为《中华人民共和国非物质文化遗产保护法草案》，并成立了专门小组，协调各方加快该部法律的立法进程。在这一过程中，全国人大教科文卫委员会还积极促进和推动一些地方立法机关如云南、贵州、福建、广西等省区制定并出台了相关地方法规。2005 年 3 月，国务院办公厅颁发了《关于加强我国非物质文化遗产保护工作的意见》。这是国家最高行政机关首次就我国非物质文化遗产保护工作发布的权威性指导意见，明确提出保护工作的重要意义、目标和方针，建立保护制度、工作机制等。尽管如此，目前对非物质文化遗产的法律保护所展开的研究仍是非常薄弱的。

我国非物质文化遗产立法保护的薄弱现状与我国客观的经济发展水平状况以及人们的认识程度紧密相连。长期以来，经济发展目标一直是我国转型时期改革的首要任务，人们在主观上也热衷于经济建设，这是导致作为精神性文化的非物质文化遗产的保护未能及时被关注和重视的重要原因。但是当经济发展到一定程度时，人们开始发现了非物质文化遗产的重要人文价值和精神意义，并开始奔走相告，呼吁社会加强对非物质文化遗产的保护。

综合各方面因素来看，我国制定一部关于非物质文化遗产的保护性法律已经具有较强的必要性和可行性，尽管在许多问题上分歧较多，尽管保护非物质文化遗产面临着许多矛盾，但是总的看来，随着经济水平的提高和时代的发展，人们已经越来越意识到非物质文化遗产所承载的人文价值对于人们的生活的珍贵性。非物质文化遗产的立法保护目前已经具有较为坚实的群众根基和社会基础。我国的非物质文化遗产正处于紧急抢救当中，法律规则此时应当发挥其应有的功能，因此将非物质文化遗产保护的主要方面以立法的方式确立下来，是我国当前保护人文资源或者说是文化遗产的一项紧迫任务。

我们在前面已经介绍了世界上的典型国家和地区在保护非物质文化遗产方面的先进立法经验，并且做了有针对性的简评和总结。作为本书的结尾部分，我们认为，仍然有必要结合我国的客观条件，就非物质文化遗产立法保护的主要和特别问题进行分析和强调。

第一，需要明确保护非物质文化遗产的宗旨。对于保护非物质文化遗产的宗旨，应当有这样的两层含义：其一是对于本民族、本国的价值；其二是对于世界的价值。我们在总结典型国家和地区在相关立法中确定的保护非物质文化遗产的宗旨时发现，许多国家存在着顾此失彼的情形，或者仅重视非物质文化遗产的本土价值，或者仅专门地强调非物质文化遗产的世界意义。其实，仅仅强调任何一个方面都是不妥当的，不仅没有顾及非物质文化遗产所具有的完整性价值，也忽视了其本土价值和世界价值之间的关系。无疑，非物质文化遗产的价值首先应当是本土性的，其由特定的民族或者群体创造和传承，凝聚了特定民族或者群体的精神，非物质文化的传承和保护是维系民族灵魂的重要力量，是民族向心力的重要保证。而在其本土性的价值以外，我们发现，由于不同群体、不同民族创造了丰富多样的非物质文化遗产，因而使得这个世界的文化多样性得以维护和保持。我们认为，非物质文化遗产的立法保护中，应当以一种博大的眼光去看待非物质文化遗产的价值，并借此更新人们的观念，也增强作为非物质文化遗产拥有者的群体的自豪感和责任感。

第二，需要明确非物质文化遗产的保护范围。我们不止一次地提及到这个问题。原因在于，我们在进行田野考察时，发现保护非物质文化遗产往往涉及科学与迷信、先进与落后的关系等判断的问题。我们认为，对于科学与迷信、先进与落后等问题的判断，应当交由时代的发展和人们观念的变迁去解决，法律不宜也不可能进行统一的判断，否则将会给保护非物质文化遗产的立法带来被动。非物质文化遗产的立法保护应当站在中性的立场上去规范保护范围，分类的标准也应当客观。

第三，需要明确非物质文化遗产的保护原则和方法。首先是保护原则的问题。通过对世界上典型国家和地区的考察，真实性和完整性是保护非物质文化遗产的基础性原则。我们认为，真实性和完整性是非物质文化遗产的灵魂所在，离开了真实和完整，非物质文化遗产的保护价值将不复存在。因此，非物质文化遗产的立法保护应当重视这一原则的明确和贯彻，相关立法不仅应当对这一原则予以明示，而且应当通过具体的规则来体现。非物质文化遗产的立法保护不仅应当严格防止人们对非物质文化遗产的歪曲和滥用行为，也应当妥善地处理现代化建设与保护非物质文化遗产的关系。

非物质文化遗产的保护方法是一个比较开放的体系，因为非物质文化遗产的丰富性和多样性，不同的非物质文化遗产所需要的保护方法有着一定程度的区别。一些非物质文化遗产的保护可能相对比较容易，因为其比较容易保存和维护；而一些非物质文化遗产由于只有被与真实的生活方式联系起来才能得以保护，而生活方式在如今生活多样化时代的影响和冲击下又极易发生变迁，人们的审美和需求也不断处于变化当中，因此，对生活方式的依赖程度较高的非物质文化遗产的保护往往会比较困难。但尽管如此，人们经过不断的总结，对非物质文化遗产的保护方法积累了许多有效的经验，比如普查、创建代表作名录、建立传承机制以及一系列的弘扬振兴手段等；在保障方面，很多国家建立了相关的保障措施和机制，如专家咨询机制、资金保障机制、税收优惠机制等等。

非物质文化遗产的立法保护不能强制地定位人们的审美和需求，不能定格某一类生活方式，因此，其对于非物质文化遗产的保护一般而言带有“软条款”的色彩。所谓“软条款”并不意味着没有约束力，而是说非物质文化遗产的很多条款从法理上讲难以严格遵循权利—义务—责任的形式。在非物质文化遗产的立法保护中，不可避免地有着大量的宣传性和普及性的条款，如保护非物质文化遗产的宗旨、价值、意义以及倡导人们提高保护非物质文化遗产的意识、加强宣传教育等条款，都属于这类“软条款”。虽然这些条款从形式上讲并非严格和狭窄意义上的法律条款，但是它们被以法律的形式加以固定和明示，能够对人们产生较为强烈的教育和警示作用，也能够较为有效地增强人们的意识，规范人们的行为。

尽管非物质文化遗产的立法保护中存在大量的“软条款”，但是作为具有约束性的法律，责任机制是不可或缺的。如果相关的保护主体没有履行保护职责，甚至主动实施了破坏非物质文化遗产的行为，并因此造成了相关的不良后果，应受到相关责任机制的追究。当然，这里的责任体系指包括民事、行政和刑事等在内的综合责任制度，并不限于非物质文化遗产保护法中的责任内容，但非物质文化遗产保护法对于跨部门法的不同责任之间的衔接关系应当予以明确。

第四，非物质文化遗产的法律保护应当明确一些基本和重要的关系。在我们看来，这些基本的关系主要包括：

一是保护、传承和创新之间的关系。“保护”的含义比较广泛，其不仅意味着保存，并且从广义层面上讲，对非物质文化遗产的传承和创新也是对非物质文化遗产生命力和精神精髓的保护。正是因为“保护”一词具有广义的色彩，保护的方式多种多样，因此在非物质文化遗产的立法保护中，这个词语可以被笼统地使用。在前面的论述中我们也屡次提到，在非物质文化遗产的保护性立法中，法律不宜主观地限定所要保护的非物质文化遗产的过于具体和微观的范围，衡量是否为应当保护的非物质文化遗产时，也宜采用宽松的标准。但是谈到传承时，则应当在带有批判性的原则下进行。例如，在我国的民间，尤其是在偏远落后的地区，存在着一些风俗和习惯，这些风俗和习惯在今天看来，有时会涉及对人的身体、生命或者尊严遭到侵犯等问题，虽然在短时间内难以在人们的意识深层上进行根除，但是最起码对这类风俗和习惯我们不鼓励传承和发扬。随着时代的发展和文明的推进，随着以人为本的思想逐渐深入人心，人的权利将日益受到重视，一些不尊重个人的风俗和习惯也会渐渐被改变。至于创新，我们认为，非物质文化遗产的创新是必要的，也为市场经济所需要，否则非物质文化遗产被人们所接受的程度将大打折扣。但是，应当坚持在必要的限定条件下进行创新的原则，这种限定条件的实质是防止人们人为地对非物质文化遗产的精神内核进行歪曲和破坏，明确这种限定条件也是出于保护非物质文化遗产的需要。

二是政府保护和民间保护的关系。对于非物质文化遗产的保护而言，政府保护能够着眼长远和宏观，因此在保护非物质文化遗产的众多力量中，其无疑处于一种主导的地位。然而，也正是由于政府保护的这种特征，政府难以做到事无巨细地对非物质文化遗产进行保护，其难以真切地反映和代表人们的真切体验和需求，因此，非物质文化遗产的民间保护对于真正有效地保护非物质文化遗产而言，显得尤为重要。

非物质文化遗产的民间保护分为民间的个人保护和团体保护两种。个人保护主要体现为个人对非物质文化遗产的传承。不容置疑的是，传承是保护非物质文化遗产的重要方式，由于非物质文化遗产与人的真切生活联系在一起，所以传承是对非物质文化遗产的生命力进行维护的必由之路。然而，随着时代的发展和人们生活方式的变化，非物质文化遗产的传承面临着重重的困难。根据我国目前相关的研究和田野调查显示，作为非物质文化遗产创造者的群体往往向往舒适的现代生活，并且已经有了丰富多彩的追求，因此其对于传承非物质文化遗产的热望已经大大减退，这为我国非物质文化遗产的传承和保护带来了极大的阻力。我们认为，民间个人的传承是保护非物质文化遗产的重要力量，政府应当对这种力量予以扶持。从世界上的典型国家和地区的相关立法例来看，政府对于民间个人的传承是相当重视的，政府不仅在物质资源上予以补足和扶持，在精神资源方面也大力提高民间传承者的社会地位，换句话说，政府在物质资本和社会资本两个方面都对民间的非物质文化遗产传承者进行重要的支持，以在现代社会多样化诱惑的冲击下给予民间个人的传承者必要的传承动力。我国的非物质文化遗产保护立法也应当吸收此类先进的经验，应当从提高经济地位和社会地位的综合层面入手重视对非物质文化遗产传承者的保护。

非物质文化遗产的民间的保护力量中，根据我国的实践状况来看，除了民间的传承者外，还涌现了大量的团体性、组织性的集体保护形式。这些组织和团体是群体自发组成的，因此代表了非常强烈的民间保护非物质文化遗产的要求。它们与政府的保护相比，具有独到的优势。原因在于，这些团体和组织根植于民间，影响着作为非物质文化遗产拥有者的民众的观念和行为，而这恰恰符合了非物质文化遗产的民间性特征，只有扎根于民间，非物质文化遗产的保护才能真正得以实现。但是，如果没有政府必要的扶持和帮助，这些组织很容易因为各方面的原因难以长久并且良性地维持下去。我们认为，政府对于这些组织和团体进行充分的鼓励和认可是相当必要的，并且应当在非物质文化遗产的立法保护中进行体现和明确。不仅如此，政府对这些团体和组织的扶持不能仅仅停留在一种态度的表露上，应当制定相关的细则和标准予以落实，以确保这些保护非物质文化遗产的有益民间团体能够在政府的扶持下不断壮大和发展。

三是保护与经营之间的关系。这是保护非物质文化遗产的核心和焦点话题之一。经营，或者说是开发，对于非物质文化遗产的保护而言，是一把“双刃剑”。非物质文化遗产的保护和经营一样，都是满足人们的文化需要而存在的，它们都遵循着“以人为本”的理念。如果非物质文化遗产的经营和开发增添了非物质文化遗产的价值，并有利于其深入人心，增强人们的保护意识和自觉性，满足人们的精神需求，那么这样的开发和经营便具有了成功的色彩；反之，如果对非物质文化遗产的开发和经营使得非物质文化遗产本身的精神内核受到破坏，并且遭到人为的异化，则这样的开发和经营是需要被坚决杜绝的。

我们认为，对于非物质文化遗产的经营，应当建立起较为严格的审查和监督制度，并应当制定较为完备的责任机制。在这方面，政府首先应充当第一性的重要管理角色，因此，非物质文化遗产的立法保护应当规范政府在监督和管理方面的权力、义务和责任。除此之外，作为非物质文化遗产的拥有者的个人及群体也应当发挥相应的监督作用，在审查和监督非物质文化遗产的经营和开发是否正确和妥当时，非物质文化遗产拥有者的话语权应当得到充分的尊重，非物质文化遗产的法律保护应当充分关注这一点。由于我国“大政府”观念传统的影响，长期以来我们过分关注政府的作用和制度建设，而对于非物质文化遗产的第一拥有者，即创造和传承非物质文化遗产的人群，其权利长期处于“睡眠状态”。我们认为，确认非物质文化遗产拥有者的权利，尤其是在监督和管理非物质文化遗产的经营和开发方面的权利，是我国非物质文化遗产立法保护中的重点。赋予非物质文化遗产拥有者的话语权，从直接的作用看可以尽量避免随意开发和任意经营非物质文化遗产的行为，而从更深层的意义上看，尊重非物质文化遗产拥有者的权利可以增强其主动保护非物质文化遗产的意识和义务感，以及增强人们的文化自豪感和凝聚力。

非物质文化遗产所面临的特别问题比较多，而许多问题尚未有较为理想的解决对策，各国对于它们的研究也正在进行之中。无论如何，保护非物质文化遗产的宗旨是最为核心的理念，也是衡量保护规则、保护行为以及保护成效的核心标准。而非物质文化遗产的保护宗旨在于维护非物质文化遗产的精神内核，以此维系和加强人文精神。我们认为，处理一切的矛盾和关系，都应当围绕维护非物质文化遗产的精神内核来进行，不允许任何的对此进行威胁和破坏的行为。我国目前正在酝酿的非物质文化遗产的保护性法律，也应当坚持这样的理念和态度。

第五章　人文资源典型保护规则解读

在本著的最后部分，我们认为，有必要将我们所关注的保护人文资源的典型法规做一个带汇总性质的解读。在这一章的解读中，我们并非将保护人文资源的典型法律、法规进行逐条的解析，而是重点摘录并分析其中的重点法条和相关规定，因此这是一种规则摘录和重点解读式的分析方式。本章的意义在于，通过对重点法律、法规以及相关政策的解读，从法条和政策性规定的角度来强调和凸显人文资源保护法的主要方面和重点，从而为将来我国的《人文资源保护法》立法提供重要的借鉴。

第一节　保护人文资源的重要国际性文件解读

国际上保护人文资源的法律性文件，经历了一个从关注有形人文资源到无形人文资源、从关注局部到关注整体的过程。不仅如此，我们发现这些国际性的文件从关注保护某类人文资源本身发展到越来越注重在人文资源保护方面的普遍理念和共同原则，也就是说，国际性文件日益重视保护人文资源的理论基础。我们对于保护人文资源的重要国际性文件的整理和解读，将循着时间的脉络进行，我们发现，时间的推进反映着时代的发展如何带动着人文资源保护的不断发展。

一、《雅典宪章》、《威尼斯宪章》以及《华盛顿宪章》

1933 年 8 月，国际现代建筑学会颁布了非常著名的《雅典宪章》，这应当是人类历史上第一部保护人文资源具有国际公约性质的法律文件。

在引言中，《雅典宪章》认为，城市与乡村彼此融会为一体而各为构成所谓区域单位的要素。城市都构成一个地理的、经济的、社会的、文化的和政治的区域单位的一部分，城市即依赖这些单位而发展，因此不能将城市离开它们所在的区域作单独的研究，因为区域构成了城市的天然界限和环境。其中，地理和地形的特点、经济的潜力、政治和社会的状况等是影响区域发展的重要因素，当然，也是影响城市发展的基本因素，并且它们不断处于变化当中。

《雅典宪章》十分关注"有历史价值的建筑和街区"的保护问题，这些"有历史价值的建筑和街区"包括真能代表某一历史失去且能引起普遍关注、可以教育广大民众的历史建筑；保留但不妨碍居民健康的历史建筑；在可能的情况下，所有干路都应尽量避免穿行古建筑区，并使交通不致拥挤，亦不使之妨碍城市的有机发展。

城市发展与古建筑保护的问题不仅在《雅典宪章》颁布的时代已经是一个显性的问题，其对于今天而言，仍然是一个越来越受到人们关注的问题。无论如何，城市的规划和发展不应当被视为一个独立的问题来看待，而应当被放到区域整体规划的视野下对待和进行。并且，最为重要的是，城市总体规划方案不能走"运动式"和"项目式"的道路，而是应当被以相关法律规定的方式明确下来，从而得以不断地施行。我国在这一方面是比较缺乏的，实践的程度与理论的距离还相隔很远。

《雅典宪章》作为第一个具有国际公约性质的法律文件，其重点突出了文化遗产保护的整体性理念和原状性保护原则，并强调处理好城市的发展与文化遗产保护的关系。其虽然是时代较为久远的一个法律性文件，但其思想精髓在今天仍然具有重要的指导性作用，并将被传承下去。

在《雅典宪章》之后，第二届历史古迹建筑师及技师国际会议于 1964 年 5 月 25 日在威尼斯通过了《国际古迹保护与修复宪章》，此宪章又被称为《威尼斯宪章》。

《威尼斯宪章》针对文物建筑和历史街区的保护，从定义、保护、修复、历史街区、发掘和出版等方面规定了文物建筑和历史街区的性质、保护原则以及修复原则等。其认为："世世代代人民的历史古迹，饱含着过去岁月的信息留存至今，成为人们古老的活的见证。人们越来越意识到人类价值的统一性，并把古代遗迹看做共同的遗产，认识到为后代保护这些古迹的共同责任。将它们真实地、完整地传下去是我们的职责。"

关于历史古迹的定义，《威尼斯宪章》认为，"历史古迹的要领不仅包括单个建筑物，而且包括能从中找出一种独特的文明、一种意义的发展或一个历史事件见证的城市或乡村环境。这不仅适用于伟大的艺术作品，而且亦适用于随时光流逝而获得文化意义的过去一些较为朴实的艺术品"。保护和修复历史古迹的宗旨在于"把它们既作为历史见证，又作为艺术品予以保护"。

在保护理念和措施方面，《威尼斯宪章》认为古迹的保护至关重要的一点在于日常的维护，其坚持原状保护和整体保护的原则，它要求：为社会公用之目的使用古迹合乎需要，但绝不能改变该建筑的布局或装饰；古迹的保护包含着对一定规模环境的保护，凡传统环境存在的地方必须予以保存，绝不允许任何导致改变主体和颜色关系的新建、拆除或改动；古迹不能与其所见证的历史和其产生的环境分离，除非出于保护古迹之需要，或因国家或国际之极为重要利益而证明有其必要，否则不得全部或局部搬迁古迹；作为构成古迹整体一部分的雕塑、绘画或装饰品，只有在非移动而不能确保其保存的唯一办法时方可进行移动。

在修复方面，《威尼斯宪章》也贯彻着原状保护和整体性保护的原则。其认为，"修复过程是一个高度专业性的工作，其目的旨在保存和展示古迹的美学与历史价值，并以尊重原始材料和确凿文献为依据。一旦出现臆测，必须立即予以停止。此外，即使如此，任何不可避免的添加都必须与该建筑的构成有所区别，并且必须要有现代标记。无论在任何情况下，修复之前及之后必须对古迹进行考古及历史研究”。不仅如此，《威尼斯宪章》还明确，“缺失部分的修补必须与整体保持和谐，但同时须区别于原作，以使修复不歪曲其艺术或历史见证”；“任何添加均不允许，除非它们不至于贬低该建筑物的有趣部分、传统环境、布局平衡及其与周围环境的关系”；“古迹遗址必须成为专门照管对象，以保护其完整性，并确保用恰当的方式进行清理和开放。在这类地点开展的保护与修复工作应得到上述条款所规定之原则的鼓励”。在《威尼斯宪章》“发掘”部分的规定中，我们也不难发现其坚持的原状性和整体原则，其规定“发掘应按照科学标准和联合国教育、科学及文化组织1956年通过的适用于考古发掘国际原则的建议予以进行。遗址必须予以保存，并且必须采取必要措施，永久地保存和保护建筑风貌及其所发现的物品。此外，必须采取一切方法促进对古迹的了解，使它得以再现而不曲解其意。然而对任何重建都应事先予以制止，只允许重修，也就是说，把现存但已解体的部分重新组合。所用黏结材料应永远可以辨别，并应尽量少用，只需确保古迹的保护和其形状的恢复之用便可”。

不难发现，《威尼斯宪章》在理念上与《雅典宪章》具有一定的承袭性，但是《威尼斯宪章》在《雅典宪章》上进行了进一步的发展，其不仅发展了历史古迹的概念，并且在整体性和原状性保护的理念上也诠释得更为透彻。而1987年国际古迹遗址理事会在华盛顿通过了《保护历史城镇与城区宪章》（又称为《华盛顿宪章》），其进一步诠释了历史古迹保护的概念和含义，并进一步强调了整体性保护的原则，从而使得对于文化遗产的整体性保护日益深入人心。

《华盛顿宪章》涉及的“历史城区”，“不论大小，其中包括城市、城镇以及历史中心或居住区，也包括其自然的和人造的环境。除了它们的历史文献作用之外，这些地区体现着传统的城市文化的价值。今天，由于社会到处实行工业化而导致城镇发展的结果，许多这类地区正面临着威胁，遭到物理退化、破坏甚至毁灭”。“面对这种经常导致不可改变的文化、社会甚至经济损失的惹人注目的状况，国际古迹遗址理事会认为有必要为历史城镇和城区起草一部国际宪章，作为《国际古迹保护与修复宪章》（即《威尼斯宪章》）的补充。这个新文本规定了保护历史城镇和城区的原则、目标和方法。它也寻求促进这一地区私人生活和社会生活的协调方法，并鼓励对这些文化财产的保护。这些文化财产无论其等级多低，均构成人类的记忆”。这已经指明了《华盛顿宪章》与《威尼斯宪章》的关系，并且也暗含了其精神和理念上的连通性。

《华盛顿宪章》首先明确了其原则和目标。其认为，“为了更加卓有成效，对历史城镇和其他历史城区的保护应成为经济与社会发展政策的完整组成部分，并应当列入各级城市和地区规划”。“所要保存的特性包括历史城镇和城区的特征以及表明这种特征的一切物质的和精神的组成部分”。可以看出，《华盛顿宪章》开宗明义地指出，对于历史城区的保护不应将其视为静止的历史遗留物，应当将其与现代社会的发展相结合。不仅如此，《华盛顿宪章》还特别强调了保护历史城区的全面性，即应当注重物质和精神的有机统合。

另外，《华盛顿宪章》关注居民的参与，其认为“居民的参与对保护计划的成功起着重大的作用，应加以鼓励。历史城镇和城区的保护首先涉及它们周围的居民”。

从《雅典宪章》到《威尼斯宪章》，再到后来的《华盛顿宪章》，我们发现人类社会在保护文化遗产方面的意识日益加强，视野也得以不断开阔，核心的理念和原则也不断以具体规定的方式得以体现和强化。总而言之，这三个宪章是国际上保护古迹类文化遗产甚至是物质文化遗产的最早代表。其中不断进行强调的完整性保护和真实性保护理念得以传承至今，并且被现代规则演绎得更为具体和详尽。

二、联合国教科文组织《保护世界文化和自然遗产公约》

引用该公约的引言："联合国教育、科学及文化组织大会于 1972 年 10 月 17 日至 11 月 21 日在巴黎举行的第十七届会议，注意到文化遗产和自然遗产越来越受到破坏的威胁，一方面因年久腐变所致，同时变化中的社会和经济条件使情况恶化，造成更加难以对付的损害或破坏现象，考虑到任何文化或自然遗产的坏变或丢失都有使全世界遗产枯竭的有害影响，考虑到国家一级保护这类遗产的工作往往不很完善，原因在于这项工作需要大量投入，而列为保护对象的财产的所在国却不具备充足的经济、科学和技术力量。回顾本组织《组织法》规定，本组织将通过保存和维护世界遗产和建议有关国家订立必要的国际公约来维护、增进和传播知识。而现有的关于文化和自然遗产的国际公约、建议和决议表明：保护不论属于哪国人民的这类罕见且无法替代的财产，对全世界人民都很重要，考虑到部分文化或自然遗产具有突出的重要性，因而需作为全人类世界遗产的一部分加以保护，考虑到鉴于威胁这类遗产的新危险的规模和严重性，整个国际社会有责任通过提供集体性援助来参与保护具有突出的普遍价值的文化和自然遗产，这种援助尽管不能代替有关国家采取的行动，但将成为它的有效补充；考虑到为此有必要通过采用公约形式的新规定，以便为集体保护具有突出的普遍价值的文化和自然遗产建立一个根据现代科学方法制定的永久性的有效制度，在大会第十六届会议上曾决定应就此问题制订一项国际公约，于 1972 年 11 月 16 日通过本公约。"

不难发现，与世界上典型国家和地区保护人文资源的法律法规相比较，《保护世界文化和自然遗产公约》（以下简称《公约》）重点关注的是文化遗产的世界性价值和意义，并试图在一定程度上统一不同国家不同人群在保护文化遗产上的态度以及协调大家的行动。

接下来，《公约》对文化和自然遗产作出了定义。"文化遗产"包括文物、建筑群和遗址，其中，"文物"是指从历史、艺术或科学角度看具有突出的普遍价值的建筑物、碑雕和碑画、具有考古性质成分或结构、铭文、窟洞以及联合体；"建筑群"是指从历史、艺术或科学角度看在建筑式样、分布均匀或与环境景色结合方面具有突出的普遍价值的单立或连接的建筑群；而"遗址"是指从历史、审美、人种学或人类学角度看具有突出的普遍价值的人类工程或自然与人联合工程以及考古地址等地方。"自然遗产"是指从审美或科学角度看具有突出的普遍价值的由物质和生物结构或这类结构群组成的自然面貌；从科学或保护角度看具有突出的普遍价值的地质和自然地理结构以及明确划为受威胁的动物和植物的栖息地；从科学、保护或自然美角度看具有突出的普遍价值的天然名胜或明确划分的自然区域。可以看出，由于人们认识水平的时代局限性，《公约》中的文化遗产偏重有形文化遗产。这与当时的历史状况以及一些国家的国内文化遗产保护运动关注的重点息息相关。

《公约》规定了文化和自然遗产的国家保护和国际保护。《公约》认为，本国领土内的文化和自然遗产的确定、保护、保存、展出和遗传后代，主要是有关国家的责任。该国将为此目的竭尽全力，最大限度地利用本国资源，必要时利用所能获得的国际援助和合作，特别是财政、艺术、科学及技术方面的援助和合作。显然，尽管文化遗产的价值可以是世界性的，但其首先是本土的，并且首先具有本土性价值。文化遗产的所属国家应当承担其主要的保护责任和义务。

《公约》接下来将文化和自然遗产的国内保护和国际保护具体化。其认为，国内应当把遗产保护纳入全面规划的总政策；如本国内尚未建立负责文化和自然遗产的保护、保存和展出的机构，则建立一个或几个此类机构，配备适当的工作人员和为履行其职能所需的手段；应当发展科学和技术研究，并制订出能够抵抗威胁本国自然遗产的危险的实际方法，采取为确定、保护、保存、展出和恢复这类遗产所需的适当的法律、科学、技术、行政和财政措施以及促进建立或发展有关保护、保存和展出文化和自然遗产的国家或地区培训中心，并鼓励这方面的科学研究。可以说，《公约》已经明确了文化和自然遗产所属国的主要职责和基本义务。这为各国的相关立法提供了非常具有参考价值的框架。

在国际援助方面，《公约》规定公约缔约国充分尊重文化和自然遗产所在国的主权，并不使国家立法规定的财产权受到损害的同时，承认这类遗产是世界遗产的一部分，整个国际社会有责任合作予以保护；缔约国根据本公约的规定，应有关国家的要求帮助该国确定、保护、保存和展出相关的文化和自然遗产。《公约》强调，世界文化和自然遗产的国际保护应被理解为建立一个旨在支持本公约缔约国保存和确定这类遗产的努力的国际合作的援助系统。

《公约》明确了“世界遗产委员会”的成立，其先由联合国教育、科学及文化组织大会常会期间召集的本公约缔约国大会选出的 15 个缔约国组成。《公约》强调，委员会委员的选举须保证均衡地代表世界的不同地区和不同文化。接下来，《公约》规定了世界遗产委员会的具体制度，主要包括人员组成和议事规则。

在我们看来，《公约》最为重要的亮点在于表明了人文资源的双重价值和多方保护主体。人文资源既是世界性的，更是本土的，其所属国本身负有第一性的保护责任和义务。但同时，《公约》明确其他国家应当给予人文资源所属国以必要的援助。但最为明显的不足在于，《公约》对文化遗产的外延的认识过于狭窄，因此《公约》的关注重点是非常不全面的。

三、《保护民间创作建议案》

《保护民间创作建议案》（以下称《建议案》）是联合国教科文组织于 1989 年 10 月 17 日至 11 月 16 日在巴黎举行的第二十五届会议的成果。其产生的背景是，“考虑到民间创作是人类的共同遗产，是促进各国人民和各社会集团更加接近以及确认其文化特性的强有力手段，注意到民间创作在社会、经济、文化和政治方面的重要意义，它在一个民族历史中的作用及在现代文化中的地位，强调民间创作作为文化遗产和现代文化之组成部分所具有的特殊性和重要意义，承认民间创作之传统形式的极端不稳定性，特别是口头传说之诸方面的不稳定性，以及这些方面有可能消失的危险，强调必须承认民间创作在各国所起的作用性及其面对多种因素所冒的危险，认为各国政府在保护民间创作方面应起决定性作用”。于是，1989 年 11 月 15 日《保护民间创作建议案》经通过而产生。

《建议案》给民间创作进行了这样的诠释，即“民间创作（或传统的民间文化）是指来自某一文化社区的全部创作，这些创作以传统为依据、由某一群体或一些个体所表达并被认为是符合社区期望的作为其文化和社会特性的表达形式；准则和价值通过模仿或其他方式口头相传。它的形式包括：语言、文学、音乐、舞蹈、游戏、神话、礼仪、习惯、手工艺、建筑术及其他艺术”。

《建议案》接下来明确了在民间创作的保存、保护、传播、维护以及国际合作等方面的相关意见。在民间创作的保存方面，《建议案》认为，保存涉及的是民间创作传统的资料，在不加使用或发展这些传统的情况下，保存的目的是使传统的研究者和传播者能够使用有助于他们了解传说演变过程的资料。如果说生动的民间创作由于它不断发展的特点不能始终受到直接保护，那么固定的民间创作则应该得到有效的保护。为此，各会员国应该采取以下措施对民间创作进行保存：建立国家档案机构，收集到的民间创作资料可在其中以适合的条件加以贮存，并供人们使用；建立一个国家档案中心机构，以提供某些服务（编制总索引，传播关于民间创作资料的情报以及适用于包括保护问题在内的民间创作活动标准的情报）；建立博物馆或在现有博物馆中增设民间创作部分，以展出传统的民间文化；优先考虑种种表现传统民间文化的形式，因为它们突出这些文化现代或过去之见证（遗址、生活方式、物质或非物质知识）；协调种种收集和存档之方式；对收集人员、档案人员、资料人员以及其他专门人员进行从物质保存到分析工作方面保存民间创作的培训；为制作所有民间创作资料的档案和工作副本及供各地区机构使用的副本提供手段，以此确保有关的文化团体能够接触所收集的资料。

在对民间创作的保护方面，《建议案》认为，保护涉及对民间创作传统及其传播者的维护，因为各族人民有权享有自己的文化，也因为人民与这种文化的结合力常常由于传播工具传播之工业化文化的影响而削弱。因此，必须采取措施，在产生民间创作传统的群体内部和外部，保障民间创作传统的地位并保证从经济上给予支持。为此，各会员国应该做到：以适当方式进行民间创作教学与研究，并将其纳入校内外教学计划，应特别强调对广义的民间创作的重视，不仅应考虑到乡村文化或其他农村文化，也应注意由各种社团、职业、机构等创造的有助于更好了解世界各种文化和看法的文化，尤其是不属于主要文化的那些文化；保证各文化团体有权享有自己的民间创作，同时还支持其资料、档案、研究等方面的活动以及传统的做法；在跨学科基础上建立各有关团体均有代表参加的全国民间创作委员会或类似的协调机构；向研究、宣传、致力或拥有民间创作材料的个人和机构提供道义和经济上的支持。促进有关保护民间创作的科学研究。

《建议案》认为应当支持对民间创作的传播。在《建议案》看来，应当使居民了解作为文化特性基本因素的民间创作的重要性。为了使人们意识到民间创作的价值和保护民间创作的必要性，广泛传播构成这一文化遗产的基本因素很有必要。但是在这样传播的过程中，为了保护传统的完整性，必须避免任何歪曲。为有助于公平合理的传播，各会员国应当做到：鼓励组织民间创作方面的全国性、地区性或国际性活动，如庆祝会、联欢节、电影放映、展览会、研究班、专题讨论会、讲习班、培训班、会议等，并支持传播和出版这些活动的材料、文件和其他成果；通过提供补助金，通过在新闻、出版、电视、广播和其他国家及地区传播机构设立民间传说研究者的职位，通过确保对传播机构收集的民间创作方面的材料进行适当归档和传播，通过在这些机构设立民间创作节目单位等方式，鼓励这些单位在其节目中为民间创作资料留出更大的位置；鼓励各地区、各市政当局、各协会和从事民间创作的其他团体设立全日制民间传说研究者的职位，负责促进和协调本地区民间创作活动；支助现有教育材料（如根据最近实地收集的资料摄制的录像片）制作机构并建立新的机构，鼓励在学校和民间创作博物馆中及在国家和国际民间创作展览会和联欢节上使用这些材料；通过资料中心、图书馆、博物馆和档案机构以及在民间创作方面的专门简报和期刊，提供有关民间创作的适当资料；根据双方文化协定，在国家和国际范围内为从事民间创作的人士、团体和机构之间的会晤与交流提供方便。

《建议案》非常重视对民间创作的维护，其认为民间创作作为个人或集体的精神创作活动，应当得到维护，这种维护应和精神产品的维护相类似。这一保护十分必需，通过这种手段可以在本国和外国发展、保持和进一步传播这种遗产，而同时不损害有关的合法利益。在“知识产权”方面各会员国应该做到：吁请有关当局注意教科文组织和世界知识产权组织在知识产权方面开展的重要工作，但同时也承认，这些工作只触及维护民间创作的一个方面，故在各方面采取不同的措施是保护民间创作的当务之急；保护作为传统代表的消息提供者（保护私生活和秘密）；通过注意使收集的材料完好合理地存档的方式维护收集者的利益；采取必要措施，使收集的材料不致被有意无意地滥用；承认档案机构有责任注意对收集之材料的使用。

《建议案》最后关注了在保护民间创作方面的国际合作。《建议案》认为各会员国应该：与负责民间创作的国际性和地区性协会、机构及组织合作；通过各种途径传播民间创作；密切合作，以在国际范围保证各种权利所有者（团体自然人或法人）在财物方面，精神方面以及与之相关的对民间创作的研究、创造、写作、表演、录制，和（或）传播方面享有权利；确保在其领土上进行研究工作的各会员国有权从有关会员国那里得到各类文件、录像、影片和其他材料的副本；戒除一切有可能损坏民间创作材料、降低价值妨碍其传播的行为，不管这些材料是在其产地还是在其他国家的领土上以及采取各种必要措施，保护民间创作免遭种种人为的和自然的危险，其中包括武装冲突、领土被占领或各种其他性质之国家动乱。

我们发现，尽管民间创作只是无形文化遗产的一部分，但是事实上《建议案》已经初步揭示了无形文化遗产保护的主要方面，其中主要包括对民间创作本身的保存、维护和传播，以及对相关权利人必要权益的尊重。不仅如此，《建议案》认为，对于民间创作的维护以及对相关权利人的尊重，主要体现为精神内容和精神权利，我们也认为，精神价值是民间创作的精髓，也是权利人的内心依赖所在，其属于首位的价值，应当得到最高程度的重视。《建议案》重视民间作品的精神内核，重视权利人权利的维护并强调防止破坏的宗旨，应当得以不断地强调和延续。

四、国际纪念物与历史场所委员会《国际文化观光宪章》

《国际文化观光宪章》(International Cultural Tourism Charter–Managing Tourism at Places of Heritage Significance) 是 1999 年国际纪念物与历史场所委员会（ICOMOS）在墨西哥举行的第十二届年会中所通过的一部重要宪章。

ICOMOS 创立于 1965 年，是直接受 1964 年《威尼斯宪章》的决议而成立的国际组织，目前在一百多个国家设有国家级的委员会。ICOMOS 是联合国教科文组织在纪念物及历史场所的维护与保护事务上最主要的顾问单位，其一直在寻求建立保存、修复与文化环境经营管理的国际标准。

文化遗产的范围远远超出了 ICOMOS 所重点关注的范围，但是 ICOMOS 在文化遗产经营上的理念和措施，具备了相当高的全局性和长远性。我们之所以关注这部宪章，是因为在市场经济大潮日益澎湃的今天，文化遗产的经营已是一个不容回避的问题。既要很好地保护文化遗产，又要正确地对待其开发问题，实在不是容易的事情。而《国际文化观光宪章》(以下简称《宪章》) 专门就这个问题进行了相关的规定，对困惑人们的许多问题做出了一定程度的回答，殊值参考。

这个《宪章》首先对宪章思潮，或者说是宪章理念进行了明确。《宪章》认为，遗产经营管理之首要目标乃是将遗产之重大意义与维护之需，与所在社区及其访客相互沟通。在国际认可之架构与适切的应用标准下，经营遗产经常是特定社区或管理集团的责任。

《宪章》明确了观光与文化遗产的动态互动关系。其认为，国内与国际观光持续成为文化交流最主要的媒介之一。自然与文化遗产、多样性与生活文化，是观光最主要的吸引力，对于过去历史留存之物、现代生活与其他的社会提供了一种个人的经验，其日益地被重视作为自然与文化之正面力量。但《宪章》从另外一个角度明确了观光可能带来的另外一种后果，那就是过度或经营管理不善的观光与发展相关的观光可能会对遗产实质本质、整体性与重大特色造成威胁。所在地社区生态场合、文化与生活形态与访客对地方之经验可能也会受到恶化的命运。

面对这种双重的可能性，《宪章》明确指出其目标是帮助强化并鼓励参与遗产维护与经营管理的人以及观光工业等，《宪章》鼓励人们的共同参与。在这样的目标之下，《宪章》指明了文化观光的几大原则：

一是坚持本土民众主体性的原则。《宪章》认为，因为国内与国际观光是文化交流最重要的工具之一，维护应该为所在地社区成员与访客提供有责任与经营管理良好之体验机会，并直接了解社区遗产与文化。

二是永续性经营的原则。《宪章》认为，遗产地方与观光之关系是动态的，并且可能含有突出的价值，因此应为现在与将来的世代，以一种永续的方式来加以管理。

三是重视访客精神体验的原则。《宪章》认为，遗产地方之维护与观光规划应该确保访客之经验是值得的、满意的与愉悦的。

四是原住民参与原则。《宪章》认为，遗产所在地社区原有住民应该参与维护与观光之规划。并且，《宪章》接下来进一步明确了原有住民的权利与利益应该被加以尊重。

五是所在地社区利益原则。《宪章》认为，观光与维护应该对所在地社区有所助益，《宪章》明确对于观光所得的利益，应当对贫穷之地作出贡献；另外，维护经营管理与观光活动应该对所在地或当地所有层级之男性及女性提供均等的经济、社会与文化利益，等等。

六是特征维护原则。《宪章》认为，观光促进计划应该保护并提升自然与文化遗产之特征。这其实指明了观光文化遗产应当注意其真实性的维护，注意防止文化遗产的经营和观光对文化遗产的真实性特征和特质造成破坏。

值得注意的是，《宪章》对于每一项原则所蕴涵的具体要求进行分项列出，不仅使得每一个原则具有更为详细和准确的内涵，也增强了《宪章》的实际指导性意义。在经营和开发文化遗产带来越来越多的矛盾和悖论的今天，《国家文化观光宪章》在理念和原则上明确和厘清了许多基本的关系和基本的价值取向，颇为值得参考和借鉴。

五、《世界文化多样性宣言》

《世界文化多样性宣言》（以下简称《宣言》）是联合国教科文组织于 2001 年 11 月 2 日在第二十次全体会议上通过的决议。该《宣言》称，《宣言》的意义在于重视充分实现《世界人权宣言》和 1966 年关于公民权利和政治权利及关于经济、社会与文化权利的两项国际公约等其他普遍认同的法律文件中宣布的人权与基本自由。《宣言》认为我们应当“注意到文化是当代就特性、社会凝聚力和以知识为基础的经济发展问题展开的辩论的焦点，确认在相互信任和理解氛围下，尊重文化多样性、宽容、对话及合作是国际和平与安全的最佳保障之一，希望在承认文化多样性、认识到人类是一个统一的整体在发展文化间交流的基础上开展更广泛的团结互助，认为尽管受到新的信息和传播技术的迅速发展积极推动的全球化进程对文化多样性是一种挑战，但也为各种文化和文明之间进行新的对话创造了条件”。

《宣言》这样认识文化的多样性，即“人类的共同遗产文化在不同的时代和不同的地方具有各种不同的表现形式。这种多样性的具体表现是构成人类的各群体和各社会的特性所具有的独特性和多样化。文化多样性是交流、革新和创作的源泉，对人类来讲就像生物多样性对维持生物平衡那样必不可少。从这个意义上讲，文化多样性是人类的共同遗产，应当从当代人和子孙后代的利益考虑予以承认和肯定”；“从文化多样性到文化多元化，在日益走向多样化的当今社会中，必须确保属于多元的、不同的和发展的文化特性的个人和群体的和睦关系和共处。主张所有公民的融入和参与的政策是增强社会凝聚力、民间社会活力及维护和平的可靠保障。因此，这种文化多元化是与文化多样性这一客观现实相应的一套政策。文化多元化与民主制度密不可分，它有利于文化交流和能够充实公众生活的创作能力的发挥”；文化多样性与发展的关系在于，“文化多样性增加了每个人的选择机会，它是发展的源泉之一，它不仅是促进经济增长的因素，而且还是享有令人满意的智力、情感、道德精神生活的手段”。

《宣言》对于文化多样性的意义和价值的理解，具有非常明显的“以人为本”的特征。正是因为如此，我们认为，这样的诠释充当了对文化遗产的资源性价值最好的脚注。对文化遗产的保护的一个非常重要的目的，便是希望在世界日益一体化的今天，能够尽量保持文化的多样性，使得多样性的文化能够充当未来人们发展的资源。换句话说，文化多样性联系着人们的过去、现在以及将来，它具有持续性的意义。《宣言》对于文化多样性对人的发展的价值的理解，具有相当的经典色彩。

尽管文化多样性对于世界和人们而言具有如此重要的价值，但是其是为人服务的，文化多样性和人的权利的关系不能倒本为末。因此，《宣言》认为，“人权是文化多样性的保障，捍卫文化多样性是伦理方面的迫切需要，与尊重人的尊严是密不可分的。它要求人们必须尊重人权和基本自由，特别是尊重少数人群体和土著人民的各种权利。任何人不得以文化多样性为由，损害受国际法保护的人权或限制其范围”。也就是说，维护文化多样性的前提和基础是尊重人的基本权利，并且，这种基本权利不仅表现为个人的权利，还往往表现为一个群体所共同拥有的权利。《宣言》的这种理解无疑具有重大的意义，其与我们所关注的尊重人文资源的拥有者的权利的精神是一致的。

《宣言》具有重视文化多样性的民间和群众基础的特征。《宣言》认为，文化权利是文化多样性的有利条件，文化权利是人权的一个组成部分，它们是一致的、不可分割的和相互依存的。每个人都应当能够用其选择的语言，特别是用自己的母语来表达自己的思想，进行创作和传播自己的作品；每个人都有权接受充分尊重其文化特性的优质教育和培训；每个人都应当能够参加其选择的文化生活和从事自己所特有的文化活动，但必须在尊重人权和基本自由的范围内；在保障思想通过文字和图像的自由交流的同时，务必使所有的文化都能表现自己和宣传自己。言论自由，传媒的多元化，语言多元化，平等享有各种艺术表现形式以及科学和技术知识等均是文化多样性的可靠保证。可以看出，尊重个人在人文资源方面的权利，是维护文化多样性的必然要求；也只有建立在人具有充分主动性基础上的文化多样性，才是真正意义上的文化多样性。

《宣言》还揭示了文化多样性与创作之间的关系、文化物品和文化服务的特殊性、文化政策的重要性以及文化多样性的国际意义。值得重视的是，《宣言》认为，“面对目前为创作和革新开辟了广阔前景的经济和技术的发展变化，应当特别注意创作意愿的多样性，公正地考虑作者和艺术家的权利，以及文化物品和文化服务的特殊性，因为它们体现的是特性、价值观和观念，不应被视为一般的商品或消费品”。这实际上涉及人文资源的经营问题。按照《宣言》的理解，文化产品是具有特殊性的产品，其尤其应当注意精神内核的体现。这种理念和原则也是我们在讨论人文资源的经营时所特别和反复强调的。

尤其值得关注的是，《宣言》关注到应当建立政府、私营部门和民间社会之间的合作伙伴关系。其认为，“单靠市场的作用是不能作为保护和促进文化多样性这一可持续发展之保证的。为此，必须重申政府在私营部门和民间社会的合作下推行有关政策所具有的首要作用”。这与我们所关注和强调的人文资源的保护和经营应当依靠多方主体的力量是一致的。人文资源的保护和经营的宗旨是维护文化的多样性，其属于一种具有较强的社会性和永续性的事业，需要整个社会各方力量的参与。其中，政府的力量具有主导的地位，而社会和民众的力量是根基。《宣言》透彻地揭示出了文化多样性的内涵以及其与人的各方面的密切关系，其关注了维护文化多样性的各个主要方面，尤其是其精神和理念值得我们在保护和经营人文资源时汲取和借鉴。

六、《保护非物质文化遗产公约》

由于我们在前面已经专章介绍了联合国教科文组织于 2003 年在巴黎召开的第三十二届会议上所通过的《保护非物质文化遗产公约》（以下简称《公约》），因此尽管其属于国际上保护人文资源的重要国际性法律文件之一，但在此我们只对其最为引人关注的地方做重点解读，而不进行详尽分析。

该《公约》的第一个亮点是其主旨，即：“保护非物质文化遗产；尊重有关群体、团体和个人的非物质文化遗产；在地方、国家和国际一级提高对非物质文化遗产及其相互鉴赏的重要性的意识；开展国际合作及提供国际援助。”

从这样的宗旨中，我们可以解读到这样几层意思：第一，首先应当明确保护的客体是“非物质文化遗产”，换句话说，保护客体必须首先得以明确；第二，应当关注非物质文化遗产的权属状况，无论其是属于群体、团体还是个人所有，保护非物质文化遗产的同时必然离不开对拥有者的尊重；第三，应当提高保护非物质文化遗产的重要性的意识，并且不同群体的人们应当进行有益的配合，来共同促进对非物质文化遗产的保护。

《公约》的第二个值得关注的地方在于其明确了“非物质文化遗产的定义”，即：“非物质文化遗产指被各群体、团体、有时为个人视为其文化遗产的各种实践、表演、表现形式、知识和技能及其有关的工具、实物、工艺品和文化场所。各个群体和团体随着其所处环境、与自然界的相互关系和历史条件的变化不断使这种代代相传的非物质文化遗产得到创新，同时使他们自己具有一种认同感和历史感，从而促进了文化多样性和人类的创造力。在本公约中，只考虑符合现有的国际人权文件，各群体、团体和个人之间相互尊重的需要和顺应可持续发展的非物质文化遗产”。具体而言，其范围包括口头传说和表述，包括作为非物质文化遗产媒介的语言、表演艺术、社会风俗、礼仪、节庆，有关自然界和宇宙的知识和实践以及传统的手工艺技能。

当我们还在为哪些非物质文化遗产需要保护而哪些被认定为属于糟粕而应当被排除在保护范围之外争论不休的时候，《公约》其实已经做出了潜在的解答。非物质文化遗产的主要价值在于“使人们具有一种认同感和历史感，从而促进文化多样性和人类的创造力”，《公约》所保护的“非物质文化遗产”是“符合现有的国际人权文件，各群体、团体和个人之间相互尊重的需要和顺应可持续发展的非物质文化遗产”。也就是说，人们内心的体验和认同是评判非物质文化遗产的标准，而由于不同群体具有不同的认同方式、生活方式和历史进程，因此几乎没有一种客观的标准去对非物质文化遗产的优劣做一个“统一式”的评判，这样的评判标准是不存在的。所以，保护非物质文化遗产不宜主观臆断式地对保护客体进行认定，立法更应当注意到非物质文化遗产的这种特性而谨慎地对待客体制度的建立。

《公约》还有一个引人注意的地方在于其对“保护”的诠释。《公约》认为，“保护”指采取措施，确保非物质文化遗产的生命力，包括这种遗产各个方面的确认、立档、研究、保存、保护、宣传、弘扬、承传（主要通过正规和非正规教育）和振兴。

《公约》对于非物质文化遗产的保护方式的规定，在语言上比较简洁，但是内涵却无比丰富。首先，衡量是否有效地保护了非物质文化遗产的关键标准是是否“确保了非物质文化遗产的生命力”，也就是说，非物质文化遗产并非“死去和固定的文化遗产”，而是具有活态性特征和民间性特征的文化遗产，只有让其生命力得以延续，被很好地传承和发展下去，并且提供人们持续和强大的认同感，非物质文化遗产才能被认为是有效地得到了保护；其次，保护非物质文化遗产的首要任务是要对非物质文化遗产本身进行确认、立档、研究和保存，这些保护手段是基础性的；再次，由于非物质文化遗产是活态文化，其扎根于民间和人们的生活，因此必须重视其宣传、弘扬和传承，通过振兴非物质文化遗产，使得其永葆生命力，而这主要通过保护主体很好地履行自身的义务来得以实现。因此，关注主体制度以及主体作用于客体的有效性，是非物质文化遗产立法保护的重点。

尽管《公约》的框架比较粗略，但是，其已经将保护非物质文化遗产的主要和重点方面呈现出来，这为各国进行国内的立法提供了一个具有很强参考价值的范例，从而当然成为国际所关注的对象，也成为本著分析的重点。

第二节　日本和我国台湾地区人文资源保护立法解读

对于典型国家和地区的人文资源保护性法律法规，在前面我们已经专门做了重点分析，因此在此我们不再一一重复。但我们希望将日本和我国台湾地区的相关立法摘录下来，并就其值得关注的地方进行一定的解读。选择日本和我国台湾地区做法规解读的原因在于，日本在保护和经营人文资源的立法上走在世界的前列，其立法的理念较为前沿，也比较开放，立法技术也相对成熟；而我国台湾地区的相关立法具有较强的系统性和完备性，但是却具有较强的保守的特征。

一、日本《文化财保护法》

我们之所以如此关注日本的文化财保护法，是基于其在世界范围内的典型性和强大的影响力。日本的文化财保护法无论从理念上，还是从立法技术上，都堪称保护人文资源的立法典范。

日本现行的文化财保护法规定了对有形文化财、无形文化财、民俗文化财、埋藏文化财、史迹名胜天然纪念物、重要文化景观、传统建筑物群以及文化财保护技术的保护。在我们看来，日本的文化财保护法最为引人关注的是其总则。原因在于，其总则部分集中了日本在保护人文资源方面最先进的理念和保护的基本方式及规则，这恰恰是人文资源立法保护的根基。因此，我们在此着重摘录总则部分的规定进行解析。

总则的第一条规定，“本法以保存文化财，促进其活用，增进国民文化向上，贡献世界文化进步为目的”。可以看出，日本保护文化财的目的兼具了发扬本土文化和世界文化这样的双重意义，这首先使得保护日本文化财的意义被提升到了一个相对博大的层面。总则的第二条规定了文化财的范围，其对文化财的分类比较细致，也非常具有本土特色，这在本书中的日本制度和经验部分已经有详细的介绍，在此不赘述。

接下来，总则第三条明确了政府及地方公共团体的责任，其规定：“政府及地方公共团体必须正确理解文化财为我国历史、文化等不可缺者，认识其为奠定未来文化向上发展的基础，并周密留意彻底致力本法，适切施行保存的宗旨。”

要强调的是，日本提出了“地方公共团体”这个概念，而在大多数国家和地区人文资源的保护立法中，主要关注的是政府的角色和作用，对于地方公共团体的权利、义务与责任，并没有予以很好的关注。我们已经详细论证和反复强调，民间的团体或者说是群体性组织对于人文资源的保护而言，是一股举足轻重的保护力量。甚至可以说，民间的团体是连接政府和民间的纽带，其不仅可以减少人文资源保护政策的实施成本，还可以引导民间与政府之间进行良性的互动。应当说，日本的这种关注可以给我们带来很多有益的启示。

日本文化财保护法总则部分的第四条针对的是“国民及所有者等的心态”，其规定：“全体国民必须真诚协助政府及地方公共团体为达成本法目的的施行措施；文化财的所有者及其他关系者，应自觉文化财为贵重的国民财产，为公家妥善保存，而且尽其可能致力公开等的文化活用；政府以及地方公共团体当执行本法，必须尊重相关者的所有权和其他的财产权。”

在我们看来，这一条可以被解析为这样几层意思：第一，国民应当与政府和地方公共团体进行互动，应当作为重要的主体积极参与并配合政府等的文化财保护行动；第二，文化财的所有者应当具备一种宏大的价值观以及博大的胸怀，认识到文化财的精神价值具有普世性的特征，并且只有将文化财的精神价值惠及众人，其价值才能在深层次和根本上得以体现；第三，尽管文化财的精神价值具有普世性，但从其所有权归属的角度来讲，国家应当尊重所有者的基本权利，这主要指所有权以及由此延伸出来的其他权利。尊重文化财所有者的基本权利可以激励其更好地保护和有效地活用文化财，从而有效地实现私有文化财的保护和活用。

日本文化财保护法的总则部分条文数目较少，但是却反映出文化财保护的基本理念和主要方面的总体原则。第一条明确了文化财保护法的宗旨，这是文化财保护法的灵魂所在。第二条针对的是保护的对象或者说是保护客体，第三条针对的是保护主体，第四条强调的是主体之间的关系和协调理念。我们认为，日本将最为重要的这几个方面放在总则，不仅简洁，而且具有特别强调的效果。

相比日本的立法理念，日本在保护文化财方面的立法技术和具体规则也颇为值得借鉴，此在本书第三章已经作了交代，故不再赘述。

二、中国台湾地区《文化资产保存法》

中国台湾地区的《文化资产保存法》分为十一章，分别为：总则；古迹、历史建筑及聚落；遗址；文化景观；传统艺术、民俗及有关文物；古物；自然地景；文化资产保存技术及保存者；奖励以及罚则。

这样的编排总体上遵循的是从有形到无形文化遗产，然后单列自然地景的顺序。但是，台湾这样的排列顺序还是稍显凌乱，例如其将古物列在传统艺术和民俗之后，等于是在无形文化资产之后又突然出现了有形文化资产，实在有不甚连贯之嫌，逻辑性也不是特别强。当然，从总体上看，台湾的《文化资产保存法》关注和规定的内容比较全面，因此有较强的完整性特色。

台湾的《文化资产保存法》的总则部分比较凝练和概括，但是却反映了当今世界上在保护文化遗产方面最先进的思想和理念。其第一条首先规定了立法目的：“为保存与活用文化资产，充实国民精神生活，发扬多元文化，特制定本法。”这一条至少包括了三层意思：第一，文化资产并不是“死去的文化”，而是具有活用价值的，甚至可以说，文化资产的保存的重要目的在于在保存的基础上得以活用；第二，文化资产的首要价值在于“充实国民精神生活”，这是文化资产的价值之根，是其灵魂所在；第三，在今天的宏阔视野下，保存文化资产的意义不仅仅停留在本土化的层面，而是具有世界意义，保存本土的文化资产，实际上是在为维护世界文化多样性作出贡献。

在总则的第三条规定了文化资产的定义，即“具有历史、文化、艺术、科学等价值，并经指定或登录之资产”。我们对这一条可以解读出这样的含义：第一，文化资产的价值是多元的，其价值并不限于历史、文化、艺术和科学，而是有着很大的开放空间。我们可以看出，台湾对于文化资产价值的定位采用了比较有包容性的标准。第二，属于《文化资产保存法》规范和保护对象的文化资产应当是经过指定或登录的资产。也就是说，并非所有的文化资产都能够受到相同程度的保护。我们可以看出，文化资产的保存和保护是有重点的，只有具备了一定条件的文化资产，才能够“享受”重点保护的“待遇”。当然，这样的规定无疑是对“政府”的鉴别能力和民众的自主意识的检验，“政府”的指定行为和民众在自主意识支配下的登录行为，将在很大程度上影响到相关文化资产得到关注和保护的程度。为了提高和保证“政府”对文化资产的鉴别能力，《文化资产保存法》第六条规定，主管机关为审议各类文化资产之指定、登录及其他本法规定之重大事项，应设相关审议委员会，进行审议。

总则的另外一个重点是对于文化资产保存的主管机关的规定。其第四条规定：古迹、历史建筑、聚落、遗址、文化景观、传统艺术、民俗及有关文物及古物之主管机关在“中央”为行政院文化建设委员会（文建会）；在直辖市为直辖市“政府”；在县市为县市“政府”；而自然地景由行政院农业委员会（农委会）、直辖市“政府”或者县市“政府”主管。第五条规定，文化资产跨越两个以上直辖市、县市辖区的，其地方主管机关由所在地直辖市、县市主管机关商定，必要时得由“中央”主管机关协调指定。可以看到，台湾文化资产的主管机关采用了分级和分区域的划分标准，分级管理最容易出现的就是机关之间的不协调和内在矛盾，因此如何协调主管机关之间的关系成为一个需要明确的问题。但台湾对主管机关之间在关系上的协调原则和方式予以了明确，使得主管机关之间的有效协调成为可能。

总则部分最后值得提及的是，《文化资产保存法》对于公有文化资产和私有文化资产分开进行了总体上的保存方面的强调。对于公有文化资产，总则的第八条规定：公有之文化资产，由所有或管理机关编列预算，办理保存、修复及管理维护；对于私有文化资产，总则在第九条规定：主管机关应尊重文化资产所有人之权益，并提供其专业咨询，文化资产所有人对于其财产被主管机关认定为文化资产之行政处分不服时，可以依法提请诉愿及行政诉讼。对于公有文化资产的重视自然在情理当中，而总则专门对私有文化资产及其所有人的权益予以关注和强调，这样的理念是可贵的。事实上，由于文化资产这个概念的内涵和外延在人们的思想观念层面不断得以拓宽，大量的文化资产都是以私人所有的形式而存在的。如何让私人所有的文化资产的效用和价值发挥到最大，是一个比较新的课题，而鼓励文化资产的所有者保存和活用文化资产是必要的途径之一。鼓励文化资产的所有者充分保存和有效活用文化资产，当然需要重视扶持文化资产所有者的保存和活用行为，并且明确其享有的基本权利。当然，文化资产所有者在接受“政府”扶持时，具有一定的义务。总则在第十条规定：接受“政府”辅助之文化资产，其调查研究、发掘、维护、修复、再利用、传习、记录等工作所绘制之图说、摄影照片、采集之标本或印制报告等相关资料，均应予以列册，并送主管机关妥为收藏，这些资料，除涉及文化资产之安全或其他法规另有规定外，主管机关应主动公开。这样规定，使得文化资产所有者的权利和义务相对比较平衡，也有助于实现文化资产价值的社会化和最大化。

台湾的《文化资产保存法》中并没有“有形文化资产”或者“无形文化资产”这样

的字眼，而是采用了较为具体的归类方式。在其古迹维护制度中，主要规定了古迹的普查制度、指定制度、审查程序以及古迹的维护管理和修复制度。在遗址的保护制度中，除了类似于古迹的保护措施外，其专门关注了遗址的发掘制度。第四十五条规定："遗址之发掘，应由学者专家、学术或专业机构向主管机关提出申请，经审议委员会审议，并由主管机关核定后，始得为之。"第四十六条规定："外国人不得在我国领土及领海范围内调查及发掘遗址。但与国内学术或专业机构合作，经中央主管机关许可者，不在此限。"由此可以看出，文化资产的本土性永远是第一位的，尽管其精神价值可以为世界所共享，但是其首先属于本土群体和人民。在古物部分，除了一般的维护制度和管理制度外，台湾特别规定了古物的所有人有权申请对古物进行专业维护。《文化资产保存法》第七十条规定："私有国宝，重要古物之所有人，得向公立古物保存或相关专业机关申请专业维护。"但同时第二款规定："中央主管机关得要求公有或接受前项专业维护之私有国宝、重要古物，定期公开展览。"不难发现，台湾的《文化资产保存法》在政府和民间对文化资产进行保护的配合方面，已经有效地借用了权利义务机制来进行促进和协调，值得借鉴。

另外，台湾将"自然地景"也归入文化资产，并从普查、建立个案资料、管理维护等多个方面规定了保护措施。总体上看，对于有形的文化资产，台湾对于其中每一类的规定都有原则上的相似之处，在保护措施上也大体相近。

台湾的《文化资产保存法》对于无形文化资产的保护集中体现在第五章，即"传统艺术、民俗和有关文物"部分的规定。这部分主要规定了普查和接受提报制度、建立完整个案资料制度、登录和备查制度、保存维护计划、鼓励民间办理记录保存传习以及重视学校的相关教育。

相比有形的文化资产保护，台湾对于无形文化资产的保护的规定比较简略，虽然主要的和基本的方面已经有所提及，但是没有较为细化的操作性的规定，也并没有多少台湾地区自己的特色。

对于文化资产保存技术以及保存者的保护规定在第八章。在这一章中，《文化资产保存法》第八十八条规定："中央主管机关对于文化资产保存及修复工作中不可或缺、且必须加以保护之技术及其保存者，应审查指定，并办理公告；前项指定之保存技术无再加以保护之必要时，中央主管机关得于审查后废止该项技术及其保存者之指定；保存技术之保存者因身心障碍或其他特殊情事，经审查认定不适合继续作为保存者时，中央主管机关得废止其指定。"可见，台湾在整个文化资产的保护方面都重视"人"的作用，而不光是在无形文化资产的传承方面重视传承者。将对"人"的重视单列一章放入《文化资产保存法》，台湾的文化资产保护思想已经具备了较强的深度和长远性。

关于奖励与惩罚制度，《文化资产保存法》第九十条规定了"政府"给予奖励或辅助的具体情形，第九十一条和九十二条规定了相关的税收优惠制度，第九十三条规定了经费的赞助。相比较少的奖励制度，罚则一章也就是第十章规定的条文稍多。但总体来看，惩罚的力度并不严厉。

第三节　我国保护人文资源的主要立法及重要政策解读

如前文所述，我国目前保护人文资源的立法比较薄弱，很多保护手段还处于政策性的层面，相关的立法亟待加强。因此，除了进一步完善我国既有的保护性法律法规之外，我们还应当重点解读我国保护人文资源的主要政策，它们是目前我国保护人文资源的重要依据。为了反映时代的变化以及人们认识观念的变化，我们仍旧主要遵循时间的脉络对我国保护人文资源的主要立法和重要政策进行整理。

一、《中华人民共和国文物保护法》

《中华人民共和国文物保护法》（以下简称《文物保护法》）是我国目前最为重要和主要的关于人文资源或者文化遗产保护的法律。其施行到现在，为我国文化遗产的保护作出了不可磨灭的贡献。

《文物保护法》从体系上分为八章，依次为：总则、不可移动文物、考古发掘、馆藏文物、民间收藏文物、文物出境进境、法律责任以及附则。

在总则部分，《文物保护法》明确了法律制定的宗旨、保护的对象、所有权主体的界分、主管机关以及相关的优惠和鼓励制度。

总则认为，《文物保护法》的立法宗旨是“为了加强对文物的保护，继承中华民族优秀的历史文化遗产，促进科学研究工作，进行爱国主义和革命传统教育，建设社会主义精神文明和物质文明”。这样的立法宗旨与我国台湾地区的相关立法相比，虽然本土性的意义得到了浓墨重彩的强调，但是却丝毫没有体现出世界性层面和角度的价值观。文物的保护不仅对于本国人民而言具有相当重要的人文价值，其对于世界文化而言，也具有强大的历史和文化的意义。但在我国《文物保护法》的立法宗旨里面，这一层重要的意义丝毫没有得到体现。

总则规定了受国家保护的文物的范围，包括：具有历史、艺术、科学价值的古文化遗址、古墓葬、古建筑、石窟寺和石刻、壁画；与重大历史事件、革命运动或者著名人物有关的以及具有重要纪念意义、教育意义或者史料价值的近代现代重要史迹、实物、代表性建筑；历史上各时代珍贵的艺术品、工艺美术品；历史上各时代重要的文献资料以及具有历史、艺术、科学价值的手稿和图书资料等；反映历史上各时代、各民族社会制度、社会生产、社会生活的代表性实物。整体上看，文物的范围还是比较广泛和全面的，但是作为并不绝对严谨的分类，兜底性条款往往是必要的，否则既有的法律难以适应不断处于变化之中的客观情势。我国的《文物保护法》对保护对象的规定忽略了这一点。

《文物保护法》确认，文物分为国有、集体所有和私人所有这样三种情形。“国有文物所有权受法律保护，不容侵犯”，而对于集体和私人所有的文物，表述语言为“属于集体所有和私人所有的纪念建筑物、古建筑和祖传文物以及依法取得的其他文物，其所有权受法律保护”。不难发现，《文物保护法》对于不同所有权归属的文物的保护力度和强硬的程度有着一定的差别。以今天的眼光和立法进程来看，不同主体的所有权从理论上而言都应当受到平等的保护，相关的权利和义务都应当得到相应的明确，而《文物保护法》这方面的规定体现出我国长期的思维逻辑和惯势的痕迹。《文物保护法》没有像我国台湾地区的文化资产保存法那样专章规定奖励制度，而是在总则部分稍微提及了一下。其规定，“有下列事迹的单位或者个人，由国家给予精神鼓励或者物质奖励，包括‘认真执行文物保护法律、法规，保护文物成绩显著的；为保护文物与违法犯罪行为作坚决斗争的；将个人收藏的重要文物捐献给国家或者为文物保护事业作出捐赠的；发现文物及时上报或者上交，使文物得到保护的；在考古发掘工作中作出重大贡献的；在文物保护科学技术方面有重要发明创造或者其他重要贡献的；在文物面临破坏危险时，抢救文物有功的；长期从事文物工作，作出显著成绩的’”。这样的规定容易停留在形式的层面，缺乏可操作性。不仅如此，从内容来看，属于鼓励范畴的多半是为保护国家所有的文物作出贡献的情形，私人在其所有的文物保护方面的贡献被极大地忽略了。

我国的《文物保护法》将文物分为不可移动文物、考古发掘、馆藏文物以及民间收藏文物这样几类。在不可移动文物的保护一章中，《文物保护法》着重关注了保护不可移动文物与城市规划之间的关系。《文物保护法》第十四条规定：“历史文化名城和历史文化街区、村镇所在地的县级以上地方人民政府应当组织编制专门的历史文化名城和历史文化街区、村镇保护规划，并纳入城市总体规划”；第十六条规定：“各级人民政府制定城乡建设规划，应当根据文物保护的需要，事先由城乡建设规划部门会同文物行政部门商定对本行政区域内各级文物保护单位的保护措施，并纳入规划”；第十七条规定：“文物保护单位的保护范围内不得进行其他建设工程或者爆破、钻探、挖掘等作业。但是，因特殊情况需要在文物保护单位的保护范围内进行其他建设工程或者爆破、钻探、挖掘等作业的，必须保证文物保护单位的安全，并经核定公布该文物保护单位的人民政府批准，在批准前应当征得上一级人民政府文物行政部门同意；在全国重点文物保护单位的保护范围内进行其他建设工程或者爆破、钻探、挖掘等作业的，必须经省、自治区、直辖市人民政府批准，在批准前应当征得国务院文物行政部门同意”，等等。总之，原址和原状保护是不可移动文物保护的核心理念和原则。

考古发掘一章中的核心和重点是审批制度。考古发掘必须经由有关部门批准后方得进行，并且，外国人在我国进行此项活动受到特别严格的限制，此类规定在各个国家和地区的规定中都是类似的。

馆藏文物和民间收藏文物主要针对的是可移动的文物，关于可移动的文物的保护，最引人关注的是其流通制度。我国的《文物保护法》对文物的流通进行了较为严格的限制，尤其是文物的出境制度。《文物保护法》在第六章“文物出境进境”中规定，国有文物、非国有文物中的珍贵文物和国家规定禁止出境的其他文物，不得出境；但是依照本法规定出境展览或者因特殊需要经国务院批准出境的除外；文物出境，应当经国务院文物行政部门指定的文物进出境审核机构审核。经审核允许出境的文物，由国务院文物行政部门发给文物出境许可证，从国务院文物行政部门指定的口岸出境；任何单位或者个人运送、邮寄、携带文物出境，应当向海关申报；海关凭文物出境许可证放行；文物出境展览，应当报国务院文物行政部门批准；一级文物超过国务院规定数量的，应当报国务院批准；一级文物中的孤品和易损品，禁止出境展览；出境展览的文物出境，由文物进出境审核机构审核、登记，海关凭国务院文物行政部门或者国务院的批准文件放行，出境展览的文物复进境，由原文物进出境审核机构审核查验；文物临时进境，应当向海关申报，并报文物进出境审核机构审核、登记；临时进境的文物复出境，必须经原审核、登记的文物进出境审核机构审核查验；经审核查验无误的，由国务院文物行政部门发给文物出境许可证，海关凭文物出境许可证放行。

《文物保护法》最后一部分是责任制度，受我国的立法文化影响，比起可操作性不是很强的鼓励制度，责任制度要发达和详细得多。不仅如此，在责任类型中，刑事责任的比重占得比较大，也比较严厉。责任制度一章从第六十四条规定到七十九条，并且几乎每一条下面都有较为详细的款项，以将责任制度细化。

从整体上看，《文物保护法》的规定还是较为详细和严格的，但是其总体的风格特征带有强烈的“政府权力”色彩，而对于“民间权利”的重视远远不够。随着时代的发展和人们的需要，加强“权利体系”的建设势在必行。

二、《传统工艺美术保护条例》

我国至今还没有一部类似于文物保护法那样的保护无形文化遗产的法律，在保护无形文化遗产方面的典型规定数《传统工艺美术保护条例》（以下简称《条例》），但这不仅不是全面保护无形文化遗产的规定，其效力层级也达不到法律的层面，其只是一个行政性法规。不过，尽管如此，《条例》从1997年颁布时起，仍然起到了较大的在传统工艺美术方面的保护作用，并且其中的许多规定对于我国今天非物质文化遗产的保护立法的制定仍具有相当重要的参考意义。

《条例》的篇幅较小，总共二十一条。其保护的对象是“本条例所称传统工艺美术，是指百年以上，历史悠久，技艺精湛，世代相传，有完整的工艺流程，采用天然原材料制作，具有鲜明的民族风格和地方特色，在国内外享有声誉的手工艺品种和技艺”。《条例》规定了认定制度、保护措施以及对“人”的保护。尽管《条例》的规定比较简略和粗糙，但是保护工艺美术的主要方面其已经基本顾及。

从《条例》的主要规定来看，第九条规定，国家对认定的传统工艺美术技艺采取的保护措施有搜集、整理、建立档案、征集、收藏优秀代表作品、对其工艺技术秘密确定密级，依法实施保密、资助研究以及培养人才等；传统工艺美术品种中的卓越作品，经国务院负责传统工艺美术保护工作的部门聘请专家组成评审委员会进行评审后，由国务院负责传统工艺美术保护工作的部门命名为中国工艺美术珍品。第十一条规定，国家征集、收购的珍品由中国工艺美术馆或者省、自治区、直辖市工艺美术馆、博物馆珍藏，珍品禁止出口。珍品出国展览必须经国务院负责传统工艺美术保护工作的部门会同国务院有关部门批准；第十二条规定，成就卓越，在国内外享有声誉，技艺精湛，自成流派，并长期从事传统工艺美术制作的人员，经评审委员会评审，国务院负责传统工艺美术保护工作的部门可以授予其中国工艺美术大师称号。第十三条规定，各级人民政府和有关部门、单位应当关心和支持工艺美术大师的创作，按照下列规定为他们创造良好的工作环境和条件：工艺美术大师所在单位为其设立大师工作室；工艺美术大师有权在其作品上镂刻姓名；为工艺美术大师带徒传艺创造便利条件；工艺美术大师的退休年龄可以按照国家有关规定适当推迟。

可以看到，对传统工艺美术的保护，主要体现为对“物”和对“人”的保护两个方面。其实，从更大的层面上看，对于无形文化遗产的保护，也主要是集中在这两个主要方面。我们认为，《条例》的基本方面在我国目前的无形文化遗产保护立法中应当得到更为详细的体现，尤其是对于“人”的保护方面，在经济资本和社会资源方面都应当予以重点扶持。

三、文化部、财政部联合发出的《关于实施中国民族民间文化保护工程的通知》及《中国民族民间文化保护工程实施方案》

在意识到加强民族民间文化保护工作重要性的基础上，文化部、财政部于2004年开始决定在全国实施中国民族民间文化保护工程（简称“保护工程”）。为此特制定了《中国民族民间文化保护工程实施方案》（简称《方案》）。在公布《方案》之前，文化部和财政部联合发出了《关于实施中国民族民间文化保护工程的通知》（简称《通知》），《通知》强调了这样几个方面：

一是“保护工程”的重要性和紧迫性。《通知》指出，我国各族人民在长期历史发展过程中创造的民族民间文化，丰富多彩，源远流长，是中华文化的根基和重要组成部分，是承载中华民族精神与情感的重要载体，也是维系国家统一、民族团结的基础和联系世界的桥梁。当前，我国的民族民间文化面临全球化和现代化的冲击，生存环境急剧恶化，许多宝贵的文化遗产正在消失，保护工作已刻不容缓。而“保护工程”是在以往民族民间文化保护工作成果的基础上，结合新时期的新情况和新特点，由政府组织实施推动的，对珍贵、濒危并具有历史、文化和科学价值的民族民间传统文化进行有效保护的一项系统工程。实施“保护工程”对于传承中华文明，发展先进文化，弘扬中华民族文化传统，增强中华民族的凝聚力，维护国家的团结统一；坚持科学发展观，全面建设小康社会，实现经济社会的全面、协调、可持续发展；维护国家文化主权和文化安全，均具有重要的现实意义和深远的战略意义。

二是采取政府主导、社会参与、统筹规划、分步实施的方法推进保护工程。《通知》认为，保护民族民间文化遗产，是各级政府的重要职责，不仅要落实资金，还要组织力量，统筹规划，加强指导。但是，“保护工程”涉及面广，工作量大，必须要有社会的广泛参与。要坚持政府保护和民间保护相结合、财政投入和社会资金相结合，调动社会各方面积极性，共同搞好工程建设。“保护工程”作为一项时间跨度大、涉及专业多、工作任务重的系统工程，要在全面普查、摸清家底的基础上，根据新形势的要求和经济社会发展的实际，制定全面的、长远的“保护工程”总体规划。同时，要分阶段提出目标、任务和要求，从实际出发，有重点、有步骤地循序渐进，逐步实施。各地要根据本地区实际情况，制定本地区“保护工程”规划与具体实施《方案》。

三是进行全面普查，摸清家底，突出重点，抓紧抢救。《通知》指出，全面普查、摸清家底是“保护工程”的首要任务。要在充分利用十部中国民间文艺集成志书等工作成果的基础上，广泛开展调查研究，全面了解和掌握全国各地民族民间文化资源的分布情况、保护现状与存在问题，摸清历史家底，建立民族民间传统文化档案，编制民族民间文化保护目录清单。保护工作应当区分轻重缓急，对那些处于濒危状态且具有重大历史价值的民族民间文化门类，要优先安排，抓紧抢救；对那些濒危门类的民族民间文化传承人和年老体弱的民族民间文化传承人所掌握的知识和技艺，要尽快采取措施，进行抢救性记录；对那些珍贵的民族民间文化原始资料和实物，要授权有关单位积极征集，妥善保管。

四是先行试点，摸索经验，以点带面，扎实推进。《通知》认为，“保护工程”作为一项探索性工作，要采取试点先行、以点带面的工作方式。选择一批具有重大历史价值、特色鲜明，又处于濒危状态急需抢救、工作基础好的项目，作为试点。综合性试点要从宏观管理角度，对民族民间文化保护的政策法规建设、投入机制、组织工作体系等进行探索，侧重制度建设与机制创新；专业性试点要针对某一门类民族民间文化的现状，制定保护标准和具体保护措施，侧重探索专业门类民族民间文化保护的思路、办法和措施。试点工作要分级开展，分级管理。通过试点的探索与实践，摸索出不同地域、不同层面民族民间文化保护工作的经验，并在总结、交流试点经验的基础上，积极、稳妥地逐步在全国范围内推开。要充分发挥试点的典型示范和引导带动作用。

五是加强组织领导，落实保障措施。《通知》认为，“保护工程”是一项国家重点扶持的文化建设工程，要从落实“三个代表”重要思想和十六大精神的高度，把“保护工程”摆上重要位置，认真研究，积极筹划，组织实施。各级文化部门要充分发挥主导作用，与各有关单位分工负责，加强协调，形成合力，避免重复建设。各级财政部门要大力支持，积极配合，共同推进“保护工程”的顺利开展。中央财政已经设立了“保护工程”专项资金，重点支持国家级的试点、保护项目和国家级名录的建立、标准规范的制定、人员培训与宣传开展以及国家中心的建设等。地方各级财政部门也要将“保护工程”纳入财政预算，给予经费保障。目前，“保护工程”领导小组、专家委员会和国家中心已经相继成立，开始运行。各地要因地制宜，成立相应的组织领导和工作机制，负责组织、协调和具体实施“保护工程”。

尽管该《通知》只是一个行政性文件，但是，我们认为，《通知》所明确的几个主要方面已经涉及保护人文资源的基本方面。《通知》所强调的这些方面，分别是关于保护人文资源的价值和意义、保护理念、对保护客体的确认、对保护主体的明确以及保障措施的关注。尽管《通知》只是在宏观上进行了涉及，但是却代表了这个时代在保护人文资源方面的最新理念和有效保护途径，从而富于鲜明的时代气息。

《中国民族民间文化保护工程实施方案》是关于保护工程的较为具体的安排。《方案》在前言中明确，中华民族血脉之所以绵延至今从未间断，与民族民间文化的承续传载息息相关。民族民间文化是中华民族世代相传的文化财富，是我们发展先进文化的民族根基和重要的精神资源，是国家和民族生存和发展的内在动力。而当前面临着来自全球化和现代化的挑战，我国民族民间传统文化生存环境急剧恶化，保护状况堪忧：大批有历史、文化价值的文化资源遭到不同程度破坏；一些依靠口头和行为传承的各种民间文艺、技术、礼仪、节庆、游艺等文化遗产正在不断消失；民族民间文化的传承后继乏人，一些传统技艺濒临灭绝；许多珍贵实物和资料流失境外；民族民间文化保护的法律体系尚未建立，民众的保护意识淡薄，保护工作资金短缺。因此，针对我国民族民间文化保护面临的严峻形势，采取有效措施，加强我国民族民间传统文化的保护，已刻不容缓。为此，将在全国范围内实施中国民族民间文化保护工程。这是在以往民族民间文化保护工作成果的基础上，结合新时期的新情况和新特点，由政府组织实施推动的，对珍贵、濒危并具有历史、文化和科学价值的民族民间传统文化进行有效保护的一项系统工程。

《方案》首先明确了实施保护工程的必要性，其认为，实施“保护工程”，是传承中华文明，建设有中国特色社会主义先进文化的现实需要；是落实科学发展观，全面建设小康社会，实现经济社会全面、协调、可持续发展的重要举措；是振奋民族精神、维护国家统一的迫切要求；是维护我国文化主权的战略措施。实施“保护工程”，应当多次开展调查，对我国民族民间文化资源有基本认识和了解；采取一系列措施，重点扶持和抢救濒危文化遗产，弘扬民族民间文化；建立较为健全的基层文化机构，拥有一支专业化工作队伍；加快民族民间文化保护立法进程以及借鉴国际上的一些成功做法。《方案》认为，在这些方面，我国已经取得了一定的成绩，相关的进程也正在进行当中，以后应当进一步加强。

《方案》明确了“保护工程”的总体目标、方针和原则，以及“保护工程”的保护对象、保护方式与实施内容。《方案》中的方针与原则是《通知》精神的重申，需要重点关注的是保护对象、保护方式与实施内容。关于保护对象，《通知》认为，“保护工程”的保护对象主要是珍贵、濒危的并具有历史价值的民族民间传统文化，包括：传统的口述文学和语言文字；传统的戏剧、曲艺、音乐、舞蹈、美术、杂技等；传统的工艺美术和制作技艺；传统的礼仪、节日、庆典和体育活动等；与上述各项相关的代表性原始资料、实物和场所；其他需要保护的特殊对象等。基本保护方式有：对民族民间传统文化进行全面普查、确认、登记、立档；在真实记录的基础上进行整理、研究、出版，或以博物馆等妥善方式予以展示、保存；通过建立文化生态保护区、命名民族民间文化艺术之乡，对原生态文化保存较为完整并具有特殊价值和浓郁特色的文化区域，进行动态的持续性保护；通过对传承人的资助扶持和鼓励，建立民族民间文化传承机制。对优秀的民族民间文化进行宣传、弘扬和振兴。主要实施内容包括全面普查，摸清家底；建立分级保护制度和保护体系，建立国家级民族民间文化保护名录和地方各级民族民间文化保护名录；利用现代科技手段，对珍贵、濒危的并具有历史价值的民族民间文化进行系统的抢救和保护；建立民族民间文化传承人（传承单位）的认定和培训机制，通过采取资助扶持等手段，鼓励民族民间文化的传承与传播；在民族民间文化形态保存较完整、并具有特殊价值、特色鲜明的民族聚集村落和特定区域，分级建立文化生态保护区；建立民族民间文化艺术之乡的申报、审核和命名机制等等。接下来，《方案》大致确定了实施步骤，也就是保护工程的进程计划。

保护工程的实施方案从其出台至今，一直在有条不紊地进行。在其指导下，我国人文资源保护的理论和实践都取得了极为可喜的进展。我们发现，保护工程实施方案的内容是在广泛借鉴当今世界上许多国家的有益经验的基础上制定的，其不仅是指导人文资源保护工程进行的具体安排，事实上其已经具备了较高的理论性。其主要的精神和主要的保护措施不仅在保护工程中适用，我们认为其可以被合理地提炼到人文资源的保护性立法中去，成为永久性的规则以发挥它们的持续性指导和规范作用。

四、《国务院办公厅关于加强我国非物质文化遗产保护工作的意见》

“非物质文化遗产”这个概念自从被联合国教科文组织采用并进入公约以来，日益为人们所接受，[327] 并且非物质文化遗产的价值和意义日益受到人们的重视。在这样的时代潮流和趋势下，在专门的非物质文化遗产保护性立法出台之前，国务院办公厅于

2005 年 3 月 26 日专门就加强我国非物质文化遗产的保护工作问题制定了本意见。以下简称《意见》。

《意见》的出台背景是我国已经加入联合国教科文组织《保护非物质文化遗产公约》。为了履行公约里规定的义务，在我国尚未有专门的非物质文化遗产的保护法的前提下，国务院办公厅就进一步加强我国非物质文化遗产保护工作，提出了该《意见》。

《意见》认为，非物质文化遗产是各族人民世代相承、与群众生活密切相关的各种传统文化表现形式和文化空间。非物质文化遗产既是历史发展的见证，又是珍贵的、具有重要价值的文化资源。非物质文化遗产与物质文化遗产共同承载着人类社会的文明，是世界文化多样性的体现。我国非物质文化遗产所蕴涵的中华民族特有的精神价值、思维方式、想象力和文化意识，是维护我国文化身份和文化主权的基本依据。加强非物质文化遗产保护，不仅是国家和民族发展的需要，也是国际社会文明对话和人类社会可持续发展的必然要求。

值得关注的是，《意见》将“非物质文化遗产”与“文化资源”联系起来，相当于明确了非物质文化遗产的资源意义和含义。资源的含义将非物质文化遗产与当今人们的现代生活紧密地联系起来，从而使得非物质文化遗产具有鲜活性的特征。对非物质文化遗产进行这样的定位，与本著的总体精神和价值判断是一致的。

在加强我国非物质文化遗产的保护已经刻不容缓的情况下，《意见》明确了我国非物质文化遗产保护工作的目标和方针。《意见》认为，应当通过全社会的努力，逐步建立起比较完备的、有中国特色的非物质文化遗产保护制度，使我国珍贵、濒危并具有历史、文化和科学价值的非物质文化遗产得到有效保护，并得以传承和发扬。应当坚持保护为主、抢救第一、合理利用、传承发展的方针，正确处理保护和利用的关系，坚持非物质文化遗产保护的真实性和整体性，在有效保护的前提下合理利用，防止对非物质文化遗产的误解、歪曲或滥用，在科学认定的基础上，采取有力措施，使非物质文化遗产在全社会得到确认、尊重和弘扬，并坚持政府主导、社会参与，明确职责、形成合力以及长远规划、分步实施，点面结合、讲求实效的原则。

《意见》非常重视名录体系的建立，并在附件中专门明确了国家级非物质文化遗产代表作申报评定暂行办法。《意见》要求各地应当认真开展非物质文化遗产普查工作，建立非物质文化遗产代表作名录体系，加强非物质文化遗产的研究、认定、保存和传播以及建立科学有效的非物质文化遗产传承机制。《意见》明确了政府的主导作用，并强调应当建立协调有效的保护工作领导机制。同时，应当广泛吸纳有关学术研究机构、大专院校、企事业单位、社会团体等各方面力量共同开展非物质文化遗产保护工作，充分发挥专家的作用，建立非物质文化遗产保护的专家咨询机制和检查监督制度。

最后，《意见》专门强调了经费的保障和多样化教育的开展。《意见》认为，在经费的保障方面，各级政府要不断加大非物质文化遗产保护工作的经费投入。通过政策引导等措施，鼓励个人、企业和社会团体对非物质文化遗产保护工作进行资助。要加强非物质文化遗产保护工作队伍建设。通过有计划的教育培训，提高现有人员的工作能力和业务水平；充分利用科研院所、高等院校的人才优势和科研优势，大力培养专门人才。要充分发挥非物质文化遗产对广大未成年人进行传统文化教育和爱国主义教育的重要作用。各级图书馆、文化馆、博物馆、科技馆等公共文化机构要积极开展对非物质文化遗产的传播和展示。教育部门和各级各类学校要逐步将优秀的、体现民族精神与民间特色的非物质文化遗产内容编入有关教材，开展教学活动。鼓励和支持新闻出版、广播电视、互联网等媒体对非物质文化遗产及其保护工作进行宣传展示，普及保护知识，培养保护意识，努力在全社会形成共识，营造保护非物质文化遗产的良好氛围。

《意见》是在非物质文化遗产保护公约的指引下制定的，其反映了我国在保护非物质文化遗产方面的最新进展和总体精神。除了进一步强调政府的主导地位和义务与责任的落实，以及强调非物质文化遗产保护名录体系的尽早建立外，《意见》非常突出的一个闪光之处在于更加强调和突出了社会保护力量对于非物质文化遗产保护的重要性。《意见》关注专门人才的培养，关注潜移默化的教育途径，关注人的意识的提高，而这些正是我国目前亟须重视和加强的方面，并且也是需要通过长期的努力方能达到效果的关键问题。

五、《国务院关于加强文化遗产保护的通知》

非物质文化遗产保护的热潮像是吹响的号角，其不仅唤起人们对于非物质文化遗产保护的关注，更在提醒人们关注文化遗产的整体性保护。一些国家采用了统一性立法的体例，即将有形和无形的文化遗产融入一部法律中统一加以保护，但我国目前的相关立法十分不完备，非物质文化遗产的保护立法尚处于缺失的状态，遑论关于文化遗产保护的一部总体性法律。但是，整体性和全局性的思想正在影响着整个世界对于文化遗产或者说是人文资源的保护态度。在这样的情势下，国务院于 2005 年 12 月 22 日颁发了《关于加强文化遗产保护的通知》（以下简称《通知》）。该《通知》从整体性概念即“文化遗产”出发，以整体布局的态度对文化遗产的保护明确了一些总体性的指导思想，尽管文件的效力层级不高，但是由于该文件所体现的整体性特征和理念，与本著提出的“人文资源保护法”具有一致性，因此我们予以特别关注。

《通知》指出，文化遗产包括物质文化遗产和非物质文化遗产。物质文化遗产是具有历史、艺术和科学价值的文物，包括古遗址、古墓葬、古建筑、石窟寺、石刻、壁画、近代现代重要史迹及代表性建筑等不可移动文物，历史上各时代的重要实物、艺术品、文献、手稿、图书资料等可移动文物；以及在建筑式样、分布均匀或与环境景色结合方面具有突出普遍价值的历史文化名城（街区、村镇）。非物质文化遗产是指各种以非物质形态存在的与群众生活密切相关、世代相承的传统文化表现形式，包括口头传说、传统表演艺术、民俗活动和礼仪与节庆、有关自然界和宇宙的民间传统知识和实践、传统手工艺技能等以及与上述传统文化表现形式相关的文化空间。我们认为，《通知》首次从一种全局性的视野出发，将物质文化遗产和非物质文化遗产统一在“文化遗产”这个上位概念下进行解析，已经初见人文资源整体性保护理念的端倪。

《通知》从总体上强调了文化遗产的重要性意义，并提出了加强文化遗产保护的指导思想、基本方针和总体目标。由于性质和特征的不同，《通知》将物质文化遗产和非物质文化遗产的保护方针进行了分别的规定，即：物质文化遗产保护要贯彻“保护为主、抢救第一、合理利用、加强管理”的方针，而非物质文化遗产保护要贯彻“保护为主、抢救第一、合理利用、传承发展”的方针。并从整体上指出，应当坚持保护文化遗产的真实性和完整性，坚持依法和科学保护，正确处理经济社会发展与文化遗产保护的关系，统筹规划、分类指导、突出重点、分步实施。 从这样又“分”又“总”的方式可以看出，物质文化遗产和非物质文化遗产既有共同的保护理念，但在具体的保护措施和路径上又具有各自的特性，物质文化遗产重保存和管理，非物质文化遗产重维护和传承。

《通知》指出了物质文化遗产保护需要重点解决的突出问题，包括切实做好文物调查研究和不可移动文物保护规划的制定实施工作；改进和完善重大建设工程中的文物保护工作；切实抓好重点文物维修工程；加强历史文化名城（街区、村镇）保护；提高馆藏文物保护和展示水平以及清理整顿文物流通市场。而对于非物质文化遗产，《通知》认为，应当开展非物质文化遗产普查工作；制定非物质文化遗产保护规划；抢救珍贵非物质文化遗产；建立非物质文化遗产名录体系以及加强少数民族文化遗产和文化生态区的保护。在责任的明确方面，《通知》指明，应当加强领导，落实责任；加快文化遗产保护法制建设，加大执法力度。最后，各级人民政府应当安排专项资金，加强专业人才队伍建设以及加大宣传力度，营造保护文化遗产的良好氛围。

我们认为，《通知》具有极为深远的意义，其视野也比较开阔。尤其值得关注的是，《通知》非常重视少数民族的文化遗产尤其是非物质文化遗产的保护。我国文化遗产的总体保护现状不容乐观，而以我国西部少数民族文化遗产遭到的破坏最为典型。西部地区处于经济大开发的热潮中，而文化遗产保护的兴起，使得西部地区在很多问题上处于前所未有的尴尬和矛盾之中。在我国西部乃至整个国家的社会转型时期，政府尤其应当扮演好主导和良性引导的角色，使得经济发展的同时，文化遗产也能得到最大限度的保护。《通知》充分地展示了政府已经具备了兼顾和顾及全局的意识，值得肯定。我们也相信，在《通知》相关理念的影响下，物质文化遗产与非物质文化遗产的保护不仅能够得到进一步的关注，人文资源的统一立法也会日益深入人心，从而有利于相关立法决策的形成以及立法进程的推进。

注释

[1] 费孝通：《西部人文资源的研究与对话》，《民族艺术》，2001 年第 1 期。

[2] 我们认为，“人文资源”能够较好地表现出文化遗产的历史价值和现实价值，并且具有总括性的功能，因此具有鲜明的时代特征。关于概念体系，我们认为适宜以一种较为开放的态度去对待它们，但求能达到殊途同归的效果。

[3] 国家重点课题《西部人文资源的保护、开发和利用》课题组资料：《西部人文通讯》，2003 年第 1 期，总第 1 期，第 12 页。

[4] 参见《辞海》，上海辞书出版社 2002 年 1 月第 1 版，第 1765 页。

[5] 参见李述一、李小兵：《文化的冲突与抉择》，人民出版社 1987 年版，第 192 页。

[6] 国家重点课题《西部人文资源的保护、开发和利用》课题组资料：《西部人文通讯》，2003 年第 1 期，总第 1 期，第 12 页。

[7] 方李莉：《西部人文资源与西部民间文化的再生》，载于《开放时代》，2005 年第 5 期，总第 179 期。

[8] 方李莉：《西部人文资源与西部民间文化的再生》，载于《开放时代》，2005 年第 5 期，总第 179 期。

[9] 孙美堂、杜中臣：《文化即“人化”——文化概念的一种诠释及其意义》，载于《中国人民大学学报》，2004 年第 6 期。

[10] 戴廉：《非物质文化遗产保护的困惑》，载于《瞭望新闻周刊》，2005 年 7 月 25 日第 30 期。

[11] 方李莉：《西部人文资源与西部民间文化的再生》，载于《开放时代》，2005 年第 5 期，总第 179 期。

[12] 在 2005 年 7 月 5-8 日由文化部、江苏省人民政府联合举办的“中国非物质文化遗产保护·苏州论坛”上与会人员的发言，见戴廉：《非物质文化遗产保护的困惑》，载于《瞭望新闻周刊》，2005 年 7 月 25 日第 30 期。

[13] 方李莉：《塑造西部农民的心灵》，2002 年 11 月 12 日，《文艺报·理论版》。

[14] 戴廉：《非物质文化遗产保护的困惑》，载于《瞭望新闻周刊》，2005 年 7 月 25 日第 30 期。

[15] 方李莉：《塑造西部农民的心灵》，2002 年 11 月 12 日，《文艺报·理论版》。

[16] 潘年英：《发展的神话：以西南土著文明的现实为例》，载于国家重点课题《西部人文资源的保护、开发和利用》课题组资料：《西部人文通讯》，2003 年第 1 期，总第 1 期，第 52 页。文章对土著文化的消亡表示担忧和痛惜。

[17] 戴廉：《非物质文化遗产保护的困惑》，载于《瞭望新闻周刊》，2005 年 7 月 25 日第 30 期。

[18] 彭跃进等：《民间文学作品的法律保护》，载于《人民法院报》，2005 年 6 月 16 日。

[19] 张笃勤：《文化保护离不开民间组织》，载于《瞭望新闻周刊》，2005 年 8 月 8 日

第 32 期。

[20] See, UNESCO, “About UNESCO – What it is and what it does”, at http://portal.unesco.org/en/ev.php-URL_ID=3328&URL_DO=DO_TOPIC&URL_SECTION=201.html (2006 年 6 月 22 日访问).

[21] See UNESCO World Heritage Center, “Brief History”, at http://whc.unesco.org/en/169/ (2006 年 8 月 1 日访问).

[22] Convention for the Protection of the World Cultural and Natural Heritage, Art.1-3.

[23] Convention for the Protection of the World Cultural and Natural Heritage, Art.4.

[24] Convention for the Protection of the World Cultural and Natural Heritage, Art.5.

[25] Convention for the Protection of the World Cultural and Natural Heritage, Art.6, 7.

[26] Convention for the Protection of the World Cultural and Natural Heritage, Art.8, 9, 10.

[27] Convention for the Protection of the World Cultural and Natural Heritage, Art.11.

[28] Convention for the Protection of the World Cultural and Natural Heritage, Art.12.

[29] See UNESCO, “World Heritage List”, at http://whc.unesco.org/en/list/ (2006 年 8 月 2 日访问).

[30] 参见刘玉琴：《非物质文化遗产保护依然面临诸多难题——如何延续鲜活的文化记忆》，《人民日报》，2006 年 6 月 16 日，第 14 版。

[31] 其实中文官方译文不确切的情形不仅在 UNESCO 管理的公约中存在，在一些其他国际组织管理的公约或条约中也存在。

[32] 但“自然遗产”（natural heritage）的概念就值得商榷。因为不属本研究的范围，本书在此不涉及。

[33] 有关日本和韩国的“文化财”概念，可参见向云驹：“论‘口头和非物质遗产’的概念与范畴”，《民间文化论坛》，2004 年第 3 期，第 69 页；也可参见本子课题研究报告中杨素娟、吴日焕教授的相关部分。

[34] 参见赵生才：“生物多样性研究的现状与趋势”，网址为 http://www.xssc.ac.cn/Web/ListConfs/ConfBrief.asp?rno=289（2006 年 6 月 26 日访问）。

[35] 对“保存”和“保护”概念的讨论，也可参见贺学君：《非物质文化遗产“保护”建言》，《中国社会科学院院报》，2006 年 6 月 1 日。

[36] Convention for the Safeguarding of the Intangible Cultural Heritage, Art.2.3.

[37] Convention for the Safeguarding of the Intangible Cultural Heritage, Art.2.3.

[38] 参见梁治平：《非物质文化遗产：保护什么？为什么保护？谁来保护？》，《文汇报》，2005 年 7 月 31 日第 6 版。

[39] Convention for the Safeguarding of the Intangible Cultural Heritage, Art.2.1.

[40] Convention for the Safeguarding of the Intangible Cultural Heritage, Art.2.2.

[41] 例如音乐不仅传递声音和旋律，也蕴涵着一个文明最深的文化、精神和美学价值，也能够在多个文明之间传递知识。UNESCO 开展的“世界传统音乐汇编”（UNESCO Collection of Traditional Music of the World）项目就收集了很多有影响的世界传统音乐，被称为 UNESCO 最杰出的项目之一。See, UNESCO, “Traditional Music”, at http://portal.unesco.org/culture/en/ev.php-URL_ID=2631&URL_DO=DO_TOPIC&URL_SECTION=201.html (2006 年 7 月 7 日访问).

[42] UNESCO, “What is Intangible Cultural Heritage?” at http://www.unesco.org/culture/ich_convention/index.php?pg=00003 (2006 年 7 月 8 日访问).

[43] Convention for the Safeguarding of the Intangible Cultural Heritage, Art.7(g).

[44] UNESCO, “FAQ - What are the criteria for inscription of intangible cultural heritage

elements on the Representative List?" at http://www.unesco.org/culture/ich_convention/index.php?pg=00021 (2006 年 7 月 8 日访问).

[45] Convention for the Safeguarding of the Intangible Cultural Heritage, Art.31.

[46] UNESCO, "Proclamation Programme - Selection Criteria and procedure", at http://portal.unesco.org/culture/en/ev.php-URL_IDhttp://www.google.cn/=21427&URL_DO=DO_TOPIC&URL_SECTION=201.html#sel (2006 年 7 月 8 日访问).

[47] 参见朱兵 :《非物质文化遗产的概念、标准及保护实践》，网址为 http://www.ccrnews.com.cn/tbscms/module_wb/readnews.asp?articleid=15296（2006 年 7 月 9 日访问）。

[48] 参见刘银良 :《传统知识保护的法律问题研究》，《知识产权文丛》，第 13 卷，2006 年，方正出版社，第 211-278 页。

[49] Convention for the Safeguarding of the Intangible Cultural Heritage, Art.19.2.

[50] See UNESCO, "Endangered Languages", at http://portal.unesco.org/culture/en/ev.php-URL_ID=8270&URL_DO=DO_TOPIC&URL_SECTION=201.html (2006 年 7 月 2 日访问).

[51] See UNESCO, "What is Intangible Cultural Heritage?" at http://www.unesco.org/culture/ich_convention/index.php?pg=00003 (2006 年 7 月 2 日访问).

[52] Convention for the Safeguarding of the Intangible Cultural Heritage, Art.5.

[53] Convention for the Safeguarding of the Intangible Cultural Heritage, Art.7, 8.

[54] Convention for the Safeguarding of the Intangible Cultural Heritage, Art.10.

[55] Convention for the Safeguarding of the Intangible Cultural Heritage, Art.11.

[56] Convention for the Safeguarding of the Intangible Cultural Heritage, Art.12, 29.

[57] See UNESCO, Report of the Expert Meeting on Inventorying Intangible Cultural Heritage, Paris, 17-18 March 2005.

[58] Convention for the Safeguarding of the Intangible Cultural Heritage, Art.13.

[59] Convention for the Safeguarding of the Intangible Cultural Heritage, Art.14.

[60] Convention for the Safeguarding of the Intangible Cultural Heritage, Art.15.

[61] 参见梁治平 :《非物质文化遗产 : 保护什么？为什么保护？谁来保护？》，《文汇报》，2005 年 7 月 31 日第 6 版。

[62] 参见我国《非物质文化遗产保护法》（征求意见稿），第二条。

[63] Convention for the Safeguarding of the Intangible Cultural Heritage, Art.9, 11 (b).

[64] UNESCO, "FAQ - Are intellectual property rights dealt with by the 2003 Convention?", at http://www.unesco.org/culture/ich_convention/index.php?pg=00021 (2006 年 7 月 8 日访问).

[65] Convention for the Safeguarding of the Intangible Cultural Heritage, Art.3 (b).

[66] UNESCO, "Aims: What do safeguarding projects pursue?" at http://portal.unesco.org/culture/en/ev.php-URL_ID=29194&URL_DO=DO_TOPIC&URL_SECTION=201.html (2006 年 7 月 7 日访问).

[67] 参见李东方 :《西部人文资源的法律保护 : 以非物质文化遗产法律保护为典型的研究》，第 4-5 页。

[68] UNESCO, "What are the main components of safeguarding projects?" at http://portal.unesco.org/culture/en/ev.php-URL_ID=29196&URL_DO=DO_TOPIC&URL_SECTION=201.html (2006 年 7 月 8 日访问).

[69] Convention for the Safeguarding of the Intangible Cultural Heritage, Art.2.3.

[70] Convention for the Safeguarding of the Intangible Cultural Heritage, Art.11-14.

[71] Convention for the Safeguarding of the Intangible Cultural Heritage, Art.16.

[72] 参见梁治平：《非物质文化遗产：保护什么？为什么保护？谁来保护？》，《文汇报》，2005 年 7 月 31 日，第 6 版。

[73] Convention for the Safeguarding of the Intangible Cultural Heritage, Art.16.

[74] Convention for the Safeguarding of the Intangible Cultural Heritage, Art.18.

[75] Convention for the Safeguarding of the Intangible Cultural Heritage, Art.19.

[76] Convention for the Safeguarding of the Intangible Cultural Heritage, Art.20, 21.

[77] Convention for the Safeguarding of the Intangible Cultural Heritage, Art.22, 23, 24.

[78] Convention for the Safeguarding of the Intangible Cultural Heritage, Art.25.

[79] Convention for the Safeguarding of the Intangible Cultural Heritage, Art.26, 27, 28.

[80] Convention for the Safeguarding of the Intangible Cultural Heritage, Art.29, 30.

[81] 参见贺学君：《非物质文化遗产"保护"建言》，《中国社会科学院院报》，2006 年 6 月 1 日。

[82] 参见朱兵：《非物质文化遗产的概念、标准及保护实践》，网址为 http://www.ccrnews.com.cn/tbscms/module_wb/readnews.asp?articleid=15296（2006 年 7 月 9 日访问）。

[83] 对这些问题的关注和论述，也可参见刘玉琴：《保护非物质文化遗产：直面不容忽视的难题》，《人民日报》，2006 年 3 月 17 日，第 14 版。

[84] 参见刘银良：《传统知识保护的法律问题研究》，《知识产权文丛》，第 13 卷，方正出版社 2006 年版，第 211-278 页。

[85] 例如参见苑利：《我国非物质文化遗产将面临三大冲击》，《中国社会科学院院报》，2006 年 6 月 1 日。

[86] 本部分主要从整个欧洲层面予以归纳和介绍，有关国家的具体情况详见下文相应部分。

[87] See Robert Pickard ed., Policy and Law in Heritage Conservation, London: Spon Press, 2001, p.1.

[88] Robert Pickard ed., Policy and Law in Heritage Conservation, London: Spon Press, 2001, pp.4-5.

[89] Robert Pickard ed., Policy and Law in Heritage Conservation, London: Spon Press, 2001, p.5

[90] Robert Pickard ed., Policy and Law in Heritage Conservation, London: Spon Press, 2001, p.5

[91] See Robert Pickard ed., Policy and Law in Heritage Conservation, London: Spon Press, 2001, pp.1-2.

[92] 参见贾俊艳：《文化遗产保护立法之比较研究》（非出版物），武汉大学 2005 年硕士论文，第 10 页。

[93] 参见贾俊艳：《文化遗产保护立法之比较研究》（非出版物），武汉大学 2005 年硕士论文，第 14-15 页表一，笔者根据原文和通行译法进行了部分调整，并补充了个别事件。

[94] See Julia H. Miller, 'Historic and Cultural Resources Protection under Historic Preservation Laws', in: Sherry Hutt, Caroline M. Blanco and Ole Varmer ed., Heritage Resources Law: Protecting the Archeological and Cultural Environment, New York: John Wiley & Sons, Inc., 1999, pp.24-25.

[95] 例如，《加利福尼亚环境质量法》（California Environmental Quality Act, CEQA）要求州有关职能部门必须在决策时考虑他们行为可能对环境造成的不利影响，包括对历史资源所造成的影响。See Cal. Pub. Code Sec.21000 et seq.

[96] 例如，印第安纳州《历史保存和考古法》（Historic Preservation and Archeology Act）规范了针对私有和公有财产的影响考古资源的活动。See Ind. Code Sec.14.3-3.4.

[97] 例如，《内华达州法令（修正）》（Nevada Revised Statutes）第381条禁止挖掘美国土著目的遗址，一旦违反将处以民事和刑事惩罚。

[98] 例如，马萨诸塞州法规汇编第312章第2条规定了对水底考古资源产生影响的行为的有关内容。See Mass. Regs. Code tit.312, Sec.2.

[99] See Minn. Stat. Sec.116B.02.

[100] See New Mex. Stat. Annot. Sec.18-8-1-18-8-8.

[101] Julia H. Miller, 'Historic and Cultural Resources Protection under Historic Preservation Laws', in: Sherry Hutt, Caroline M. Blanco and Ole Varmer ed., Heritage Resources Law: Protecting the Archeological and Cultural Environment, New York: John Wiley & Sons, Inc., 1999, p.25.

[102] 1985年7月24日第7347号法令。

[103] 根据该法第5条有关诉讼资格的规定的第1款和第3款的规定，民事团体起诉的资格是：至少根据民法而设立一年以上；且它们的章程载明了环境保护的目的。See [巴 西] Vieira,Susana, "Environmental damage evaluation in Brazil", In: Bowman,Michael and Alan Boyle ed. Environmental Damage in International and Comparative law, New York: Oxford University Press Inc., 2002, p.298 noet.7.

[104] [巴 西] Vieira,Susana, "Environmental damage evaluation in Brazil", In: Bowman,Michael and Alan Boyle ed. Environmental Damage in International and Comparative law, New York: Oxford University Press Inc., 2002, p.229.

[105] 参见国家文物局法制处编：《外国保护文化遗产法律文件选编》，紫禁城出版社1995年版，第297-298页。

[106] Josef Stulc, 'Czech Republic', in: Robert Pickard ed., Policy and Law in Heritage Conservation, London: Spon Press, 2001, p.46.

[107] Josef Stulc, 'Czech Republic', in: Robert Pickard ed., Policy and Law in Heritage Conservation, London: Spon Press, 2001, p.47.

[108] Robert Pickard ed., Policy and Law in Heritage Conservation, London: Spon Press, 2001, p.316.

[109] Silvia Bruggemann and Christoph Schwarzkopf, 'Germany', in: Robert Pickard ed., Policy and Law in Heritage Conservation, London: Spon Press, 2001, p.138.

[110] Robert Pickard ed., Policy and Law in Heritage Conservation, London: Spon Press, 2001, p.316.

[111] 国家文物局法制处编：《外国保护文化遗产法律文件选编》，紫禁城出版社1995年版，第107页。

[112] See Marina San Martin Calvo, 'Spain', in: Robert Pickard ed., Policy and Law in Heritage Conservation, London: Spon Press, 2001, pp.268-269.

[113] 该法第一次将文献的、目录的、民俗的和未挖掘考古的遗产包括在内，并加上了对历史性公园、历史遗迹和如画般的风景景观的具体附注。

[114] Marina San Martin Calvo, 'Spain', in: Robert Pickard ed., Policy and Law in Heritage Conservation, London: Spon Press, 2001, pp.269-270.

[115] Ulla Lunn and Carsten Lund, 'Denmark', in: Robert Pickard ed., Policy and Law in

Heritage Conservation, London: Spon Press, 2001, p.78.

[116] Robert Pickard ed., Policy and Law in Heritage Conservation, London: Spon Press, 2001, p.316.

[117] See Ulla Lunn and Carsten Lund, 'Denmark', in: Robert Pickard ed., Policy and Law in Heritage Conservation, London: Spon Press, 2001, pp.76-78.

[118] Robert Pickard ed., Policy and Law in Heritage Conservation, London: Spon Press, 2001, p.317.

[119] Francis P. McManamon, 'An Introduction to Heritage Resources Law', in: Sherry Hutt, Caroline M. Blanco and Ole Varmer ed., Heritage Resources Law: Protecting the Archeological and Cultural Environment, New York: John Wiley & Sons, Inc., 1999, p.1.

[120] See Robert Pickard ed., Policy and Law in Heritage Conservation, London: Spon Press, 2001, pp.325-328.

[121] See John Pendlebury, 'United Kingdom', in: Robert Pickard ed., Policy and Law in Heritage Conservation, London: Spon Press, 2001, pp.300-302.

[122] 比如卡伦 1961 年的作品《城市景观》。

[123] Richards, J., Façadism, Routledge, London, 1994.

[124] See Department of the Environment, Planning Policy Guidance 16: Archaeology and Planning, HMSO, London, 1990.

[125] 科曾 (M.R.G.Conzen) 的"年轮理论"和"非均衡推进"的论点已经很鲜明地阐述了城市边缘区普遍具有的动态性质，城市经济发展的周期性，道路等重大基础设施建设项目在城市外部地域空间分布的不均衡性，使都市区内圈的开发呈现出非均衡性的周期推进。

[126] See Whitehand, J. W. R. ed., The Urban Landscape: Historical Development and Management: Papers by M. R. G. Conzen, Academic Press, London, 1981.

[127] English Heritage(1991): Principles of Repair, English Heritage, London.

[128] See Marquis-Kyle, P. and Walker, M., The Illustrated Burra Charter, Australia ICOMOS, Sydney, 1992.

[129] See Pendlebury, J. and Townshend, T., 'The Conservation of Historic Areas and Public Participation', Journal of Architectural Conservation, 1999, 5(2), pp.72-87.

[130] See Marina San Martin Calvo, 'Spain', in: Robert Pickard ed., Policy and Law in Heritage Conservation, London: Spon Press, 2001, pp.280-281.

[131] 国家文物局法制处编：《外国保护文化遗产法律文件选编》，紫禁城出版社 1995 年版，第 105 页。

[132] See Barrero Gómez, C., La Ordenación Juridica del Patrimonio Histórico, Civitas, 1990.

[133] See Alvarez, J. L., Estudios sobre el Patrimonio Histórico Espa ń ol, Vivitas, 1989.

[134] Robert Pickard ed., Policy and Law in Heritage Conservation, London: Spon Press, 2001, p.326.

[135] 即并不总是遵循"清教徒式"的保护理论。

[136] Robert Pickard ed., Policy and Law in Heritage Conservation, London: Spon Press, 2001, p.326.

[137] Reversibility 可译为可逆性，即遗产在修复处理后，如有必要可通过再处理恢复到处理前的状态。

[138] Robert Pickard ed., Policy and Law in Heritage Conservation, London: Spon Press, 2001, p.327.

[139] See Robert Pickard ed., Policy and Law in Heritage Conservation, London: Spon Press, 2001, p.328.

[140] See Isabelle Longuet and Jean-Marie Vincent, 'France', in: Robert Pickard ed., Policy and Law in Heritage Conservation, London: Spon Press, 2001, pp.97-98.

[141] See Isabelle Longuet and Jean-Marie Vincent, 'France', in: Robert Pickard ed., Policy and Law in Heritage Conservation, London: Spon Press, 2001, pp.98-99.

[142] See Silvia Bruggemann and Christoph Schwarzkopf, 'Germany', in: Robert Pickard ed., Policy and Law in Heritage Conservation, London: Spon Press, 2001, pp.143-145.

[143] Brönner, Schicksal und Zukunfr des Großinventars in der Bundersrepublik Deutschland, in Möller, Hans-Herber ed., Inventarisation in Deutschland (Reports on Conservation Research and Practice in Germany 1), Hanover, 1990, p.35.

[144] 通常是行政县（Kreis）。

[145] Wulf, W., Denkmaltopographie Bundesrepublik Deutschland, in Möller, Hans-Herbert ed., Inventarisation in Deutschland (Reports on Conservation Research and Practice in Germany 1), Hanover, 1990, p.28.

[146] See John Pendlebury, 'United Kingdom', in: Robert Pickard ed., Policy and Law in Heritage Conservation, London: Spon Press, 2001, pp.293-296.

[147] 由伯恩茅斯大学和英国遗产机构 1997 年做出这些统计。

[148] See Smith, D., 'The Civic Amenities Act: Conservation and Planning', Town Planning Review, 1969, 40(1), pp.149-211.

[149] See Robert Pickard ed., Policy and Law in Heritage Conservation, London: Spon Press, 2001, pp.321-323.

[150] 比如重新评估工业遗产。

[151] See Robert Pickard ed., Policy and Law in Heritage Conservation, London: Spon Press, 2001, pp.323-324.

[152] 但一般上级机构会保留一定的权力。

[153] See Isabelle Longuet and Jean-Marie Vincent, 'France', in: Robert Pickard ed., Policy and Law in Heritage Conservation, London: Spon Press, 2001, pps.99-100.

[154] See Isabelle Longuet and Jean-Marie Vincent, 'France', in: Robert Pickard ed., Policy and Law in Heritage Conservation, London: Spon Press, 2001, p.100.

[155] 该法律包含了考古发掘规则，后经 1958 年 10 月 23 日和 1964 年 4 月 23 日法令的修订。参见国家文物局法制处编：《外国保护文化遗产法律文件选编》，紫禁城出版社 1995 年版，第 254-255 页。

[156] 即前文所提到的"文化部"。

[157] 参见国家文物局法制处编：《外国保护文化遗产法律文件选编》，紫禁城出版社 1995 年版，第 269 页。

[158] See Isabelle Longuet and Jean-Marie Vincent, 'France', in: Robert Pickard ed., Policy and Law in Heritage Conservation, London: Spon Press, 2001, p.100.

[159] See Silvia Bruggemann and Christoph Schwarzkopf, 'Germany', in: Robert Pickard ed., Policy and Law in Heritage Conservation, London: Spon Press, 2001, pp.145-148.

[160] See Weinberg N., Preservation in American Towns and Cities,.Colorado: Westview Press, 1979. 转引自张松：《历史城市保护学导论——文化遗产与历史环境保护的整体性方法》，上海科技出版社 2001 年版，第 164-165 页。

[161] See Robert Pickard ed., Policy and Law in Heritage Conservation, London: Spon Press,

2001, pp.329-333.

[162] See Council of Europe, Archaeology and Urban Project: A European code of good practice, 2000.

[163] See Robert Pickard ed., Policy and Law in Heritage Conservation, London: Spon Press, 2001, pp.333-336.

[164] Commune，法国、比利时、意大利、西班牙的最小的地方行政区。

[165] 该规则根据财产是否对公众开放进行调整的。

[166] See I.R.C. Sec.48(g) and Treas. Reg. Sec. 1.46 et seq.

[167] See I.R.C. Sec.46(b) and 48(g).

[168] See I.R.C. Sec.170(h), 2055(f) and 2522; Treas. Reg. Sec.1.170A et. seq.

[169] See Janet Diehl and Thomas S. Barrett, The Conservation Easement Handbook, Trust for Public Land and the Land Trust Alliance, 1989.

[170] 有关州税收激励机制的综合资料参见“State Tax Incentives for Historic Preservation: A State-by-State Summary”, National Trust for Historic Preservation, Center for Preservation Policy Studies, 1992 转引自 Julia H. Miller, ‘Historic and Cultural Resources Protection under Historic Preservation Laws’, in: Sherry Hutt, Caroline M. Blanco and Ole Varmer ed., Heritage Resources Law: Protecting the Archeological and Cultural Environment, New York: John Wiley & Sons, Inc., 1999, pp.29-30.

[171] Julia H. Miller, ‘Historic and Cultural Resources Protection under Historic Preservation Laws’, in: Sherry Hutt, Caroline M. Blanco and Ole Varmer ed., Heritage Resources Law: Protecting the Archeological and Cultural Environment, New York: John Wiley & Sons, Inc., 1999, p.30. and see “Local Incentives for Historic Preservation”, National Trust for Historic Preservation, Center for Preservation Policy Studies, 1991.

[172] See Silvia Bruggemann and Christoph Schwarzkopf, ‘Germany’, in: Robert Pickard ed., Policy and Law in Heritage Conservation, London: Spon Press, 2001, p.150.

[173] 1 爱尔兰镑等于 0.787564 欧元。

[174] 国家文物局法制处编：《外国保护文化遗产法律文件选编》，紫禁城出版社 1995 年版，第 309 页。

[175] See Isabelle Longuet and Jean-Marie Vincent, ‘France’, in: Robert Pickard ed., Policy and Law in Heritage Conservation, London: Spon Press, 2001, pp.107-108.

[176] See Isabelle Longuet and Jean-Marie Vincent, ‘France’, in: Robert Pickard ed., Policy and Law in Heritage Conservation, London: Spon Press, 2001, p.108.

[177] See Isabelle Longuet and Jean-Marie Vincent, ‘France’, in: Robert Pickard ed., Policy and Law in Heritage Conservation, London: Spon Press, 2001, p.108.

[178] Isabelle Longuet and Jean-Marie Vincent, ‘France’, in: Robert Pickard ed., Policy and Law in Heritage Conservation, London: Spon Press, 2001, p.109.

[179] Isabelle Longuet and Jean-Marie Vincent, ‘France’, in: Robert Pickard ed., Policy and Law in Heritage Conservation, London: Spon Press, 2001, pp.109-110.

[180] See Silvia Bruggemann and Christoph Schwarzkopf, ‘Germany’, in: Robert Pickard ed., Policy and Law in Heritage Conservation, London: Spon Press, 2001, pp.155-156.

[181] See Robert Pickard ed., Policy and Law in Heritage Conservation, London: Spon Press, 2001, pp.338-340.

[182] 国家文物局法制处编：《外国保护文化遗产法律文件选编》，紫禁城出版社 1995 年版，第 276 页。

[183] 参见国家文物局法制处编：《外国保护文化遗产法律文件选编》，紫禁城出版社 1995 年版，第 277 页。

[184] 参见国家文物局法制处编：《外国保护文化遗产法律文件选编》，紫禁城出版社 1995 年版，第 277-278 页。

[185] Glanum 是一座格列柯－罗马时代的古城，坐落于绝壁峭立的山谷间，保持着一系列完整的城市设施：庙宇、浴场、广场、长方形会堂等等。它曾是当时西班牙与意大利交通干道上的一处重镇，今天，它是法国境内最重要的罗马考古遗址。（译者注）

[186] 闻名世界的布列塔尼大区史前村落就坐落在卡纳克。在卡纳克及其附近地区有着史前巨石时期最神秘的遗迹之一——直立粗巨石（3000 块直立的石块），它们出现在公元前 5000 年至公元前 2000 年之间。但现代科学对这一时期居住在此处的人们还知之甚少。在卡纳克设立的"考古研究中心"，就是研究直立粗巨石的中心。（译者注）

[187] Isabelle Longuet and Jean-Marie Vincent,'France', in: Robert Pickard ed., Policy and Law in Heritage Conservation, London: Spon Press, 2001, p.107.

[188] See Silvia Bruggemann and Christoph Schwarzkopf,'Germany', in: Robert Pickard ed., Policy and Law in Heritage Conservation, London: Spon Press, 2001, p.148.

[189] 国家文物局法制处编：《外国保护文化遗产法律文件选编》，紫禁城出版社 1995 年版，第 310-312 页。

[190] 该法第 3 条规定。

[191] 该法第 4 条规定。

[192] 以上前七项由该法第 6 条规定。

[193] 以上第八、九两项由该法第 7 条规定。

[194] 参见刘魁立：《非物质文化遗产及其保护的整体性原则》，载《广西师范学院学报(哲学社会科学版)》，2004 年第 4 期，第 5-8 页。

[195] 其实也应建立必要民事责任制度。例如费安玲教授主张："对于故意或过失侵害非物质文化遗产甚至直接导致非物质文化遗产消失的行为，也应当考虑民事责任、行政责任乃至刑事责任的追究。但是，我们同时也必须注意的是，由于不可抗力的原因导致非物质文化遗产的灭失，则不得滥用责任追究制度。"费安玲：《非物质文化遗产法律保护的基本思考》，载《江西社会科学》，2006 年第 5 期，第 15-16 页。

[196] [日] 林 巨树监修：《日本现代国语例解辞典》，小学馆 1992 年 1 月 20 日第 1 版，第 1099 页。

[197] 参见 yahoo.com.jp 网站公布的日文辞典。

[198] 参见 http://www.mlit.go.jp/hakusyo/kankou-hakusyo/h13/026_.htp。

[199]《保护世界文化和自然遗产公约》之"Ⅰ. 文化和自然遗产的定义""第一条 在本公约中，以下各项为'文化遗产'：

文物：从历史、艺术或科学角度看具有突出的普遍价值的建筑物、碑雕和碑画、具有考古性质成分或结构、铭文、窟洞以及联合体；

建筑群：从历史、艺术或科学角度看，在建筑式样、分布均匀或与环境景色结合方面，具有突出的普遍价值的单立或连接的建筑群；

遗址：从历史、审美、人种学或人类学角度看具有突出普遍价值的人类工程或自然与人工联合工程以及考古地址等地方。"

因此，"文化遗产"近似于日本文化财保护法中的有形文化财、纪念物和传统建筑物群三种类型。

[200] 本节的历史资料和数据，参见［日］青木信夫：《文化遗产的保护、继承和登录制度的导入》载于张复和主编：《中国近代建筑与保护（一）》，清华大学出版社1999年版，第392页以下；［日］中村贤二郎著：《文化财保护制度概说》，行政株式会社1999年4月30日初版，第13页以下。

[201] 该法的具体内容，请看本书关于文化财保护法律原则和法律制度的论说。

[202] 参见王军著：《日本的文化财保护》文物出版社1997年版，第6-7页，［日］青木信夫：《文化遗产的保护、继承和登录制度的导入》载于张复和主编：《中国近代建筑与保护（一）》，清华大学出版社1999年版，第394页。

[203] 笔者认为，世界各族人民在漫长的人类发展史上，孕育和发展了本民族文化，其留存至今的文化精神应当属于世界人民，所以，我们倡导进行世界文化交流与学习，倡导建立多元文化保护的机制。但是，文化的民族属性是与生俱来的，因此，作为历史文化载体的各种有形体，如文物、古籍、工艺品等，其所有权只能属于该民族自己，倡导所谓“文物产权国际化”的观点是错误的，其危害不亚于依靠暴力掠夺所造成的文化摧残。有关“文物产权国际化”的观点及危害，请参见谢辰生著：《四种倾向威胁中国文物保护》，载徐嵩龄等主编：《文化遗产的保护与经营——中国实践与理论进展》，社会科学文献出版社2003年版，第343页以下。

[204]“政令和省令”的法律效力与地位，相当于我国的国务院法规、部门规章。

[205] 根据［日］《文化财关系法令集》整理，行政株式会社2001年版。

[206] 同注释[205]。

[207] 中国社会科学研究院语言研究所词典编辑室编：《现代汉语词典》，商务印书馆1978年版，第1192页。

[208] 2001年1月6日，文化财保护审议会与国语审议会、著作权审议会、文化功劳者选考审查会合并成立为“文化审议会”。文化审议会设置有四个分科会，依次为国语分科会、著作权分科会、文化财分科会和文化功劳者选考分科会。同时，2006年9月15日，文化财分科会又设置了世界文化遗产特别委员会，负责对日本的自然、文化遗产状况进行调查、选定，以推动和落实《世界自然与文化遗产保护公约》在日本的履行。

[209] 参见［日］青木信夫：《文化遗产的保护、继承和登录制度的导入》载于张复和主编：《中国近代建筑与保护（一）》，清华大学出版社1999年版，第400、401页。

[210] 参见：陈文标主编：《社区总体营造—社区总体营造的理念与实例》，裕台公司中华印刷厂86/02/2000台湾文化产业研讨会暨社区整体营造中日交流展，1995年，台湾行政院文化建设委员会策划，第34-58页。

[211] 同注释[210]，第81-82页。

[212] 韩国的“文化财”用语取自日本。1950年以前韩国并未使用过“文化财”的概念，而经常使用实物、古迹、名胜、天然纪念物或遗迹、遗物等用语。但受日本1950年制定的《文化财保护法》的影响，开始使用文化财的用语。

[213] 韩国文化财保护协会：《文化财保护》，1976年第6页，转引自南宫承泰：《文化财的保护与历史文化环境权》，《亚太公法研究》（亚太公法学会），第4辑（1997年12月），第56页。

[214] 金昌圭：《文化财保护法》（讲演材料），2006年2月，第13页。

[215] 据德国拜仁州立法，文化性纪念物由《纪念物保护法》保护，天然纪念物与自然景观等一同由《自然保护法》保护。（金铢甲：《宪法上文化国家原理之研究》，第202页）

[216] 金铢甲：《宪法上文化国家原理之研究》，第202-203页。

[217] 南宫承泰：《宪法上的文化国家和文化财保护》，《亚太公法研究》（亚太公法学会），

第3辑（1994年），第74页。

[218] 金哲洙：《宪法学概论》，博英社1994年，第85页；权宁星：《宪法学原论》，博英社1995年版，第139页；许永：《韩国宪法论》，博英社1991年版，第160页。

[219] 金铢甲，前揭论文，第152页。

[220] 许永，前揭书，第165页。

[221] 南宫承泰，前揭书。

[222] 金铢甲：《文化财政策的问题点和改善方向》，《国会月报》3月号（总第365号）（1997、3），第100页。

[223]（韩）金在浩、金昌奎：《文化财保护法制研究》，《法学研究》（忠南大学法学研究所），第13卷第1号（2002年），第86页。

[224] 同注释[223]。

[225] 顾军、苑利：《文化遗产保护报告：世界文化遗产保护运动的理论与实践》，社会科学文献出版社2005年版，第112页。

[226] 姜智贤：《文化财保护的公法考察》，梨花女子大学研究生院1996年，第40页。

[227] 金炳錭：《韩国的文化财保护实态》，《立法调查月报》（1989、1、1），第170页。

[228] 过渡时期的旧法令，是指1948年7月12日《大韩民国宪法》公布当时现行的旧韩国法令、日政时期的法令（法律、敕令、总令等）、美军政时期的法令和过渡政府的法令中，根据宪法第100条，宪法施行后继续持有效力的法令。

[229] 吴世卓：《韩国文化财保护法制研究》"，《社会科学研究》（忠北大学法学研究所），第4卷第1号（1987年8月），第86-87页。

[230] 吴世卓：《韩国文化财保护法制研究》，《社会科学研究》（忠北大学法学研究所），第4卷第1号（1987年8月），第88-89页。

[231] 吴世卓：《"韩国文化财保护法制研究》，《社会科学研究》（忠北大学法学研究所），第4卷第1号（1987年8月），第85页。

[232] 南宫承泰：《宪法上的文化国家和文化财保护》，《亚太公法研究》（亚太公法学会），第3辑（1994年），第85页。

[233] 吴世卓：《韩国文化财保护法制研究》，《社会科学研究》（忠北大学法学研究所），第4卷第1号（1987年8月），第97-98页。

[234] 姜智贤，《文化财保护的公法考察》，梨花女子大学研究生院1996年，第47-48页。

[235] 金炳錭：《韩国的文化财保护实态》，《立法调查月报》，总第176号（1989），第182页。

[236] 金昌圭，前揭讲演材料，第20页。

[237] 金铢甲：《我国文化财保护的现状及改善方案》，《法学研究》（忠北大学法学研究所），第7卷第1号（1995年8月），第136页。

[238] 姜智贤：《文化财保护的公法考察》，梨花女子大学研究生院1996年，第9页。

[239] 韩国《文化财保护法》第2条第2款。

[240] 韩国《文化财保护法》第4-7条。

[241] 韩国《文化财保护法》第42条。

[242] 韩国《文化财保护法》第43条。

[243] 韩国《文化财保护法》第76条第1款，该法施行令第44条。

[244] 韩国《文化财保护法》第5条第2款。

[245] 韩国《文化财保护法》第55条第4款。

[246] 韩国《文化财保护法》第55条第3款。

[247] 韩国《文化财保护法》第 55 条第 6 款。

[248] 韩国《文化财保护法》第 8 条第 1 款。

[249] 金昌圭，前揭讲演材料，第 19 页。

[250] 韩国《文化财保护法》，第 2 条第 3 款。

[251] 金昌奎 :《注册文化财制度的激活与法制改善》,《文化财学》(韩国传统文化学校文化财管理学科)，总卷第 2 号（2005 年 2 月），第 14 页。

[252] 金昌奎，“注册文化财制度的激活与法制改善”,《文化财学》(韩国传统文化学校文化财管理学科）总卷第 2 号（2005 年 2 月），第 13 页。

[253] 相当于中国的副部级。

[254]《文化财厅及其所属机关之职制》(韩国总统令第 19001 号）第 3 条。

[255]《文化财厅及其所属机关之职制》(韩国总统令第 19001 号）第 5 条。

[256]《文化财厅及其所属机关之职制》(韩国总统令第 19001 号）第 6、7、8、9 条。

[257]《文化财厅及其所属机关之职制》(韩国总统令第 19001 号）第 2 条。

[258]《文化财厅及其所属机关之职制》(韩国总统令第 19001 号）第 10、14、18、21、24、28、30、32、33 条。

[259] 韩国制宪宪法第 96 条。

[260] 韩国《地方自治法》第 2 条。

[261] 韩国《文化财保护法施行令》第 3 条。

[262] 韩国《文化财保护法》第 13 条之 2。

[263] 韩国《文化财保护法》第 18 条、第 18 条之 6、第 18 条之 11、第 18 条之 12。

[264] 韩国《文化财保护法施行令》第 10 条。

[265] 韩国《文化财法》第 19 条。

[266] 韩国《文化财保护法》第 16 条。

[267] 韩国《文化财保护法》第 31 条。

[268] 韩国《文化财保护法》第 35 条之 6，第 42 条之 4,《文化财保护法施行令》第 35 条之 3。

[269] 韩国《文化财保护法》第 44 条、第 48 条之 2。

[270] 韩国《文化财保护法》第 61 条、第 65 条。

[271] 韩国《文化财保护法》第 68 条。

[272] 韩国《文化财保护法》第 55 条之 2。

[273] 韩国《文化财保护法》第 57 条。

[274] 韩国《文化财保护法》第 3 条第 1 款。

[275] 韩国《文化财委员会规定》第 4 条第 1 款。

[276] 韩国《博物馆及美术馆振兴法》第 32 条。

[277] 申灿钧等 :《文化财及传统文化管理功能之强化方案研究》，韩国文化艺术振兴院文化发展研究所 1992 年 9 月，第 80-81 页。

[278] 韩国《文化财委员会规定》第 2 条、第 3 条。

[279] 韩国《文化财委员会规定》第 5 条。

[280] 韩国《文化财委员会规定》第 5 条之 2。

[281] 韩国《文化财委员会规定》第 9 条。

[282] 韩国《文化财委员会规定》第 7、8 条。

[283] 韩国《文化财委员会规定》第 6 条之 2。

[284] 韩国《文化财保护法》第 77 条之 2。

[285] 韩国《文化财保护法》第 77 条之 2。

[286] 韩国《文化财保护法施行令》第 46 条。

[287] 顾军、苑利，前揭书，第 122 页。

[288] 见许育典、李惠圆 :《私有古迹保存与文化资产保护法制的检讨》，载于台湾《成大法学》，2003 年第 5 期。

[289] 20 世纪 70 年代，台北市政府为实施都市计划道路拓宽工程而意于拆除"林安泰"，促使乡土建筑保存者一起团结起来抗议政府的做法，并开始酝酿古迹保存制度以及文化资产的保存法律制度。古迹保存运动为台湾的文化资产保存法的产生奠定了社会基础。

[290] 见台湾宪法第 22 条、164 条、165 条、166 条以及 108 条等。

[291] 如台湾《都市计划法》第 15 条规定市镇计划应先拟定主要计划书，并视其实际情形，表明名胜、古迹及具有纪念性或艺术价值应予保存之建筑 ;《国家公园法》第 8、12 条规定为了保存重要史前遗迹、史后文化遗址，及有价值之历代古迹，得划定为史迹保存区 ; 等等。恕不一一列出。

[292] 见台湾 2001 年《文化资产保存法施行细则》第 3 条。

[293] 见台湾《文化资产保存法》第 35 条。

[294] 见尹章华 :《文化资产保存国际立法之探讨》，载于台湾《立法院院闻》。

[295] 同注释 [294]。

[296] 同注释 [8]。

[297]《国际文化观光宪章》中指出 :"当全球化日益严重之际，对于任何特殊地方或区域遗产与文化多样性之保护、维护、解说与呈现是所有地方人们一项重要的挑战。然而，在国际认可之架构与适切的应用标准下，经营遗产经常是特定社区或管理集团之责任。"

[298] 见台湾《文化资产保存法》第 94 条。

[299] 见尹章华 :《文化资产保存国际立法之探讨》，载于台湾《立法院院闻》。

[300] 引自尹章华 :《文化资产保存国际立法之探讨》，载于台湾《立法院院闻》。

[301] 见方李莉 :《请关注非物质文化遗产的拥有者》，载于《艺术评论》，2006 年第 6 期。

[302] 此为台湾学者的评价，见许育典、李惠圆 :《私有古迹保存与文化资产保护法制的检讨》，载于台湾《成大法学》，2003 年第 5 期。

[303] 见我国《立法法》第 2 条的规定。

[304] 顾军、苑利 :《文化遗产报告——世界文化遗产保护运动的理论与实践》，社会科学文献出版社，第 171 页。

[305] 指下文将要分析的《国务院办公厅关于加强我国非物质文化遗产保护工作的意见》。

[306] 顾军、苑利 :《文化遗产报告——世界文化遗产保护运动的理论与实践》，社会科学文献出版社，第 163 页。

[307] 生态博物馆的国际著名研究者杰斯特龙先生指出，"传统的博物馆谈论藏品时，生态博物馆就是指遗产 ; 传统博物馆讲博物馆的建筑时，生态博物馆指的是一个社区所包括的区域 ; 传统的博物馆讲观众，生态博物馆指社区里的居民 ; 当传统博物馆谈论科学知识时，生态博物馆就是指一种文化记忆 ; 最后，当传统博物馆讲科学研究的时候，生态博物馆讲的就是公众的知识"。转引自徐新建 :《梭嘎记事 : 国家与底层的关联与互动——关于中国首座"生态博物馆"的考察分析》，载于

《民族艺术》2005年第3期，总第80期，第17页。可见，生态博物馆的核心在于人。

[308] 许多学者对我国的生态博物馆现状表示担忧，相关内容可以参见方李莉：《警惕潜在的文化殖民趋势——生态博物馆理念所面临的挑战》以及徐新建：《梭嘎记事：国家与底层的关联与互动——关于中国首座"生态博物馆"的考察分析》，两篇文章同时载于《民族艺术》，2005年第3期，总第80期。

[309] 方李莉：《请关注非物质文化遗产的拥有者》，载于《艺术评论》，2006年第6期，中国艺术研究院主办。

[310] 张文彬：《新时期中国文物管理的制度建设》，载于徐嵩龄等主编：《文化遗产的保护与经营——中国实践与理论进展》，社会科学文献出版社，第327页。

[311] 谢辰生：《四种倾向威胁当代中国文物保护》，载于徐嵩龄等主编：《文化遗产的保护与经营——中国实践与理论进展》，社会科学文献出版社，第337页。

[312] 关于文物业与产业的关系的讨论，另见李晓东《论文物业与产业的关系》，其指出，文物不是经济资源，文物业不是产业，文物事业不能产业化。文章载于载于徐嵩龄等主编：《文化遗产的保护与经营——中国实践与理论进展》，社会科学文献出版社，第347页。

[313] 在我国加入联合国《保护非物质文化遗产公约》之前，我们用的是"民族民间文化"的概念，加入公约之后，为了在概念上达成一致，以前用的"民族民间文化"改为"非物质文化遗产"。因此，我们的研究也用"非物质文化遗产"这个概念。

[314] 方李莉：《塑造西部农民的心灵》，载于《文艺报》，2002年10月18日理论版。

[315] 这对于我国经济欠发达的西部地区而言尤其典型。

[316] 见我国文保法第6条。

[317] 见我国文保法第37条

[318] 见我国文保法第50条

[319] 见我国文保法第25条。

[320] 见我国文保法第51条。

[321] 此为罗哲文会长在国务院公布第六批全国重点文物保护单位座谈会上的发言。

[322] 如《国家税务总局关于企业等社会力量向中华社会文化发展基金会的公益救济性捐赠税前扣除问题的通知》等。

[323] 见王振：《河南文物保护首引民间资金 信托产品今起发售》，来自于《大河报》，2005年4月8日。

[324] "怀梆"又叫"怀庆梆子"，是流行在河南省焦作市（古时称怀庆府）及周边的一种民间戏曲。"怀梆"滥觞于隋唐时期的歌舞小戏"踏谣娘"，后来逐渐演变成现在的"怀梆"。目前属于国务院已经公布的第一批518个国家级非物质文化遗产名录之列。

[325]《云南映象》的演出获得巨大成功，一时间成为各大媒体报道的热点，报道尤其集中于对《云南映象》的文化性和商业性、原生态与流行元素的讨论上。

[326] 这一保护首先是法律，包括宪法、基本法律、专门法律和国际公约，如：全国人民代表大会1982年公布施行的《中华人民共和国宪法》第二十二条规定："国家保护名胜古迹、珍贵文物和其他重要历史文化遗产"；全国人民代表大会常务委员会1982年公布施行并于2004年重新修订的《中华人民共和国文物保护法》，则是根据宪法的这一规定而制定的；另外，我国已经签署的保护世界遗产的国际公约有：《保护世界文化与自然遗产公约》、《关于禁止和防止非法进出口文化财产和非法转让其所有权的方法的公约》、《国际统一私法协会关于被盗和非法出口文物的公约》、《武装冲突情况下保护文化财产公约》等。其次是行政法规，如：《风景名

胜区管理暂行条例》、《国务院关于进一步加强文物工作的通知》、《中华人民共和国水下文物保护管理条例》、《中华人民共和国考古涉外工作管理办法》、《中华人民共和国文物保护法实施细则》、《中华人民共和国文物保护法实施条例》、《国务院关于加强和改善文物工作的通知》、《国务院办公厅关于西部大开发中加强文物保护和管理工作的通知》等。再次是地方性法规，全国各省、市、自治区根据《中华人民共和国文物保护法》，都已制定并颁布了相应的地方法规。最后是行政规章，它具有很强的针对性，比较详细具体，便于执行操作。

[327] 对这一概念我们有自己的看法，见本著第二章第一节二中的“（一）相关概念评析”的相关内容。